JN335642

サービス製造業の時代

The Age of Service Manufacturing

高千穂大学 経営学部 教授 **松崎 和久** 著

税務経理協会

はじめに

　これまで業種（業界）は，製造業とサービス業に大別されてきた。ところが，近年，「製造業によるサービス化」や「サービス業による製造化」など，業種間を超えた積極的な動きの拡大が進展しており，このため，製造業とサービス業という区分が徐々に解消され，将来的には，一体化される可能性も議論されるようになってきた。こうした製造業とサービス業を巡る双方向な展開とその一体化に関する行動と現象を，本書では「サービス製造業」と呼んでいる。

　サービス製造業（Service Manufacturing）という言葉は，残念ながら著者のオリジナルな表現ではない。2012年8月のNewsweek日本版で取り上げられた『復活の鍵はアマゾン型，今は製品より体験を売る時代』という小さな記事で使用されたのがおそらく最初であり，その後，この言葉にとって代わられるネーミングがなかなか見つからなかったこと，そして，本書で主張する新たな動向を説明するうえで，もっとも的を射た言葉なため，本書では，この言葉を使用させて頂いた経緯がある。

　周知のとおり，今日のグローバルな企業間競争の激化は凄まじく，同時にまた，市場環境の不透明さも深刻の度合いを増している。こうしたなか，実際のビジネス・シーンで進展しているのは，消費者から離れた川上（Upstream）に位置する製造業が消費者に近い川下（Downstream）部分にあたるサービス業へ焦点化する一方で，サービス業が製造業へフォーカスするという互いに反対の動きを活発化させていることである。すなわち，製造業は，主に新たな収益源の開発や市場ニーズを反映した確度の高い製品化を実現する意図のためサービス事業の強化を図り，サービス業は，特に利益率の改善や向上を目指すべく製造業の分野へ進出を図る行動を積極化しているのである。

　ところで，製造業とサービス業を分けて考えるのは，よくよく考えるとおかしな話である。本来，製造業とサービス業は，個別に完結した存在ではなく，相互に深く結びついた，いわゆる鎖のように連結した関係のはずである。ところが，製・販の関係を社会的分業の概念として正当化したり，あるいは統計調査や

分析をしやすくするためか，便宜的に製造業とサービス業を区別して捉えることで，これらは一体として考えるべき重要性が失われ，いつの間にか，どちらか一方にフォーカスするというような誤った見方がまかり通ってしまった。もちろん，製造業とサービス業を区別することに意義がないと断言するつもりはない。しかし，製造業とサービス業は，本来，同期的かつ一体として扱うべきであり，このようなビジネスの基本原則がこれまで軽視されてきた感は否めない。本書は，製造業とサービス業の対照的な事業展開とこれらの合成化を意味する「サービス製造業」の到来について触れながら，「サービス製造業」に関する具体的な内容とその可能性について検討し，浮き彫りにしてみたい。

さて，本書の執筆を思い立った動機や背景について少し述べておきたい。著者は，日本の建機メーカーで働いた後，日本の機械産業の振興を目的として設立された研究所で，特に建設機械やロボットそして工作機械など産業財（Industry Goods）を専門に産業調査や競争力研究に従事してきた。そして，実務経験と調査研究によって得た知見から，わが国の産業財の国際競争力はきわめて高く，しかも優秀である認識を改めて強くした。たとえば，その強さの秘密として産業財を扱う企業は，単に製品としての品質や性能に優れているだけでなく，納期の厳守や保守・メンテナンスにおける誠実な対応など，学問でいう顧客中心の経営（Customer Centric Management）が過去から実践されてきた点があげられる。一例として，ファナックでは，お得意先の企業の工場に専属のサービス・スタッフを常駐させ，緊急時のトラブル・シューティングにも柔軟に対処しているそうだが，これは，稼働率低下が大きな利益減につながるという工場が持つリスク・ニーズまで，マシン・ビルダーであるファナックが責任を持つ使命感からの行動である。また，コマツが電動ショベルやGPS機能を搭載した建機を開発したのは，自社の高い技術力を見せつけたいからではなく，ユーザーの収益の最大化を狙ったイノベーションであると言った方が正しい。なぜなら，限られた工事期間に最大限稼ぐ必要がある建機ユーザーからすると，マシンの燃費効率の改善や稼働率の維持は，収入減に直結してしまう。だから，遠隔技術を駆使してマシンの稼働状態や故障個所のチェックをできるようにして，稼ぐマシンの実現を果たしたのである（松崎，2007）。

このように日本の生産財企業は，世界をリードするテクノロジーを多数盛り込

はじめに

んだ製品イノベーションによって顧客を魅了するだけでなく、きめ細かなサービスと迅速なソリューションを通じて顧客価値を高め、信頼関係をより強固なものにすることが持続的な競争優位性の源泉であった。もちろん、生産財とはBtoBであるため、その基本的性格からBtoC企業以上に顧客との信頼や関係性がことさら重視されることは間違いなく、むしろ当然だとする見方もあるだろう。しかし、真のビジネスとは、企業が顧客へ価値を与え、顧客が企業を成長させるようなWin-Winの関係性を創造するのが本来、理想のはずである。したがって、あらゆる企業は、業種の違いを超えて製品とサービスがシンクロナイズされたビジネスモデルの創造を目指すべきであり、こうした考え方が本書を執筆した強い動機である。

さて、本書の特徴は、主に2点に集約される。ひとつは、数多くの事例研究を取り上げ、できる限り盛り込んだ点である。本研究のメインテーマである「サービス製造業」は、現在、理論の分野でも実務の世界でも、活発に議論が繰り広げられているまさにアップ・ツー・デイトな話であるため、具体的な事例等には事欠かないことに加え、読者の理解を少しでも高めたいとする経緯からである。もうひとつは、理論と実践の相互作用を目指した点である。これまで蓄積されてきた理論的フレームワークと最新の事例や取り組みを紹介することで、理論と実践の相乗効果を生み出そうと努めた。このように本書は、専門書とビジネス書のちょうど中間に当たるような本として位置付けており、読者にとって有益な資料となれば、非常に幸いである。

最後に、出版の労を取って下さった株式会社税務経理協会、第二編集部の日野西資延氏には、企画の段階から出版に漕ぎつけるまで、大変お世話を頂いた。深く感謝申し上げます。また、私の家族は、いつも精神的な支えとなってくれている。公私にわたり多忙な妻の亜紀、いつも笑顔を絶やさない長男の文武には、心からありがとうの言葉を贈りたい。

2014年8月

松崎　和久

目次

はじめに …………………………………………………………………… 1

第1章 問題意識 ………………………………………………… 9

第2章 製造業とサービス業の比較 ………………………… 15

第3章 製造業で進展する今日的変化 ……………………… 19

3−1　ICTの発達 ……………………………………………………… 19
3−2　アップルモデルの台頭 ………………………………………… 23
3−3　コモディティ化 ………………………………………………… 29
3−4　過剰性能・過剰品質 …………………………………………… 36
3−5　ガラパゴス化 …………………………………………………… 39

第4章 製造業のサービス化 ………………………………… 43

4−1　川下重視の優位性 ……………………………………………… 43
4−2　製造業のサービス化に関する研究 …………………………… 46
4−3　製造業によるサービス事業戦略 ……………………………… 52
　4−3−1　アシックスによるクロスセル・サービス戦略 ……… 54
　4−3−2　IBMによるアフターサービス戦略 …………………… 57
　4−3−3　GEによるアフターサービス戦略 ……………………… 62
　4−3−4　トヨタレンタリースによる付加価値サービス戦略 … 66
　4−3−5　京西テクノスのプロフェッショナル・サービス戦略 … 69
　4−3−6　アイリスオーヤマのメーカーベンダー戦略 ………… 71

第5章 サービス業で進展する今日的変化 …………… 75

- 5-1 サービス化のうねり……………………………………… 75
- 5-2 電子商取引の発達………………………………………… 78
- 5-3 外部企業との共創………………………………………… 84
- 5-4 新しい小売業態の台頭…………………………………… 88

第6章 サービス業の製造化 …………… 97

- 6-1 サービス業の川上進出とPBの開発…………………… 97
- 6-2 PB戦略の国際比較……………………………………… 102
- 6-3 PBのメリット・デメリット…………………………… 104
- 6-4 サービス業の製造化を巡る研究………………………… 107
  - 6-4-1 PBの変遷………………………………………… 107
  - 6-4-2 PBの分類………………………………………… 110
  - 6-4-3 PBと景気変動…………………………………… 112
  - 6-4-4 PBの進化………………………………………… 115
- 6-5 サービス業によるマニュファクチャリング事業戦略… 119
  - 6-5-1 大手流通2強によるグループ共通PB戦略…… 119
  - 6-5-2 西松屋チェーンの技術者人材によるPB戦略… 122
  - 6-5-3 大手小売業による家電PB戦略………………… 127
  - 6-5-4 千趣会による製造小売通販戦略………………… 130
  - 6-5-5 セコムによる防犯ロボットの開発戦略………… 132

第7章 製造業とサービス業の統合化 …………… 137

- 7-1 サービス学研究の高まり………………………………… 137
- 7-2 サービス企業化研究の進展……………………………… 142
- 7-3 ハイブリッド事業戦略の論理…………………………… 145

| 第8章 | サービス製造業の未来 ………………………………… 149

8－1　サービス製造業とは何か ……………………………… 149
8－2　顕在化したサービス製造業のさらなる拡大 ………… 153
8－3　潜在的なサービス製造業の可能性 …………………… 158
8－4　全体の総括と結論 ……………………………………… 161

おわりに ……………………………………………………………… 167

注　　記 ……………………………………………………………… 168

参 考 文 献 ………………………………………………………… 173

索　　引 ……………………………………………………………… 183

第1章 問題意識

　今日の製造業やサービス業を直視すると，これまでの伝統的な理解や分類では，もはやその実態を説明できなくなってきた。たとえば，近年の製造業は，原材料を仕入れて加工や組み立てを施して完成品を作るようなモノづくりに特化するだけでなく，アフターサービスの収益化モデルを開発してハードと組み合わせ新たな利益の創出に努めている。一方，サービス業に目を転じても，単なる最終製品の販売・サービスを取り扱うだけでなく，最近では，外部企業と協力してモノづくりの分野へ踏み出し，顧客視点に立った商品を企画開発して高い利益を稼ぎ出す企業まで登場するようになってきた。

　このように製造業かサービス業かどちらか一方にドメインを定め，そして，持ちえる経営資源を集中化するような従来までのやり方に依存する限り，優れた価値創造や高い収益獲得は難しくなってきたのが現状だ。そのため，リスクを冒して異なる業種へ進出を企て，あるいは統合化する動きが拡大の一途を辿っているわけだが，こうした異なる業種間を横断して業際行動を展開する企業の行動や企業が引き起こす現象を，本書では，まとめてサービス製造業（Service Manufacturing）と命名する[1]。

図表1－1　サービス製造業のタイプ

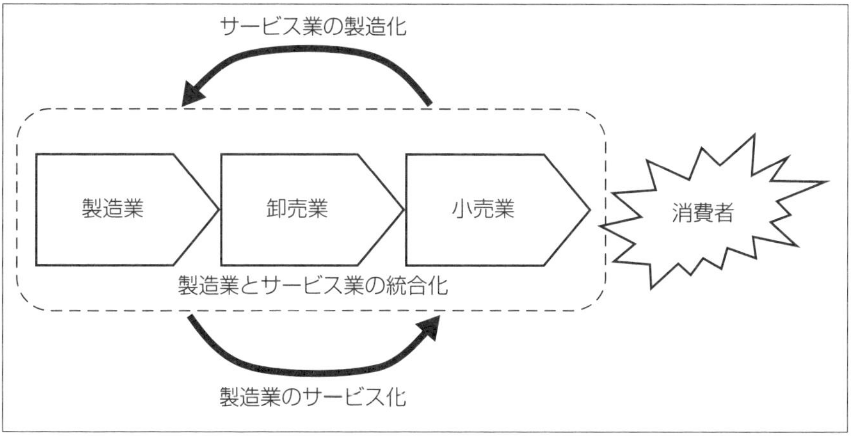

次に,「サービス製造業」は,次のような3つのタイプに分類が可能である（図表1-1）。第1は,製造業からサービス業への進出である。これは,製造業を主軸にサービス業へ参入するやり方であり,必ずしも製造業を切り捨てるものではない。第2は,サービス業から製造業への進出である。これは,サービス業を主軸として製造業へ参入するものであり,決してサービス業を諦めてしまうものではない。これら第1と第2のタイプは,これまで以上に高いレベルの製造業とサービス業へ進化することを意味するものであるのと同時に,実際のビジネス・シーンにおいてすでに展開されている話である。本書では,これらの動きを「顕在化したサービス製造業」と命名する。一方,「サービス製造業」には,もうひとつのタイプがあげられる。それは,製造業とサービス業の間に横たわる境界がなくなり,やがては製造業とサービス業が統合されるという第3のタイプである。このタイプは,ハイレベルな製造業やサービス業という意味ではなく,もはやそれさえも超えてしまうものである。よって,すでに現実に活発化しているタイプというより,将来のひとつの可能性として深く検討されるべき視点であり,本書では「潜在的なサービス製造業」のように区別している。

　それでは,「顕在化したサービス製造業」から説明してみよう。**図表1-1**のとおり,製造業からサービス業へ進出する動きは,「製造業のサービス化」と呼ばれている。具体的には,これまで無償で提供してきたサービスを有償化して,ひとつのビジネスとして取り組む行為であり,国際的には,日本よりも欧米において取り組まれてきた行動であった。1970年代以前の欧米では,製造業の国際競争力が高く,有形財である製品中心の企業によって占められていた。しかし,1980年代に入ると,日本のモノづくりが世界を席巻するようになり,欧米の製造業は,次々に日本企業との製品開発競争に敗れて経営の危機に瀕してしまった。そして,このような窮地を打開するため,欧米の製造業が取り組んだのは,サービス事業という無形財分野への進出であった。つまり,製造業としてモノづくりに注力しながら,同時にまた,サービス事業の強化を図り,新たな収益化モデルとしたのである。その結果,1990年代以降になると,IBMやGEのような米国を代表する企業では,全体の売上高に占めるサービス業の割合が本業である製造業の割合を大きく上回るようになり,サービス事業の収益化が功を奏してハイ・パフォーマーな企業へと転身を果たすことができたのである。

これに対し，日本の製造業は，1980年代以降，卓越した製品競争力を武器にして国際的な競争優位性を構築したが，1990年前後に起こったバブルの崩壊から，ちょうど1980年代における欧米の如く，坂道を転げ落ちるように衰退してしまった。また，2000年代に入ってからも，長引く経済の停滞やリーマン・ショックが与えた影響は大きく，より一層苦境に立たされる一方で，サムスンやLG，Foxconnなど新興国の製造業がデザイン戦略やローコスト・オペレーションを武器に日本企業に対する強力な破壊的イノベーション（低価格・高品質な製品）を開発して攻撃を開始し，その結果，日本の製造業の地位は，ますます衰退を余儀なくされてしまったのである。

　さて，今日の日本の製造業は，グローバル競争において，相変わらず苦境に立たされていることに変わりはないが，こうしたなか，新たな可能性としてサービス事業戦略の強化が主張されるようになった。というのも，過去，欧米の製造業が取り組み，飛躍的な復活を成し遂げたサービス事業戦略を本格化する道が日本の製造業にはまだ残されており，将来的の利益源泉やビジネスチャンスとして熱い期待が寄せられるようになったからである。また，日本の製造業のなかで特筆した競争力を有する企業には，単にモノづくりが優秀なだけではなく，コトづくりというサービス戦略もまた卓越した強さを有している事実は見逃せない。たとえば，販売台数で世界一となったトヨタの場合，モノづくりの優秀さだけに目が行きがちだが，実は，販売やマーケティングという川下活動にも優れた強みを発揮している事実を迂闊にも見逃されてきたように思う。

　次に，**図表1-1**でサービス業から製造業へ進出を図る動きは，「サービス業の製造化」と言い表すことができる。もともとサービス業は，競合他社が多く，しかも価格競争に陥る傾向は避けられない。このため，サービス業が生み出す付加価値は，製造業に比べると相対的に低く，長年，慢性的な低収益体質に苦しんできた。しかし，このような低収益体質を克服するため，欧米のサービス業は，積極的に，PBのような自主製品の開発に乗り出し，業績の回復を図ってきた。たとえば，ウォルマートは，いち早く自社製品の開発と販売に乗り出し，また，GAPは，SPAと呼ばれる製造小売業へ転進するなど，マニュファクチャリング事業戦略に取り組むことで，慢性的な低業績体質からの払しょくを図り，今日では，ハイ・パフォーマーな企業へと転身したのである。さらに，オンライン・

ショップビジネスを展開するアマゾンでは，将来の電子書籍の時代を見据えて，本業のオンライン書店と電子書籍端末の統合を図り，顧客を電子書籍へスムーズに移行させ，新たな収益化とするため，タブレット端末である「キンドル」事業を立ち上げ，その普及に努めている。

　これに対し，日本のサービス業もまた，長年，アンダー・パフォーマーとして低い業績に苦しんできたが，欧米のサービス業が新しい利益創出のビジネスモデルを開発したことをキッカケに，積極的なPB戦略や製造小売業への転身を図るようになった。その結果，今日では，コンビニエンスストアのセブンイレブンやファッションアパレルのファースト・リテイリングなど，数多くのサービス業でマニュファクチャリング事業戦略が定着し，今日の高業績を支える柱となっている。

　最後に，**図表１－１**のなかで製造業とサービス業の統合化の動きは，「潜在的なサービス製造業」と呼んでいる。製造業がサービス業へ，サービス業がモノづくりへと対照的な事業領域へ進出を図る取り組みが活発化しているなか，最近，製品とサービスの相互作用によるビジネスモデルが注目されるようになった。たとえば，あらゆる企業は，サービス企業だとする主張や消費者はモノではなく，機能，価値，ソリューションなど，いわばコトを求めているという「サービス学」，「サービス企業論」，「ハイブリッド・ソリューション」が議論されるようになってきた。そして，これらの議論に共通するのは，製品とサービス，製造業とサービス業を区別して考える限り，本当の答えは見つからず，これらを統合して初めて収益化モデルや停滞の突破口が見つかるはずだとする大胆なアプローチであり，本書では，このような「潜在的なサービス製造業」に関する実態とその可能性について検討している。

　本書は，全８章から構成されている（**図表１－２**）。第１章は，問題意識として，「サービス製造業」の定義または意義そして重要性について触れる。第２章では，製造業とサービス業を比較しその意味や違いを理解する。第３章は，製造業の分野で今日進展する動向と変化について検討する。それを受けて第４章は，製造業のサービス化（Servicing by Manufacturer）に関する文献サーベイや該当する企業の事例を紹介する。第５章は，サービス業の分野で今日進展する動向と変化につ

いて検討する。それを受けて第6章は、サービス業の製造化（Manufacturing by Service Provider）に関する文献サーベイや該当する企業の事例を紹介する。第7章は、製造業とサービス業の統合または一体化に関する文献サーベイを行う。最後に、第8章では、「サービス製造業」の体系を整理したうえで、ふたつの「サービス製造業」のタイプ（顕在化したサービス製造業、潜在的なサービス製造業）のゆくえについて考察する。また、併せて全体の総括と結論についても検討する。

図表1−2　全体の体系

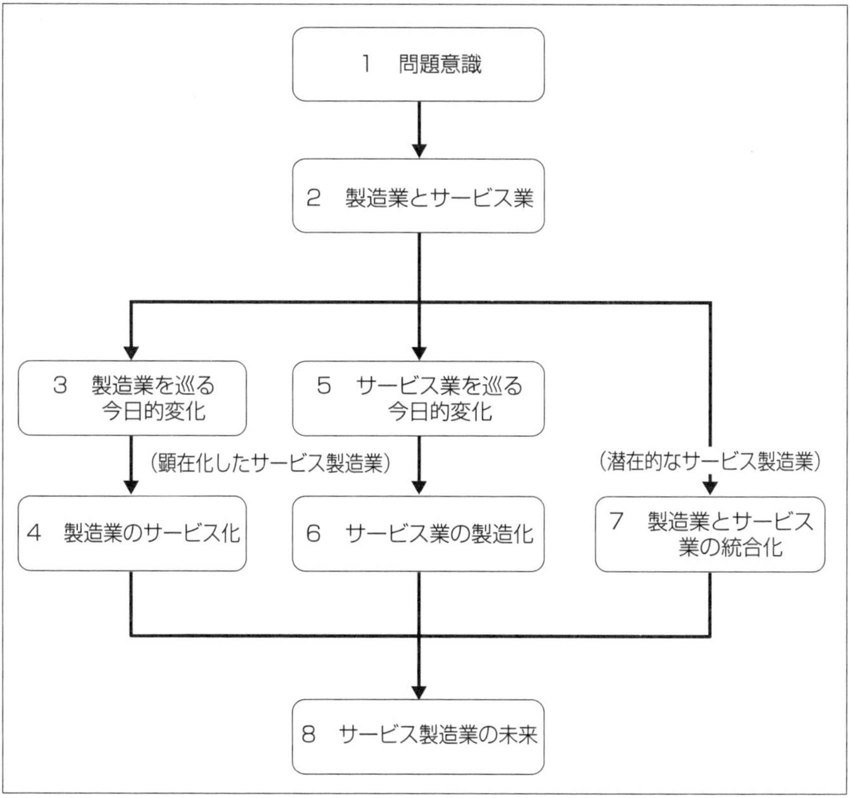

```
           ┌─────────────────┐
           │  1  問題意識     │
           └────────┬────────┘
                    ↓
           ┌─────────────────┐
           │ 2 製造業とサービス業 │
           └────────┬────────┘
          ┌─────────┴─────────┐
          ↓                   ↓
┌──────────────┐    ┌──────────────┐
│ 3 製造業を巡る │    │ 5 サービス業を巡る│
│   今日的変化   │    │   今日的変化     │
└──────┬───────┘    └──────┬───────┘
  （顕在化したサービス製造業）      （潜在的なサービス製造業）
       ↓                   ↓                    ↓
┌──────────────┐ ┌──────────────┐ ┌──────────────┐
│ 4 製造業のサービス化│ │ 6 サービス業の製造化│ │ 7 製造業とサービス│
│              │ │              │ │   業の統合化    │
└──────┬───────┘ └──────┬───────┘ └──────┬───────┘
              ↓
       ┌──────────────┐
       │ 8 サービス製造業の未来│
       └──────────────┘
```

第2章 製造業とサービス業の比較

　製造業（Manufacturing Industry）は，原材料などを加工して製品を生産・提供する産業である。製造業が扱うのは，物体や物品そしてハードウエアなどモノという有形財であり，これらは可視化できるものである。一方，サービス業（Service Industry）は，言葉のとおり，サービスを生産・提供する産業である。サービス業が扱うのは，ソフトウエア，ソリューション，システム，サービス，ブランドなどコトという無形財であり，これらは共通して可視化できない性格を持つ。製造業とサービス業の関係は，川上と川下，作る力と売る力，ハードとソフト，マシンと制御（工作機械とCNC装置）のように相対的な関係をなしているが，次に，製造業（モノづくり）とサービス業（コトづくり）を多角的な視点から比較し，その違いを明らかにしてみよう（図表2－1）。

図表2－1　製造業とサービス業の比較

	製造業	サービス業
財 学問 ビジネス特性	有形財 技術経営 フロー型	無形財 サービス経営 ストック型
模倣困難性 価格競争 差別化	低い 激化 限界	高い 回避 可能
競争優位性 設備投資 品揃え	一時的，短期的 大きい 画一的	持続的，長期的 小さい 多様
需要予測 仕事の性格 安定性	順次的 資本集約的 低い	偶発的 労働集約的 高い
所有権 中核的価値 マーケティング	移転される 工場で生まれる プロモーション	移転されない 売り手と買い手の間 リレーションシップ

　まず，「学問」としてみると，製造業は，技術経営（Management of Technology：MOT）の領域で取り扱われるのに対し，サービス業は，サービス経営（Management of Service：MOS）そしてサービス・マーケティング（Service

Marketing) のような分野で集中的に検討される違いがある。また，技術経営とは，供給サイドからのアプローチであり，いわゆる，プロダクト・アウト（作り手側の発想）が適応されるのに対し，サービス経営とは，需要サイドからのアプローチなため，マーケット・イン（消費者側の発想）が重視される違いがあげられる。

「ビジネス特性」の視点で比較すると，製造業は，モノを販売したらその時点で利益の追求が終了してしまうフロー型のビジネスに当てはまるのに対し，サービス業は，販売後，定期的に保守や点検などのサービス活動が伴うため，継続的に利益の獲得が可能であるストック型のビジネスのように区別ができる。

「模倣困難性」で比較すると，製造業（モノづくり）は，模倣困難性が相対的に低く，容易に模倣されやすい性格を有するのに比べ，サービス業（コトづくり）は，模倣困難性が相対的に高く，真似され難い性格を持つという違いがある。今日のモノづくりの世界は，デジタル・テクノロジーの進化に伴い，先進国と新興国の知識・ノウハウの格差が大幅に縮小してきている。また，業界のリーダー企業が生み出した高価格なハイテク・マシンでも，数年後には，業界のフォロー企業がリバース・エンジニアリング（分解性工学）によって低価格な破壊的イノベーションを市場へ導入するため，競争優位の持続性は，ますますファースト・サイクル化してきている。さらに，今日の技術やノウハウは，その多くが成熟化を迎えているため，ライバルをはるかに凌ぐ画期的なイノベーションを生み出せるような企業は，昔ほど存在しなくなった。これらの実態からも，モノづくりの世界では，模倣の困難性が低下していることが明らかである。一方，コトづくりの世界では，同様なスペックさえ準備すればよいというものではなく，消費者や顧客の使用頻度や使用方法に応じて，単純から複雑に至るまで多種多様なシステムやソリューションを準備しなければならない。このため，ライバルによる模倣困難性は高いと言えるのである。

「価格競争」について比較すると，製造業は，激化する様相を強めているのに比べ，サービス業は，価格競争を回避することが可能である。周知のとおり，製造業では，特にハイテク製品を中心にコモディティ化現象が起こっており，このため，家電メーカー等が業績の悪化に苦悩している。一方，サービス業は，必ずしもコスト優位性を競い合うものではなく，顧客へのスピード対応や正確さそし

てソリューション能力が競争優位のカギを握るため，比較的，プレミアム価格の維持が可能になるのである。

「差別化」について比較すると，製造業は，製品などの差別化が限界を迎えているのに比べ，サービス業は，差別化を開発する余地が無数に残っている。たとえば，競合企業が市場へ提供する新製品を調べてみると，近年，性能や機能において突出したイノベーションを創造した企業はごく僅かであり，そのほとんどは，同質的な内容の新製品で占められているのが実態のようだ。一方，サービス業は，客先の都合や事情に応じて，多種多様なシステムやソリューションを提供しなければならず，サービスの開発と創造は，まさに無限に存在するといえる。

「競争優位性」の面からすると，製造業は，一時的または短期的となりやすいのに比べ，サービス業は，持続的かつ長期的となりやすい違いがあげられる。製造業は，顧客へ製品という有形財を提供した段階でビジネスが終了する場合が多く，このため，消費者との信頼関係の構築も一過性のものとなり，囲い込みは難しい。一方，サービス業は，消費者に対してサービスという無形財を提供するため，消費者と対峙して双方向な関係を築きやすく，囲い込みが容易であり，その結果，持続的な競争優位性を手に入れやすいのである。

「設備投資」から見ると，製造業は，土地，設備，建物，人材など設備投資が巨大になりやすいのに比べ，サービス業は，人件費が発生するものの，設備投資は相対的に小さくて済む違いがあげられる。製造業は，投資コストの負担が大きくなるのに対し，サービス業は，極端に賃金水準が上昇しない限り，コスト負担をミニマムに調整することが可能である。

「品揃え」ついて比較すると，製造業は，画一的なメニューによって対処できるのに比べ，サービス業は，多様なメニューを準備する必要がある。製造業（特に，規模の経済性が効果的な製造業）は，基本的に単一の設計図面からモジュール品あるいは完成品が作られ，バリエーション等は，仕様の追加や色・デザインの変更を通じて，カスタマイズするやり方が一般的である。これに対し，サービス業は，顧客の要望に応えるべく，システムやソリューションの引き出しを沢山確保しておく必要がある。顧客の多くは，自社製品だけでなく他社製品も所有して

おり，しかも独自に組み合わせて利用している場合が多いため，他社製品にも精通した知識・ノウハウに加え，システムやソリューションを常時，複数準備しておかなければならないからである。

「需要予測」からみると，製造業は，この先の需要を予測して生産スケジュールに則り，順次仕事を進める対応が求められる。一方，サービス業は，この先の需要を事前に予測することはできず，突発的，偶発的に発生する仕事を迅速かつ柔軟に処理する「クイック・レスポンス」が要求される。

「仕事の性格」から比較すると，製造業は，自動車や家電，工作機械やロボットまで高性能な生産設備を中心とした資本集約型のビジネスである。一方，サービス業は，専門的なスキルを要する人的資源を中心とした労働集約型のビジネスである違いがあげられる。

「安定性」について比較すると，製造業は安定性が低く，サービス業は安定性が高いといえる。製造業は，原材料や部品価格の変動や為替相場の影響を受けやすく，脆弱な面を内包している。一方，サービス業は，製造業のような外的変動の影響は受けにくいため，安定した利益率の確保が可能である。

「所有権」について比較すると，製造業は，有形財のため所有権の移転や「在庫」，「保管」，「再販」などの活動が伴うが，これに対し，無形財を扱うサービス業の場合，所有権の移転は発生せず，「在庫」，「保管」，「再販」という諸活動もまた不要である。

「中核的な価値」の違いを見ると，製造業は，主に工場において中核的な価値を生み出し，しかも，生産が消費よりも先に発生するのに比べ，サービス業は，売り手と買い手の相互作用から中核的な価値が創造され，しかも，生産と消費が同時に発生する違いがあげられる。

最後に，「マーケティング」について比較すると，製造業では，広告や宣伝などプロモーションに注目が集まるが，サービス業では，顧客との信頼関係を構築するリレーションシップに注目が集まるという違いがあげられる。

第3章 製造業で進展する今日的変化

3-1 ICTの発達

　世界の製造業は，中国などの新興国へ拠点を移すオフショアリング（Offshoring）から国内周辺へ回帰するニアショアリング（Nearshoring），そして，国内へ再び戻るリショアリング（Reshoring）へシフトしてきている。とりわけ，近年における米国の製造業は，バブル崩壊の危険性，人件費や物価などの急激な高騰，ストやデモの被害の拡大など中国が抱えるカントリーリスクの高まりから，国内への回帰を通じて，国内の雇用を生み出し，流通コストを削減するなどに注目が集まっている[2]。このように世界の製造業は，大きな再編の時期を迎えているが，こうしたなか，近年の製造業で進む変化は，主に5つのポイントがあげられる。

　第1は，ICTの飛躍的な進歩であり，たとえば，重要な社会基盤であるインターネット技術とデータを収集するセンサー等の情報機器技術を組み合わせれば，革新的な仕組みを創造できることである。実際に，ICTのインフラ整備をみると，モバイル通信速度は，ここ10年で数百倍も性能が向上している。また，インターネットの人口普及率は，平成23年末で79.1％まで及んでいる（平成24年版『情報通信白書』）。一方，ハードウエアのICT化もまた進んでいる。たとえば，カーエレクトロニクス化では，自動車の製造コスト（人件費・物件費）に占める電子部品の割合は，2007年時点において「カローラ」クラスの小型車で10〜15％，「クラウン」のような高級車で20〜30％，「プリウス」などのハイブリッド車は約50％など，平均で20〜30％であったものが，2015年には，平均で約40％まで電子化が進展するものと予測されている。

　それでは，もう少し，実際の製造業におけるICT活用の事例を見てみよう。
　たとえば，GEでは，現在，産業システム，インターネット革命，ビックデータを組み合わせた仕組みをインダストリアル・インターネット（Industrial Internet）と命名している。これは，コア事業である航空エンジンや医療用電子機器にセンサーを取り付け，そこから得られた大量なデータや情報を分析して，

メンテナンス問題の診断や予測，業務効率のアップ，作業時間の短縮化を図るものであり，GEでは，インダストリアル・インターネットを機械，設備，工場などの革新を意味する産業革命（第1のイノベーション），情報処理技術，情報通信ネットワークの革新を指すインターネット革命（第2のイノベーション）に続く，第3のイノベーションとして位置づけている。

　世界第2位の建設機械メーカーであるコマツは，建設機械に搭載されたGPS（全地球測位システム）を活用しながら，地理空間の位置情報と車両内ネットワーク上の情報を大量にしかもリアルタイムに収集し，稼働状況等を遠隔監視できる管理システムであるコムトラックス（Komtrax）を開発している。油圧ショベル，ブルドーザ，ダンプトラックなどの建設機械に遠隔機械稼働モニタリング・システムを搭載することで，メーカーとユーザーが世界中で稼働する建設機械の車両情報を24時間365日，リアルタイムで日本にいながら把握できるようになった。そして，この技術によってオイルや部品の消耗度合い，トラブル発生の事前回避，省エネ運転のサポート，代理店における在庫の圧縮，オペレーターの工賃など顧客コストの削減，マシンの盗難対策[3]，建設需要の予測などをきめ細かく予防・管理できるようになり，メーカーとユーザーにおける企業経営の効率は飛躍的に向上した（増田，2011；ものづくり白書2013）[4]。また，コマツでは，実作業を担う販売代理店様向けに約4,000機種，計500万ページに及ぶ修理マニュアルや部品・技術資料をペーパーレス化してネットワーク上でノウハウを共有する仕組みであるCSS-Net（Customer Support System-Net）を構築している。これにより，システムやサービスが停止している時間を指すダウンタイムが短縮でき，マシンの稼働時間を確保できるようになった（コマツHP）。

　日立製作所では，世界第3位の建機メーカーでありグループ会社でもある日立建機グループが12年にわたり，世界100以上の国・地域で運用し，蓄積してきた位置，稼働，点検，メンテナンスなど各種機械の業務ノウハウを結集した20言語をサポートする「Global e-Service」を日立グループで活用する「Global e-Service on TWX-21」を目下のところ推進中である。このサービスは，製造業のグローバル化に伴い，保守コスト削減やアフターサービスを向上させるべく世界中で稼働している顧客の機器からのマシンビッグデータを自動で収集し，各種の機器を遠隔で監視または管理するM2M（Machine to Machine）サービスである。

これにより，顧客側は機器のライフサイクルコスト（生涯費用）の改善が期待される一方で，日立グループ側は，サービス事業によるグローバルな収益化が実現できる（佐藤・角谷・馬場・古井丸・永里・臼井，2013）。なお，調査会社のガートナー・ジャパンによると，2020年におけるM2Mの経済効果は，約186兆円にも及ぶことが予想されている。この背景には，インターネットに接続されるすべての機器は，2009年の25億個から2020年には300億個まで膨れ上がる見通しからである（日経産業新聞，2013年10月16日）[5]。

一方，ICTの活用に伴う最新の動向として「デジタル」と「ウェブ」を駆使したメーカー・ムーブメントなる革命もまた，注目されている。雑誌『WIRED』の元編集長で現在は「3D Robotics」を立ち上げたクリス・アンダーソン（Chris Anderson）は，個人のアイデアを大企業が具体化して自社の巨大な工場で大量生産し，数々の顧客へ提供するこれまでのやり方から，21世紀の産業革命は，パーソナル・ファブリケーション（個人製造）の時代が到来すると予見し，その原動力として3Dプリンターなどを駆使さえすれば，誰もがモノづくりをできるようになると述べ，注目を集めたのは記憶に新しい（Anderson, 2012）[6]。3Dプリンター（3D Printer）とは，立体を指す3次元プリンターのことであり，伝統的な手作業による工法に取って代わるデジタル工法である。コンピュータで設計したデータを直接，3Dプリンターに送って完成品を作るため，短納期，低コストにも優れ，匠の技と組み合わせることで国内の製造基盤を強固に維持できる。しかしながら，3Dプリンター自体，最近になって世の中に登場したものではない。今から約20年以上も前から製品が開発され提供されてきた古くて新しい技術なのである（De Jong, J P.J and E, de Bruijn, 2013）。

シード・プランニングの調査によると，3Dプリンター世界市場は，2008年わずか5,400台だったものが，2012年に16倍の86,900台（推定）となり，2016年には，509,600台，2,306億円の市場規模にまで成長することが将来予想されている。また，米調査会社ウォーラーズ・アソシエイツによると，2021年の世界市場規模が2012年実績と比べ，約5倍に相当する108億ドル（約1兆900億円）に達すると予測している（日本経済新聞，2013年5月31日）。これは，高額であった3Dプリンターの平均単価が急速に下落し，100万円以下のパーソナルタイプが普及する可能性が高いからである[7]。たとえば，XYZプリンティングジャパンは，2014年3

月，パーソナル３Ｄプリンター「ダヴィンチ」の国内販売を開始したが，その価格は６万9,800円という驚きの低価格である。

　メーカー・ムーブメントは，個人の生み出したアイデアをオープンなプラットフォーム（クラウド）を活用してコミュニティ内でアイデアを共有する。そうすれば，サポーターとのコラボレーション（協働）が動き出し，さらに，３Ｄプリンターを用いて効率的な生産やイノベーションが可能になる考え方である。このようなメーカーズ革命の最大の利点は，資金や専門の工場がなくても，熟練された職人たちがいなくても，アイデアと才覚によって誰でも製造業を起こせることであり，21世紀のモノづくりは，大企業や巨大工場から生み出されるものではなく，ユニークなアイデアと才覚あふれた個人の手によって創造される世界が現実となりつつある。

　３Ｄプリンターがモノづくり企業に与えるインパクトについて，もう少し触れてみよう。３Ｄプリンターの普及と発展は，パーソナル・ファブリケーション（個人製造）の時代を新たに切り開く強力な武器となるにちがいないが，その一方で，伝統的な工場の世界にも，新しい生産革新を引き起こす可能性が高い。2013年版「ものづくり白書」によると「３Ｄプリンター」に対する関心は，回答企業数の40.8％が抱いており，これを業種別に見ると「一般機械」が51.7％と最も高く，次いで「輸送用機械」が48.3％，「電気機械」が45.1％と続き，主に機械系業種において関心の高さが示されている。３Ｄプリンターは，従来の金型や鋳物など素形材技術を一変させるものである一方，３Ｄプリンターが持つ潜在能力や革新性を100％以上使いこなすためには，長年，培った高度なモノづくり技術の蓄積が何よりも不可欠である。その点，日本は，卓越した生産技術力とスキルワーカーが存在するため，これらと組み合わせれば，３Ｄプリンターの活用を通じてさらなる競争優位性の向上が可能だと考えられる。現在，国内では，経済産業省が開発費を出して「次世代３Ｄプリンター共同開発プロジェクト」が進んでいる。このプロジェクトは，今日より10倍もの速度で砂型を製作できる次世代機を開発するため，産業技術総合研究所，シーメット，郡栄化学工業，コイワイ，木村鋳造所，IHI，日産自動車，早稲田大学が参加メンバーとなっている（日本経済新聞，2013年５月29日）。

第3章　製造業で進展する今日的変化

　このように国産３Ｄプリンターの開発を目指すスマート・ファクトリー構想が進んでおり，優れた知識・ノウハウを持つ中小製造業を選抜して共同開発を試みているが，従来のやり方に比べ，３Ｄプリンターによる工法がどれだけ画期的であるのかを説明するため，ここでは，神奈川県小田原市にある中小製造業のコイワイを取り上げてみよう。自動車向け鋳造品の試作メーカーであるコイワイは，積層砂型工法を開発し，一躍，世界で注目を集めるようになった。というのも，これまで約一か月かかった試作品の開発期間をなんと３日ほどに短縮できるようになったからである。通常，砂型の製作には，製図と呼ばれる顧客の立案図から木型の図面を作成し，職人が木どり，加工，組み立て，仕上げまでを手掛けて木型を起こす。その木型を砂につめて形状を写し取って砂型が製作され，最後に，鋳造によって試作品の完成となるが，これまで製図から木型製作，砂型製作まで，職人の手作業による工法では，約一か月の製作期間が費やされてきた。ところが，同社が開発した積層砂型工法を使うと，３次元CADでデータを作成し，それを３Ｄプリンターへ直接，情報として取り入れる。そして，砂と樹脂を混ぜた厚さ0.2mm程度の砂の層にレーザーを照射させることで，その部分の樹脂が溶けて砂が固まる工程を何度も繰り返すと，最短３日程度で砂型製作を終了できるようになったのである。このようにコイワイが３Ｄプリンターの潜在能力を十二分に使いこなせる訳は，多湿な日本では砂が水分を含みやすいため，乾燥や混合などによって砂の密度や強度を安定させる温度調整法のノウハウを蓄積しているからである。つまり，３Ｄプリンターがどんなに優れたマシンだとしても，こうした下地となる知識が不在ならば，高い精度は出せないのである（日経産業新聞，2013年８月23日）。

３－２　アップルモデルの台頭

　第２の変化は，アップルモデルの台頭である。近年の日本型モノづくりは，次のような変遷を辿り，今日まで至っている。1980年代，円高の進行に伴い海外移転が進み，現地生産が活発化するようになると，垂直統合モデルが主流となった。垂直統合モデル[8]は，部品のような構成品から完成品までのすべてを社内で手掛けるか，それとも，よく管理された複数の系列企業との連携を通じて効率的なモノづくりを実践することである。垂直統合モデルの利点としては，まず，製品の完成度が高くなるため，ライバル製品と差別化できる。そして，製品やモノづく

りのブランド化が容易にできる。また，内製化するため他社に対する参入障壁を構築できる。さらに，とりわけ，高級品のモノづくりである他部門間の連携や調整がしやすいなどがあげられる。

　ところが，1990年代になると，1980年代にアメリカで生まれたEMSと呼ばれる製造請負業者が日本でも次々に登場して注目を集める一方で，1992年，台湾のパソコンメーカーであるエイサーの創業者であるスタン・シーによって提唱された「スマイルカーブ」理論が与えた影響，さらには，アメリカのハイテク産地であるシリコンバレーで展開されたネットワーク分業システムの成功を目のあたりにした日本型のモノづくりは，それまでの垂直統合モデルから水平分業モデルの方向へ大きく舵を切った。水平分業モデル[9]は，開発や製造などの工程をアウトソーシングしてモノづくりの効率化を図るものである。水平分業モデルの利点は，製造拠点の新設に伴う膨大なコスト負担を回避できること，そして，自社が負う諸々のリスクを低減できることであり，これらの要因がモノづくり全体の柔軟性を加速化させる原動力となった。

　2000年代に入ると，EMSの台頭に加え，開発から製造までを請け負うODM企業が登場する一方で，ライバル企業による模倣や追従を回避するため，最先端工場を国内に立地してブランド化しながら，自社の中核的技術を囲い込み，持続的な競争優位性を確保する，いわゆるブラックボックス戦略の重要性が強まり，垂直統合モデルへの回帰が活発化した。たとえば，パナソニックは，プラズマテレビの生産拠点として尼崎工場，シャープもまた液晶テレビの中核拠点である亀山工場を設立するなど，国内に自前の最新鋭工場を設置しながら，工場そのもののブランド化を高めて大きな成功を収めた。

　ここまでの話を振り返ると，日本型モノづくりの変遷は，垂直統合モデルと水平分業モデルが交互に顕在化を繰り返してきたことがわかる。そうだとすると，2010年代は，水平分業モデルの復活または回帰となるはずだが，しかし，その姿は，これまでの水平分業モデルとは少し違ったモノづくりのアプローチとなるにちがいない。それは，限りなく垂直統合に近い水平分業モデルの開発であり，現在，同モデルを開発し優れたモノづくりを実践する企業としてアップルがあげられることから，ここでは，アップルモデルと命名しよう。アップルモデルとは，水平分業モデルを軸として，中核的な機能工程はブラックボックス戦略を組み入

れるやり方である。つまり，他社への依存度を高めるが，他社を可能な限り自社化（内部化）するようなモデルである。そして，この背景には，EMS／ODM企業が飛躍的に成長した結果，もはやモノづくりに欠かせない貴重な戦力となってきたことがあげられる。また，イノベーションの主流や方向性が「クローズド・イノベーション」から「オープン・イノベーション」へ大きくシフトしたことから，水平分業モデルを基本としながらも，すべての機能や工程を他社任せにせず，中核的な技術の領域，自社の競争優位にとって重要な機能または工程は，ブラックボックス戦略によって囲い込みが可能となった影響が大きいといえる。たとえば，アップルは，アプリなどソフトウエアの開発は，数多くの品揃えを狙って外部化している。また，部品の調達や組み立てなどの製造工程は，自社工場を持たず，すべて外部化している。しかし，その一方で，外注先工場の設備機器については，アップルが購入した最新鋭の工作機械やロボティクスを提供し，製造技術の精度の高さを維持する一方で，技術やノウハウの蓄積に余念がない。すなわち，アップルは，工場を外部化しているにもかかわらず，毎年，数千億円にものぼる設備投資の計画を策定しており，すべてを他人任せにしている姿勢は見せていない。しかも，一般の家電メーカーでは，主に家電量販店チャネルを利用しているのに比べ，アップルは，世界380店舗の直営店とアップルと認定小売店契約を交わした一部の家電量販店にだけ販売を限定し，流通経路から得られる利益を独占している。このようにアップルのモノづくりとは，単なる効率性を追求した水平分業モデルではなく，水平分業を採用しながら，自らもこれに深くコミットすることでコア技術の学習や新しい知識の吸収を高める，限りなく垂直統合モデルに近い戦略的水平分業モデルであると表現できるのである。

さて，工場を持たないアップルにとって製造工程のアウトソーシング先であるEMS（Electronics Manufacturing Service）と呼ばれる製造請負業者の重要性は，もはや欠かせない存在である。New Venture Researchの「世界の電子機器受託製造（EMS）市場」によると，世界における電子機器受託製造（EMS）市場は，2011年に4,130億ドルであったものが，2016年には6,540億ドルを達成するものと予測されている（図表3−1）。

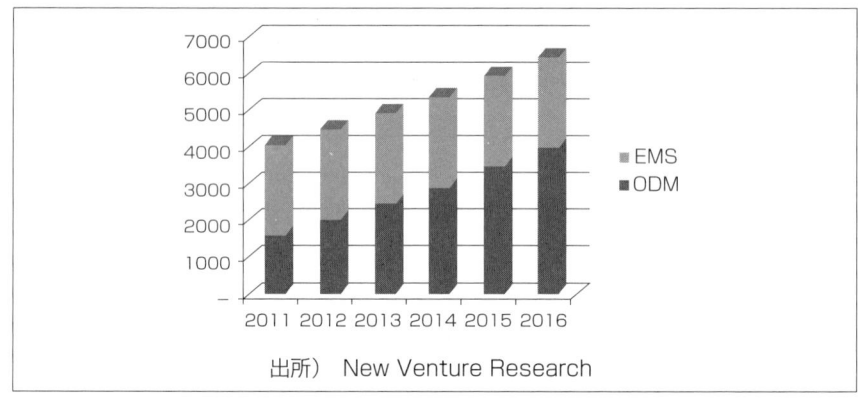

図表3-1　世界の電子機器受託製造（EMS）市場

出所）　New Venture Research

　一方，Manufacturing Market Insiderによると，2012年における世界のEMS企業のランキング50は，**図表3-2**のとおりである。

　世界最大のEMS企業は，台湾のFoxconnであり，以下，シンガポールのフレクトロニクスとアメリカのジェイビルが続いている。そして，Foxconnの売上高は，02と11年度で比較すると，なんと15.7倍も拡大しているのに対し，第2位のフレクトロニクスは，2.2倍であり，近年においてFoxconnが一人勝ちの様相を強めている。EMS企業を地域別にみると，アジア地域の割合が最も多く，全体の50％を占める25社がランキングされており，以下，北米地域は14社，欧州地域は11社となっている。EMS企業を国別にみると，アメリカ企業が11社を数え，世界最大のEMS集積国となっている。以下，台湾企業，シンガポール企業，日本企業，香港企業がそれぞれ4社で続いている。また，アメリカ型EMSと台湾型EMSを比較すると，グローバル化や多角化を志向するアメリカEMSに対し，台湾EMSは，製品開発を取り込むODMへ変貌を遂げている違いが見られる。

　EMS企業は，世界中に存在するが，そのなかでも，台湾のFoxconnは，アップル，HP，Dell，ソニーなど世界の家電メーカーの製品を一手に引き受けており，これら世界の完成品メーカーは，もはやFoxconnを抜きにしてビジネスが成り立たないのが現状だ。また，国内でも，厳しい企業間競争に生き残るため，家電メーカーによるEMS化が進んでいるが，なかでも，OKIは，長年，メーカーとして蓄積してきた高い技術力とノウハウを武器に，情報通信機器，産業機器

第3章　製造業で進展する今日的変化

図表3－2　世界のEMS企業ランキング50

1	Hon Hai Precision Industry (Foxconn)	台湾
2	Flextronics	シンガポール
3	Jabil	アメリカ
4	New Kinpo Group	台湾
5	Celestica	カナダ
6	Sanmina	アメリカ
7	Shenzhen Kaifa Technology	中国
8	Benchmark Electronics	アメリカ
9	Plexus	アメリカ
10	Universal Scientific Industrial Co., Ltd. (USI)	中国
11	Venture	シンガポール
12	SIIX	日本
13	Zollner Elektronik Group	ドイツ
14	UMC Electronics	日本
15	Sumitronics	日本
16	Global Brands Manufacture (GBM)	台湾
17	Beyonics Technology	シンガポール
18	Kimball Electronics Group	アメリカ
19	Asteelflash	フランス
20	Integrated Micro-Electronics, Inc.	フィリピン
21	Fabrinet	タイ
22	3CEMS Group	中国
23	Creation Technologies	カナダ
24	Enics	スイス
25	eolane	フランス
26	Di-Nikko Engineering	日本
27	VTech Communications	香港
28	VIDEOTON Holding	ハンガリー
29	Ducommun LaBarge Technologies	アメリカ
30	WKK Technology Ltd.	香港
31		香港
32	V.S. Industry	マレーシア
33	KeyTronicEMS	アメリカ
34	Topscom Technology	香港
35	Neways Electronics International	オランダ
36	OnCore Manufacturing	アメリカ
37	Hana Microelectronics	タイ
38	PartnerTech	スウェーデン
39	SMTC - Markham	カナダ
40	Kitron -- Billingstad, Norway	ノルウェー
41	SMT Technologies	マレーシア
42	Orient Semiconductor Electronics	台湾
43	Selcom Elettronica	イタリア
44	CTS Electronics Manufacturing Solutions	アメリカ
45	SVI	タイ
46	MC Assembly	アメリカ
47	Scanfil EMS	フィンランド
48	PCI	シンガポール
49	LACROIX Electronics	フランス
50	EPIC Technologies	アメリカ

資料）　Manufacturing Market Insider

（メカトロ機器），計測機器，医療機器の分野までのEMS事業を手掛け，成功を収めている。

　それでは，世界最大のEMS企業であるFoxconnについて取り上げてみよう。台湾の鴻海精密工業（Hon Hai Precision Industry）を正式名称とするFoxconnは，1974年の創業当時，わずか10名の社員で白黒テレビ用のプラスチック部品を生産していた零細企業であったが，40年後の現在，社員数は100万人を超え，売上高12兆円を誇る世界最大のEMS企業となった。

Foxconnのビジネスモデルとは，マネジメント＝台湾，生産基地＝中国，生産設備＝日本，顧客＝欧米企業によって構成されている（**図表３−３**）。最初に，マネジメント＝台湾とは，創業者である郭台銘氏のトップダウンによる意思決定の速さ，徹底した人事管理体制，「軍隊」並みの規律制度を意味するものである（金，2011）。そして，生産拠点＝中国とは，中国国内に30ヶ所もの生産工場があり，しかも全従業員は100万人を超える規模を誇る巨大な工場集積地域のことである。また，生産設備＝日本とは，工作機械，作業用ロボット，プレスマシン，射出成形機，プリント基板実装機（SMT）など，大半の設備は，日本製のマシンで占められることである。最後に，顧客＝欧米企業とは，アップルやHPのような世界一流の完成品メーカーが主要な取引メーカーであり，アップル向け製品の割合は，全売上高の約４割規模にも達するため，別名，アップル工場とも揶揄されている。

図表３−３　Foxconnのビジネスモデル

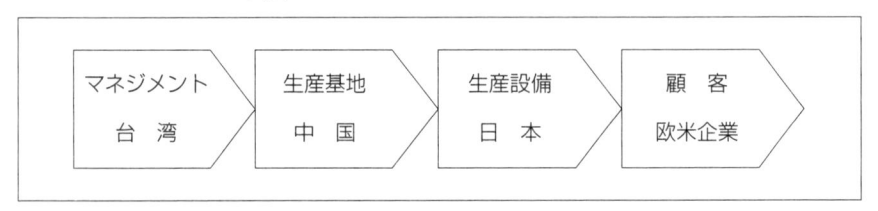

マネジメント　台湾　→　生産基地　中国　→　生産設備　日本　→　顧　客　欧米企業

　Foxconnは，最大の取引相手であるアップルだけでなく，そのライバル企業の仕事まで請け負っている。そのため，競合する顧客ごとに専用工場が設置され，相手方の情報や知識が他社に漏れないよう，入念に配慮している。たとえば，ソニーや任天堂向けのゲーム機は15万人規模の「煙台」，HP（Hewlett-Packard）のパソコンは５万人規模の「重慶」，アップルのパソコンは15万人規模の「崑山」，iPhoneは10万人規模の「太原」と30万人規模の「鄭州」，iPadは15万人規模の「成都」，金型，iPhone，iPadなどは30万人規模の「深圳」でそれぞれ生産している。Foxconnは，複数企業の仕事を請け負うことで，これらの製品情報やノウハウを丸ごと学習または吸収できる立場にあり，その結果，次のような強さと優位性を身に付けたといわれている。中川（2012）は，Foxconnの強みとして，大量生産，急速立ち上げ，生産変動，継続的コストダウン，丸投げなど各対応力をあげている。また，安心感，コストダウン力，大規模設備・人材の活用，人材教育の徹底なども強化されたと考えられる。そして，このような強さがスピード，品質，エンジニアリング・サービス，柔軟性，コスト，＋αなど競争優位性を生

み出す源泉となっている。

　しかしながら，圧倒的な強さを誇ってきたFoxconnもまた，大きな曲がり角に差し掛かっている。それは，中国大陸における人件費が急激に上昇し続けていることであり，このため，売上高の推移に比べ，営業利益率は，鈍化の一途を辿っている。

　日本企業は，これまで開発，販売，物流，製品組立，部品製造のあらゆる機能を社内に持つ垂直統合モデルを得意としてきた。ところが，近年，台湾EMS企業の台頭に伴い，垂直統合モデルの非効率さが目立ち始め，最後は，工場の閉鎖や身売りをせざるを得ないまで事態は深刻の度合いを強めてしまった。一方，これとは対照的に，製品の開発と販売だけ行う企業が物流，製品組立，部品製造の専門企業を使う水平分業モデルは，国内外のEMS企業の飛躍的な成長によって，きわめて効果的な戦略ツールとして，もはや製造業になくてはならない存在となっている。ところが，過度のEMS企業への依存は，短期的には高収益を生み出すが，長い目で見ると，企業の競争優位性の喪失にもつながりかねない恐れもある。おそらく，水平分業モデルの導入または学習にあたり，日本企業は，EMS企業にすべてを依存せず，アップルがそうであるとおり，EMS企業との共創関係を構築すること，そして，それを成し遂げるコラボレーション能力を身に付けることが肝要だと言えるだろう。

3-3　コモディティ化

　第3の変化は，コモディティ化（Commoditization）である。コモディティ化とは，競合する製品同士の機能や品質という差異特性が失われ，価格以外に競争する対象が無くなってしまう現象であり，近年，コモディティ・トラップ[10]に陥ってしまった代表的な業界として，家電業界があげられる[11]。たとえば，デジタル家電の分野では，国内の熾烈な競争に加え，急速に成長する新興国企業との低価格競争に巻き込まれ，製品競争力は著しく低下を余儀なくされた。楠木・阿久津（2006）は，コモディティ化現象を価値次元の可視性という概念を用いて説明している（図表3-4）。それによると，まず，顧客に支持された特定の企業によって支配的デザインが確立される。その後，ライバル各社は，支配的モデルを

図表3-4　価値次元の可視性のダイナミクス

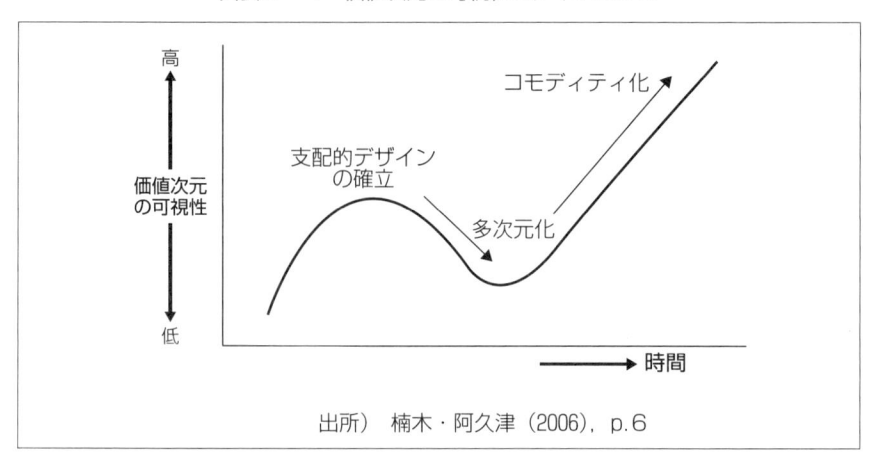

出所）楠木・阿久津（2006），p.6

模倣した製品開発を繰り広げるため，価値次元の可視性は一時的に低下するものの，そのような競合他社による差別化は，その後，徐々に失われるため同質化が強まると共に，価格要素以外に違いが失われてしまい，コモディティ化に陥ってしまうというものである。

それでは，デジタル家電を事例に取り上げながら，実際のコモディティ化現象について触れてみよう。図表3-5は，ヒット商品のライフサイクルと売れなくなった原因を示したものである。

図表3-5　ヒット商品のライフサイクルと売れなくなった原因

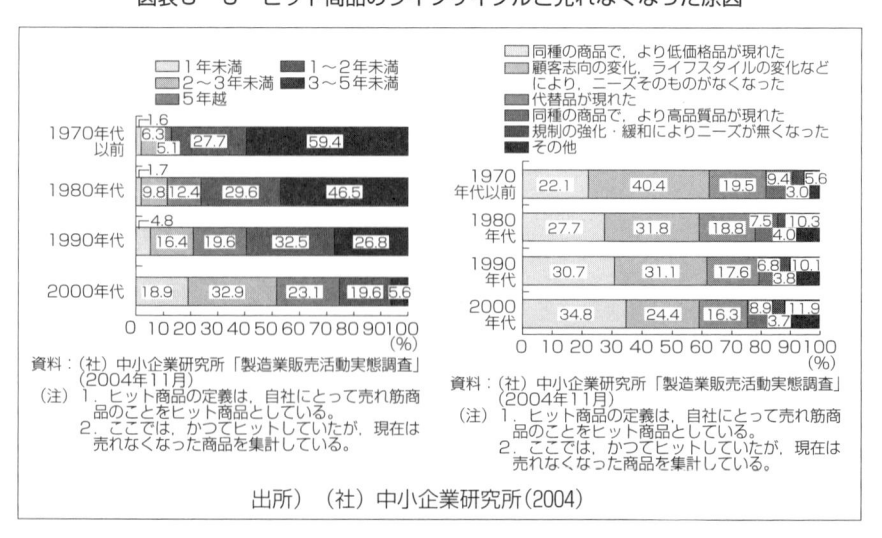

出所）（社）中小企業研究所（2004）

(社)中小企業研究所によると，図表左側の年代別に見たヒット商品のライフサイクルは，急速に短縮化してきている。1970年代以前は，5年越しが59.4％と長命化が支配していたが，2000年代になると，わずか6％に減少する一方で，逆に1年未満は，1.6％から18.9％へ，1－2年未満では，6.3％から32.9％へと大幅に拡大してきている。また，図表右側のヒット商品が売れなくなった原因を見ると，1970年代以前は，顧客志向やライフスタイルの変化が40.4％を占めていたが，2000年代になると，低価格品の台頭が34.8％と最大を占めるようになった。
　次に，コモディティ・トラップに陥った具体的なケースとして，テレビ，カメラ，パソコンなどデジタル家電を取り上げてみよう。**図表3－6**の左側は，37～40型薄型テレビの価格推移を市場全体とソニーで比較したグラフだが，そのどちらもコモディティ化を起こしているのが分かる。

　2009年当時，14万円以上した薄型テレビは，4年後の2012年には，半額以下の6万円前後まで急落してしまった。つまり，薄型テレビのパフォーマンスは，市場へ投入してからわずか3～4年で当初の半分以下の水準まで下がってしまったのである。しかし，コモディティ化した製品は，薄型テレビだけではない。もっとすごいスピードで値崩れを起こしている製品は，デジタルカメラやパソコンである。**図表3－6**の右側は，デジタルカメラとパソコンの価格下落率を表わした

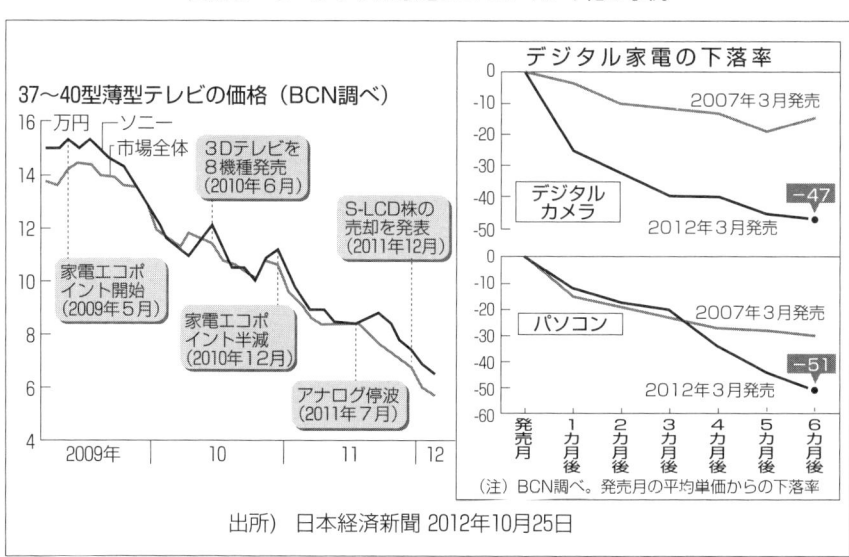

図表3－6　デジタル家電のコモディティ化の事例

出所）日本経済新聞 2012年10月25日

グラフだが，新製品として発売した月から値段が半額になるまで，僅か6カ月という短期間であることが分かる。つまり，これらのデジタル家電は，先行投資として膨大な研究開発コストを費やしても，短期間で一気に市場における価格が下落しまうため，初期費用（Initial Cost）の回収が非常に難しい事態に陥っている。しかも，国内外のライバル企業との競争激化から，不良在庫もまた大量に発生してしまい，それを早期に売却したいがため，さらなる低価格政策の展開に追い込まれ，収益が激減する負の循環に陥っているのである。

このように日本が世界をリードしてきたデジタル家電の分野は，たとえ，創造的な製品・サービスを開発できても，わずか半年足らずで売値が当初の半分近くまで下落してしまうという，もはや手も足も出ない状況にあるが，さらに恐ろしいことは，いったんコモディティ化の谷へ陥ってしまうと，谷が深すぎて容易には這い上がれなくなってしまう事実である。つまり，作っても，作っても利益を生み出せなくなり，慢性的な停滞を余儀なくされる恐怖が潜んでいるのである[12]。

それでは，コモディティ化を引き起こすその主な理由とは何か。ひとつは，デジタル技術の進歩である。アナログ技術の時代には，生産工程のなかで優秀なエンジニアや熟練した作業者の役割がきわめて重要であった。たとえば，ブラウン管テレビの画質調整やVHSビデオの角度調整では，経験豊かな現場の技術者による微調整が製品の精度を決定するものであった（2013年版 ものづくり白書）。ところが，アナログ技術を0と1で区切り整理したデジタル技術が飛躍的に進歩すると，完璧なコピーが容易に作れるようになり，製品開発のスピードや大量生産する能力が新たな競争優位のカギを握るようになる一方で，これまで製品の品質を支えてきた現場のスキルワーカーの存在意義を低下させてしまった。また，デジタル技術は，このように優れたスキルワーカーの存在を不要とするため，国内生産の場合とほとんど遜色がなければ，人件費や光熱費が圧倒的に安価な新興国企業へ開発委託した方が大きなコスト・パフォーマンスを獲得できる。これが生産のグローバル化を進展させ，国内の空洞化を引き起こすひとつの要因ともなっている。

もうひとつは，モジュール化の進展である。一般に，製品アーキテクチャー（設計思想）は，「モジュール化」と「統合化」という2つのタイプに大別できる。

「モジュール化」は，平たく言うと，汎（はん）用部品を組み合わせて完成品を作るやり方であり，具体的には，部品間のインターフェイスを単純化，標準化して部品同士をオープンに組み合わせるモノづくりをいう。一方，モジュール化の対抗概念である「統合化」は，複数の専用部品が相互に絡み合って作りあげるやり方であり，このため，部品同士の調整またはすり合わせが不可欠なモノづくりである。このような「モジュール化」と「統合化」の最大の違いは，前者が複雑性を緩和できるのに対し，後者は，複雑性を高めるものと説明できる。**図表3－7**は，「モジュール化」と「統合化」という2つのアーキテクチャーの概念図である。

図表3－7　アーキテクチャーの2つのタイプ

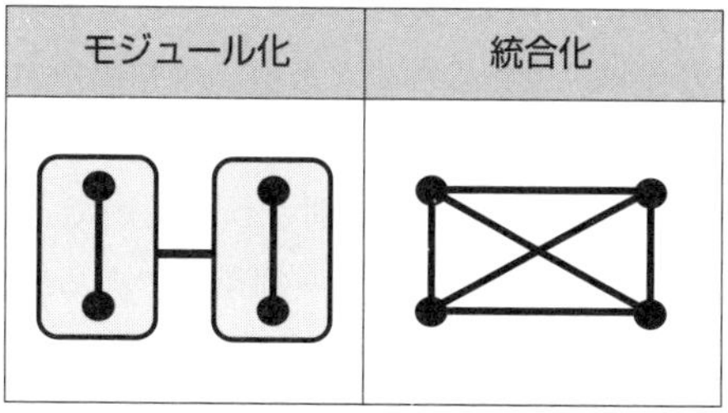

出所）　中村・福里(2003)，p.53

それによると，「モジュール化」は，4つある構成要素間を結ぶ線（インターフェイス）が合計3本になるのに対し，「統合化」は，構成要素が同じ数であるのにインターフェイスの数は全部で6本となり，複雑性の度合いが高いことが分かる。つまり，構成要素が同じ数でも，インターフェイスの数は，2倍の違いが存在するのである。システムの複雑性を緩和できる「モジュール化」は，個々の部品が自己完結的であるため，あらかじめ別々に設計しておいた部品を寄せ集めて組み立てたとしても，全体として完成する特徴を有している。たとえば，PCを例にあげると，PCを構成する複数のパーツは，それぞれ独立して機能するため，高度なすり合わせを必要とせず，基本的には，組み合わせによって完成品を作ることが可能である。また，PCのみならず，カーナビゲーションや大型テレビジョンなど，これまですり合わせの要素が数多く存在した典型的な統合型製品の分野でも，モジュール化の波が押し寄せると共に，新興国の企業でも，こうした製品の開発と生産が可能となり，低価格競争を拡大させている。

これに対し，システム全体の複雑性が高い「統合化」は，ある製品のため特別に最適設計された部品が他の部品と相互依存関係にあるため，微妙に相互調整を図らないとトータルシステムとしての性能は発揮できないモノづくりであると説明ができる。たとえば，自動車の場合，クルマの走行や操縦の安定性や乗り心地の良さは，約3万点もの部品を相互にすり合わせて微妙な調整を施して初めて得られるものである。つまり，複雑な部品システムが最適化されることで全体が機能する構造となっているのである。

　アナログ技術からデジタル技術へ，そして，統合型アーキテクチャーからモジュール型アーキテクチャーへテクノロジーや設計思想がシフトするなか，従来までの製造業の付加価値モデルもまた，抜本的な転換を余儀なくされている。バリューチェーンにおける付加価値の源泉，あるいは利幅の大きさを意味するモノづくりの付加価値モデルは，一般に「スマイルカーブ」と「逆スマイルカーブ」という2つの付加価値モデルのように区別され説明ができる。スマイルカーブ（Smile Curve）は，1992年，台湾のエイサー創業者である施振栄（スタン・シー）氏によって提唱された概念だが，その後，日本の経済産業省が日本企業を調査した結果，スマイルカーブとは逆の実態が明らかとなり，これが逆スマイルカーブと名づけられた。スマイルカーブと逆スマイルカーブの違いは，**図表3−8**のとおりである。

　スマイルカーブは，**図表3−8**の薄い線で示したU字型のカーブに該当するも

図表3−8　スマイルカーブと逆スマイルカーブ

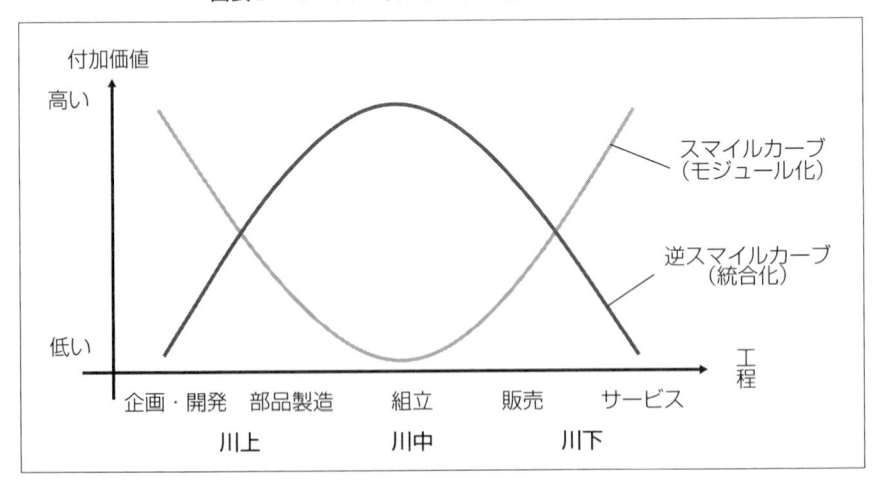

のである。具体的には，バリューチェーン中央に位置する組立工程の利幅は低いが，図表の両端にある企画・開発とサービスという工程は利幅が高くなるモデルである。そして，スマイルカーブに該当するアーキテクチャーは，モジュール型製品である。というのも，モジュール型製品は，複数のモジュールをオープンに組み合わせて複雑性を緩和できるため，付加価値は低いが量産組立工程のアウトソーシングは可能だからである。これに対し，逆スマイルカーブは，**図表3－8**の濃い線で記した∩字型のカーブである。これは，バリューチェーン中央の組立工程の利幅が最大となるが，企画・開発やサービスなど，両端にある工程の利幅が小さくなるモデルである。こうした逆スマイルカーブに一致するアーキテクチャーは，統合型製品である。統合型製品は，複数の専用部品同士を高度に調整またはすり合わせる必要があり，このため，付加価値は高いものの量産組立工程の内製対応が必要だからである。

　次に，製造業におけるバリューチェーン別付加価値のバランスは，どう変化しているのだろうか。**図表3－9**は，2005年度と2013年度のものづくり白書で公表された比較である。統計の取り方や母集団の数は，それぞれ違うため厳密とは言えないが，2005年度を見ると，バリューチェーン中央の製造・組立と答える企業が44.4％と最も多かった。これに対し，川下工程（販売，アフターサービス，リサイクル）の付加価値は相対的に低く，さらに川上工程（研究，開発・設計・試作）の付加価値は低い結果が得られた。つまり，2005年度における付加価値のバランスは，川中が高く川上と川下が低いものであり，換言すると，逆スマイルカーブ型のモノづくりが主流を占めていた。その主な理由として，当時を振り返ると，自動車や鉄鋼など，その本質が統合型製品である業種の影響が色濃く反映されている[13]。また，TPS（Toyota Production Systems）のようなリーンなモノづくりシステムが支持された。さらに，高コストな大規模の生産方式からコンパクトで効率的なセル生産方式が盛んに導入され，効果を発揮したことがあげられる。

　一方，2013年度になると，バリューチェーン中央に位置する量産（組立）の付加価値は，65.0％に対し，川上工程（企画，研究，設計，試作，デザイン）の付加価値はほぼ80％を超え，川下工程（販売，アフターサービス）は，販売が60.7％，アフターサービスは70.5％という結果が得られている。つまり，2013年度における付加価値のバランスとは，バリューチェーン川中がもっとも低く，川上と川下が

相対的に高い，スマイルカーブ型のモノづくりへ大きく変質してしまったのである。

　この背景には，川上工程について従来までのプロダクト・アウト型ではなく，市場または顧客に焦点を当てたマーケット・イン型のモノづくりへの転換が指摘される。また，川下工程については，従来の生産・製造に代わる新たな付加価値の源泉として，マーケティングやサービスの競争力強化に注目が集まったことが考えられる（図表3-9）。

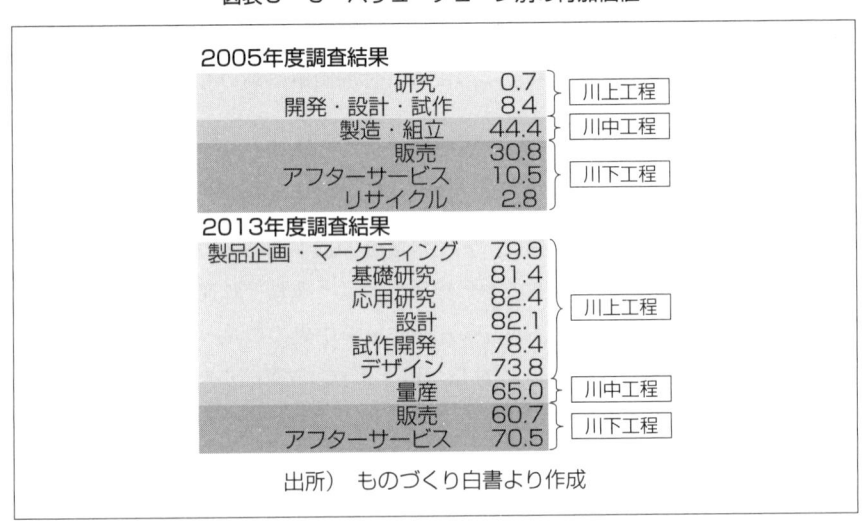

図表3-9　バリューチェーン別の付加価値

2005年度調査結果		工程
研究	0.7	川上工程
開発・設計・試作	8.4	川上工程
製造・組立	44.4	川中工程
販売	30.8	川下工程
アフターサービス	10.5	川下工程
リサイクル	2.8	川下工程

2013年度調査結果		工程
製品企画・マーケティング	79.9	川上工程
基礎研究	81.4	川上工程
応用研究	82.4	川上工程
設計	82.1	川上工程
試作開発	78.4	川上工程
デザイン	73.8	川上工程
量産	65.0	川中工程
販売	60.7	川下工程
アフターサービス	70.5	川下工程

出所）ものづくり白書より作成

3-4　過剰性能・過剰品質

　第4の変化は，過剰性能・過剰品質である。「過剰性」とは，企業が顧客の要求水準以上に製品の性能や品質または機能を高めてしまい，その結果，コストアップを招いて自滅を余儀なくされることである。こうした過剰性の罠を具体的に明らかにした優れた業績として，イノベーションのジレンマ（Innovator's Dilemma）があげられる。

　ハーバードビジネススクールで技術経営を教えるChristensen（1997）は，イノベーションに成功した優良企業は，総じて正しく行うがゆえに失敗すると主張している。そもそも優良企業は，一般に，速いスピード，小さなサイズ，高

い信頼性など，性能向上に対価を支払う要求の厳しいハイエンド顧客（High-end Markets）の声に耳を傾けるものである。相対的経営資源の質・量共に優れた企業ほど，もっとも上位の顧客を相手にしたいと考えるからである。ところが，ハイエンドな顧客の要望に応えようと，積極的に持続的イノベーション（Sustaining Innovation）に取り組むと過剰性能・過剰品質の罠にはまりこんでしまう。つまり，上位顧客の声に耳を傾け過ぎてしまうため，優良企業は，オーバースペックまたはオーバーシュートを起こしてしまい，その結果，失敗するのである。

これに対し，弱小企業は，もともとハイエンド顧客に焦点化できないため，遅いスピード，大きなサイズ，低い信頼性など，たとえ性能が劣っても対価を支払う要求の厳しくないローエンド顧客（Low-end Markets）の声に耳に傾ける。優良企業に比べると，相対的経営資源に乏しい後発の弱小企業は，優良企業が対象とするハイエンド顧客を避け，下位の顧客層に狙いを定めるからである。そして，最終的に弱小企業の破壊的イノベーション（Disruptive Innovation）がマーケットで指示されるようになり，過剰性の罠に陥った優良企業の持続的イノベーションを無力化してしまう。なぜなら，基本的に顧客とは，性能・品質と価格のバランスをよく精査して購買を決定するものであり，市場の大勢を占めるローエンド顧客の要求水準を超えた持続的イノベーションは，たとえどんなに優れた製品だとしても指示されず，皮肉にも弱小企業の破壊的イノベーションに駆逐されてしま

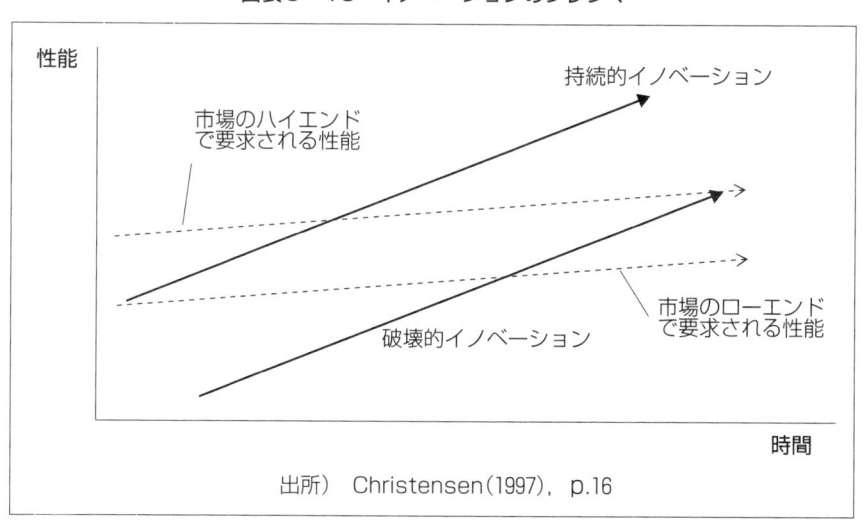

図表3-10 イノベーションのジレンマ

出所）Christensen(1997), p.16

うのである（図表3－10）。

　それでは，なぜ，日本の製造業は過剰性の罠に陥ってしまうのだろうか。ひとつ目は，日本人によるモノづくりへの高い情熱があげられる。たとえば，日本人は，いにしえの時代から今日に至るまで伝統工芸や技能そして文化の開発と普及に努め，それを今日まで大切に保存し継承してきた歴史がある。それは，日本人が「モノづくり」という行為にことさら強い関心と情熱を抱く民族であった証左にちがいない[14]。

　ふたつ目は，日本人が手抜きや妥協しない職人気質を有する民族だからである。他国に比べ日本人ほど，細部の細部まで強いこだわりを見せる民族は珍しい。製品の外観だけでなくその内部の美しさまで要求する日本人の几帳面さ，手先の器用さ，感性の細やかさは，ドイツのマイスターと同様，あまりにも有名である。たとえば，世界最古の木造建築として有名な法隆寺を建立した宮大工の匠の技は，見習いや徒弟制度を通じて，今日まで脈々と受け伝えられている。また，FAの現場でも，ハイエンドなマシニングセンターを用いて精密な金型を製作するには，工作機械の動きを制御するCNC装置がいくら優秀でも，最高レベルの完成品は作れない。最後の最後は，熟練した職人の手によるキサゲと呼ばれる工程を実施しなければ，機械を超えた高い精度を出すことは不可能なのである。

　三つ目は，顧客としての質の高さである。よく，日本人は，世界一厳しい顧客とも揶揄される。Porter（1990）は，国内の洗練された需要の質の高さが技術の高度化や製品の高付加価値化を決定する源泉であると主張しながら，日本の需要条件として，エネルギーや住環境の制約，気象条件の厳しさなどが国内の消費者ニーズに強い影響を及ぼし，その結果，日本独自の高度で洗練された需要を生み出す基盤として働いていると分析している。また，世界最大の日用消費財メーカーであるプロクター・アンド・ギャンブル（P&G）は，日本市場を世界のリード・マーケットとしてもっとも重視している。同社のトップの多くは，過去，数年間日本に住んで日本P&Gという現地子会社の社長を経験しているが，これは，同社の技術研究や製品開発において，日本がその中心的役割を果たしているからである。また，日本の消費者は，世界一要求水準が高く，このため，新製品のテスト・マーケティングを試す実験の場のように考えている。たとえば，欧米市場では，問題視されないような機能面についても，日本人（特に女性）に聞くと

「さらさら」などという感性豊かな表現が帰ってくる。それは，日本語が状況を表す擬態語の語彙の豊富さからである。さらに，日本人は世界でも屈指の清潔志向の高さを誇る民族であるとも言われている。たとえば，日本では，サンダル，風呂場，Tシャツなど，数多くのアンチ・バクテリア・グッズが存在する。また，P&Gの主力商品である幼児用のおむつであるパンパースの場合，米国の女性消費者の期待は，おしっこを漏らさないことに強い関心が置かれるが，日本の女性消費者は，赤ちゃんの皮膚をやさしく守ることに期待と関心が寄せられる違いがある。さらに，新しく開発した洗剤の場合，欧米市場では，単にきれいになる成分だけに注目が集まるが，日本市場は，除菌や殺菌などの衛生面への配慮まで要求されるなど，消費者の要求水準や目線の度合いが一段階高いことが指摘されている（市橋，2008）。

ところで，日本人の清潔好きは，幕末から明治にかけて来日した欧米人からも驚きをもって語られている。たとえば，当時の庶民まで深く浸透していた沐浴習慣は，まず，水が豊富に存在することや火山列島なため温泉が湧いて出る立地的な側面に加え，高温多湿という厳しい環境下で生活する衛生的な側面，さらに，身体を清めて穢れを落とす宗教的な側面など，いくつかの理由が指摘されている（中西，2011）。

3-5　ガラパゴス化

第5の変化は，ガラパゴス化である。ガラパゴス諸島（Islas Galapagos）は，南米のエクアドルから約900km離れた太平洋上に浮かぶ13の代表的な島々からなる火山諸島である。この島が世界から注目を集めた理由は，ゾウガメ，イグアナ，トカゲ，ヤモリなど，大陸の品種とはかなり異なる独自の進化を遂げた固有の生態系が存在するからである。

ビジネスとまったく関係のないガラパゴス諸島が今日，ビジネスの世界へ援用されるようになった理由とは何か。そのキッカケとなった出来事として携帯電話があげられる。通信事業者であるNTTドコモがiモードなどを利用できる第3世代の通信方式を標準としてグローバル化を推進したものの，世界市場では，まだ第2世代が標準であったことから，世界の動きとミスマッチが生じ失敗を招い

てしまった。これは，日本が世界市場の実態や状況を顧みず，一方的に日本流を世界へ押し付けようとしたからである。日本は，世界最高レベルの技術を保有していながら，世界市場では，十分に普及させることができず，国内だけに留まってしまったのである。その後，数多くの分野でガラパゴス化現象が観察されるようになった。たとえば，少し変わりどころのケースとして，新幹線があげられる。周知の通り，日本の新幹線は，車両や線路など世界最高の技術力を誇っているといわれている。ところが，新幹線の輸出競争力をみると，台湾など一部の国に採用が限られている。一方，フランスのTGVなど欧州の鉄道技術を採用する国々はかなり多く，このため，欧州が新幹線を圧倒し，世界の高速鉄道の標準化となりつつある。その最大の理由とは，日本の新幹線は，踏切のない専用の軌道を走るため，車両の軽量化，ダイヤの維持，高速運行が可能であるのに対し，世界の高速鉄道では，膨大なコスト負担を回避するため，在来線走行を必要としている決定的な違いからである。つまり，フランスTGVのシステム等は，世界の鉄道事情に都合がよく受け入れられやすいのに比べ，新幹線は，世界の鉄道システムとやり方や内容が違いすぎて採用が難しい状況にある（川島，2013）。

　ガラパゴス化とは，日本標準と世界標準におけるズレの発生やギャップの存在を意味するものであり，より正確に言うと，国内でしか通用しない独自の進化を遂げた固有の製品・サービスと定義されるが，なぜ，こうした現象が生起されたのだろうか。ひとつの原因として，日本と世界の地政学的な違いがあげられるだろう。日本は世界と比べ，四季に恵まれ，北海道から沖縄まで多様性の高い自然環境を有している。また，地震や洪水，台風や地滑りなど自然災害に見舞われる危険性の多い国である。さらに，日本列島は北から南へ細長く約70％は森林によって占められしかも高低差もあり，豪雪地帯から亜熱帯地域まで多様性のある国土を形成している。なので，河川は急流が続き水害が発生しやすく，道路もまたカーブやトンネルが多く，交通事故が発生しやすい。このように世界と比べ，日本は地政学的な特殊性が高く，そうした相違性がガラパゴス化に強い影響を及ぼしていることは間違いない。もうひとつの原因とは，日本と世界の消費者ニーズの差異があげられる。たとえば，日本は世界でも例を見ないほど大都市へ人口が一極集中する傾向が強く，このため，住居等が大都市周辺部に過度に密集している。また，これらの大都市の多くは，河口部と山間盆地の平野にあり，そのほとんどは堆積平野なため地盤がすこぶる軟弱であり，自然災害の影響を受けやす

第3章 製造業で進展する今日的変化

い特徴を有している（大石，2009）。こうした日本人の過酷な生活事情が世界水準を超えた省エネ，騒音，小型化（軽薄短小），多機能などの技術を生み出す素地となっているのである。

それでは，日本製品のガラパゴス化は，明らかに否定されるべきものだろうか。おそらく，その答えは，ノーである。たとえ，ガラパゴス化がその時点における世界市場のニーズとかけ離れた製品としても，時間の経過と共に製品の理解が深まり，徐々にでも浸透さえすれば，最終的に世界標準とも成り得る余地が残されているからである。たとえば，日本において世帯普及率が約73.5％以上とされる温水洗浄便座，エコカーとしてほぼ世界へ認識が定着したハイブリッド・カー，空気の汚染が深刻化している東アジア地域で特に注目されているマイナスイオン家電などは，どれも国内の消費者向けに創造されたガラパゴス製品であった。

温水洗浄便座の起源は，もともと米国発のイノベーションであった。当時，米国では，医療用の温水洗浄便座であるウォッシュエアシートが開発されたが，これをいち早く，国産化したのが日本企業であった。日本発の温水洗浄便座は，ウォッシュレットと命名され，日本人の無類な清潔好きを反映する製品として大ヒットした。たとえば，タッチレス機能，抗菌・除菌機能，擬音機能，保温機能，脱臭，乾燥，温水機能，シャワー機能などに加え，最近では，節電や節水機能に優れたトイレが登場するなど，これら数々の自動化機能を盛り込んだトイレは，これまでの「拭く」から「洗う」へトイレの概念を一変する一方で，清潔志向や安全欲求が強い日本人のハートをしっかり捕えた[15]。これに対し，外国人の反応は，日本人に比べ清潔や安全に対する意識が低いせいか，多機能で高価格な温水洗浄便座より，シンプルで低価格なトイレを好む傾向が強く，これまでは，普及が遅れていたが，最近になって，欧米やアジアを中心に温水洗浄便座ニーズが広がる一方で，中国や韓国のメーカーが温水洗浄便座市場へ新規参入を試みるなど，当該市場のグローバル化は，徐々にではあるが顕在化しつつある。その証左として，TOTOのウォッシュレットは，世界40カ国以上，出荷総数3,000万台を超えるまで成長を遂げている。

環境問題の深刻化や省エネルギー技術の必要性が声高に叫ばれるなか，自動車業界では，エコカーの開発が急速に進んでいる。なかでも，1997年にトヨタが開

発したハイブリッド・カーは，ガソリンで動く「エンジン」と電気で動く「モーター」というふたつの異なる動力源で駆動するエコカーとして，従来のガソリン車と比べると圧倒的な燃費効率を誇るものであった。しかしながら，発売当初は，世界中でハイブリッド技術に関する理解または認知不足から，販売先は，国内に限定され，海外では，全く鳴かず飛ばずの状態であった。ところが，近年では，ハイブリッド技術の完成度が飛躍的に向上した結果，2013年3月末時点における日本累計は200万台を突破する一方で，世界的にも環境や省エネに対する意識が高まったことから，2013年12月末のグローバル累計販売台数は600万台を突破するまでに普及している（トヨタ自動車による発表）。

　最後に，国内では様々な目に見えない有害物質の発生や飛来によって大気汚染が深刻化している。たとえば，黄砂や微小粒子状物質（PM2.5）などであり，このため，環境汚染や人体への影響が懸念されている。また，気密性が高く風通しの悪いマンション等では，室内で発生するカビやダニによってアレルギーや花粉症を発症する子供や成人も絶えない。さらに，空気感染するインフルエンザ等も予防や対策が求められている。ところが，こうした大気汚染や環境問題は，単に一国だけの問題ではなく，地球レベルの深刻な問題である。そこで，最近になって，国内の有力家電メーカーは，あらゆる製品分野で空気を浄化する機能を搭載したマイナスイオン家電を開発し，国内外で高い人気を博している。たとえば，シャープが開発したプラズマクラスター技術を搭載した商品には，掃除機，冷蔵庫，洗濯機，エアコン，ドライヤー，歯ブラシ，テレビから，自動車や鉄道車両，エレベーター，ビルや住宅の浴槽空調システムまで業種の壁を超えて普及が拡大しており，2013年12月末時点における世界累計販売は5,000万台を達成した。また，パナソニックでもナノイー商品が次々に開発され，高い人気を博しているなど，もともと国内市場向けに開発されたマイナスイオン家電だが，現在は，世界市場における急速なニーズの高まりから，いまやグローバル商品として，認知されるようになってきている。

第4章　製造業のサービス化

4－1　川下重視の優位性

　製造業のサービス化は，製造業が川下事業（Going Downstream）への進出する取り組み，サービス中心のモノづくり，「売って稼ぐ」のではなく「売ってから稼ぐ」仕組み，売りながら儲ける仕組み，さらに多角化戦略における後方統合（Backward Integration）など，実に様々な言葉で表現されている。しかしながら，これは，製造業によるサービス事業戦略を意味するものであり，具体的に言うと，これまで製品の範疇に含まれ無料で提供してきたアフターサービスの有料事業化，製造業からサービス業へコア事業の転換を図る業際行動を指すものである。

　こうしたサービス事業の開発にあたっては，通常，内部資源のみを活用し，しかも独力で行うことが可能である。また，製造業のサービス化は，消費財に比べて資本財や生産財などBtoB型の製造業で早くから普及し実践されてきた。たとえば，建設機械のような資本財は，クルマとは違う作業を通じて稼ぐマシンであり，いわば壊れるのが当たり前であるため，サービス・メンテナンス事業は，新製品開発と同じくらい重要とされてきた。また，エレベーターのような装置財では，製造と販売から得られる利益よりも，保守，メンテナンス，遠隔監視・診断システムなど，各種サービスから得られる利益の方がそれを上回ってきた。

　ところが，最近になって製造業によるサービス事業戦略は，伝統的なBtoBではなく，BtoC型の製造業でも導入と活用されるようになってきた。たとえば，モーターサイクルメーカーであるハーレーダビッドソンは，新製品の開発以上にハーレーユーザーに対する支援またはサービスを展開することで高いリピート需要と新規顧客の開拓に成功している。また，耐久消費財に該当する自動車では，リーンな生産システムを通じて完成度の高いクルマそのものに大きな注目が集まってきたが，これまで見落とされてきた重要な機能として，販売代理店のサービス戦略を忘れてはならない。トヨタのプレミアム・ブランドである「レクサス」の販売店では，顧客に対する最上級なおもてなしやきめ細かな接客を提供する以外にも，レクサス・オーナーに対する充実したトータル・サービスで高い

評価を得ている。たとえば，事故や故障などトラブルへの対応，車両の盗難や車上荒らしなどセキュリティ対応，突然の事故や急病時への対応，リモートメンテナンスメールや警告通知など各種データの連絡など，専門のオペレーターが24時間365日，車両，スマホ，携帯電話そしてPCなどを通じてオーナーを全面的にサポートしている。また，ホンダカーズ新神奈川では，30年間にも及ぶ店外における掃除というボランティア活動が地域住民たち消費者の共感を呼び，それが強力な販売の向上に結実している。というのも，自動車を購入する際，ユーザーは，クルマで選ぶ割合が40％に対し，お店や営業マンの良さで決定する割合は60％とサービスの質の高さで購入するパターンがそれを上回るからである（相澤，2005）。すなわち，誤解を恐れずに言うと，自動車メーカーの巨大な売上高の半分以上は，クルマによる利益ではなく，実は，自動車ディーラーによる誠実なマーケティング活動やサービス力を通じて達成されてきた可能性が高いのである。一方，パナソニック系列の代理店であり，東京の町田市にある家電小売店である「でんかのヤマグチ」は，家電量販店による低価格戦略が大勢を占めるなか高価格戦略で対抗し，年商10億500万円，粗利益率39.8％（2013年3月期）という高い業績をあげているが，この背景には，パナソニック製品が圧倒的な製品競争力を有している理由からではなく，同店が「裏サービス」[16]と呼んでいる御用聞きサービスを展開し，地域の特に高齢消費者のハートと満足を得ている理由からである。さらに，中国の家電メーカーであるハイアールは，日本の厳しい家電市場への参入に当たり，性能や品質の面で日本製には劣る弱点を克服するため，アフターサービスの充実や不良品の迅速な修理によって競争優位を獲得する取り組みを強化している（日経産業新聞，2013年8月6日）[17]。これらの事例からも，収益化の源泉がモノからコトへ，製品力からサービス力へと変化してきていることが分かる。

　製造業のサービス化，つまり，企業の価値創造や競争優位が従来までの製造や製品から，サービスやソリューションへ大きくシフトしてきていると主張する最近の論者として，ここでは，アイビー・ビジネス・スクールのDawarによる主な指摘を取り上げてみよう。Dawar（2013）は，伝統的なビジネスとは，製造や製品に関する価値創造活動を示す川上（Upstream）において競争優位性が構築されてきたが，21世紀の競争優位性の源泉は，川下（Downstream）に傾斜（Tilt）することが重要だと論じている（図表4-1）。

第4章　製造業のサービス化

　川上活動と川下活動における競争優位性の違いを比較すると，まず，「川上の競争優位性の焦点」は，内部（社内に存在する）であり，具体的には，内部資産（知財など目に見えない何かを含む），諸資源，スキル，プロセス，知識にフォーカスするのに対し，「川下の競争優位性の焦点」は，外部（社外に存在する）であり，すなわち，市場や顧客そして市場のネットワークを社内で連結するなかに存在するという違いがある。「競争優位性の源泉のタイプ」は，川上が供給面の低コスト・ソースへの接近，製造や物流における効率性，規模，所有技術，特許，製品とR＆D能力，人材，手順，組織構造と文化であるのに対し，川下は，市場情報，顧客関係とロイヤリティ，市場プレゼンスと購買顧客の判断基準への影響，市場変化のペースのコントロール，企業の顧客認識とそのブランドがあげられる。「顧客価値の基本」では，川上がコスト・リーダーシップや差別化であるのに対し，川下は，コストとリスク低減という違いがある。「イノベーション」では，川上が特許銀行として表現される新製品，技術，R＆D，新製品パイプライン，新製品開発システムであるのに比べ，川下は，顧客との相互作用する新しい方法，コストとリスクの低減，市場駆動のイノベーションがあげられる。最後に，「競争優位の持続性」では，川上が競合他社による模倣，複製，あるいは次世代製品そして技術革新によって追撃し，競争優位性を浸食することであるのに対し，

図表4－1　川下への傾斜：価値と競争優位性の創造における川下活動の重要性の成長

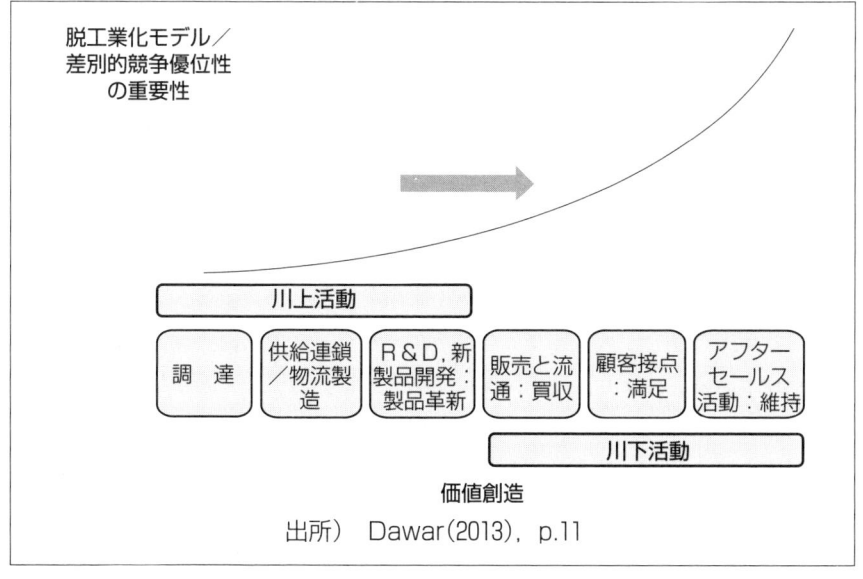

出所）　Dawar(2013), p.11

川下の場合，競争優位性は蓄積される．たとえば，ネットワーク効果など，情報の時間，経験，蓄積と共に成長できるという違いがある．

　Dawarは，昨今，製造業の生き残り戦略について活発に議論がなされているが，おそらく，考えられる成長戦略は，「川上の深堀」，「川下への転換」そして「川下への進出・統合」という3パターンに集約できるとしている．まず，川上分野へのさらなる深堀政策は，単に従来からのやり方の反復に過ぎないだけでなく，たとえ掘り下げられたとしても，すり合わせが不要なため，自前の工場や設備そして卓越した熟練工が無効なデジタルモノづくりの時代には，とりわけ，圧倒的な低価格を武器に戦う新興国の破壊的イノベーションには効果的でなく，グローバルな企業間競争に勝利することは難しい．次に，製造業からサービス業へ転換する政策もまた，スイッチングコスト（転換費用）の負担が高いのみならず，そもそも長年培った知識やノウハウを有効に活かせるやり方とは言えず，課題が大きいやり方である．最後に，川下分野へ進出し川上活動と統合する政策は，すでに説明したとおり，もっとも現実的な対応策であり，実行可能性がもっとも高い取り組みとして，今日，多くの製造業が採用すべき戦略的な手段であると主張している．

4-2　製造業のサービス化に関する研究

　これまでの「サービス・マネジメント」，「サービス・マーケティング」さらに「サービス・イノベーション」に関する研究成果の多くは，たとえば，IBMやGEに象徴されるとおり，「製造業のサービス化」に関するものがほとんどであった．そして，「製造業のサービス化」を巡る学術的研究は，まず欧米諸国において積極的に取り組まれ，その後，日本において注目されるようになったが，これは，国の発展と共に国内の産業は，第1次産業から第2次産業へシフトし，最後に第3次産業の割合が大きくなる「ペティ＝クラークの法則」によって，ある程度説明ができる．つまり，欧米諸国は，過去，世界の製造大国として君臨してきたが，産業の成熟化に伴い，現在では，サービス大国へ変貌を遂げているのに対し，日本では，サービス業の割合が製造業を超えたものの，今現在でも，モノづくりの重要性が根強く残っている．すなわち，欧米は，日本よりも早く，サービスの比重が質量ともに高まったがゆえ，真っ先に製造業のサービス化に関する研

究が進展したのである。これに対し，長い間，製造業によって成功してきた日本では，いまだに統合型のモノづくりが国際競争力を有してはいるものの，モジュール化による開発を武器に新興国企業の急速な追い上げに遭遇した結果，最近になって，ようやくサービス戦略へ本腰を入れて取り組もうとしている段階だと言えるだろう。

それでは，製造業のサービス化に関する諸研究について触れてみよう。まず，1970年代から1980年代にかけて米国製造業の成熟化が進んだ。それにより，米国では，製造業のサービス化に関する研究が急速に進展した。たとえば，Albrecht and Zemke（1985）は，新しい経済下におけるサービス・アメリカのなかで，伝統的なプロダクト・フォーカス経営からカスタマー・フォーカス経営への転換の必要性を強く提唱した。Quinn., Doorley.and Paquette（1990）もまた，顧客に対する価値提供のなかで製品価値よりもサービス価値の提供がより重大となってきたと述べ，サービス主導の戦略を策定し実行する重要性を主張した。

その後も欧米では，製造業のサービス化に関するさらなる精緻化が今日まで繰り返し試みられてきた。Wise and Baumgartner（1999）は，製造業の新しい利益源として川下活動への参入（Go Downstream）を主張した。モノづくり中心の川上活動へ大量に資源投入しても，安定した利益を上げられずしかもリスクが高いため，もはやチャンスは眠っていない。これに比べると，サービスや流通中心の川下活動は，巨大な設備など不要なためリスクは低く，しかも利益が安定しており未開拓な領域も多く存在するため，市場として潜在能力が高いと主張している。また，製造業による川下ビジネスは，ITの利用や強力なコンピタンスの保有，そして徹底した顧客志向を通じて「製品とサービスの一体化」，「総合サービスの提供」，「統合ソリューションの提供」，「流通チャネルの支配力強化」という４つのタイプに類型化できるとも論じている。

Oliva and Kallenberg（2003）は，製品からサービスへの移行（Transition to Services）について触れ，顧客へ提供される中核製品のなかにサービスが統合されている理論的根拠として，主に３つの理由をあげている。第１は，経済的理由であり，たとえば，実質的な収入とは，長いライフサイクルのインストール・ベース製品から生み出される一方で，一般に，サービスは製品よりも高いマージ

ンが期待できる。というのも，サービスは，多大な投資や設備の購入などを不要として最も安定した収入源を提供するからである。第2は，顧客はより多くのサービスを求めているからであり，たとえば，より柔軟な組織を創造するためダウンサイジングの圧力，コア・コンピタンスの狭い定義そして技術の複雑性の拡大は，高い専門化につながるサービス・アウトソーシングの拡大の背後にある原動力となっている。第3は，競争的理由であり，可視化が困難でより多くの労働力に依存せざるを得ないことから，サービスは模倣するのが大変難しく，このため，持続的な競争優位性の源泉となり得るからである。

Allmendinger and Lombreglia (2005) は，製造業がサービス業化する必要性を訴える一方で，製品そのものにインテリジェンスを組み込んだスマート・サービスを提供すべきだと主張している。というのも，スマート・サービス企業の多くが二桁の成長率を達成しており，売上の50％以上，利益の60％以上を製品販売ではなく，サービス提供から得ているからである。

Cohen., Agrawal and Agrawal (2006) は，製造業によるアフターサービスの重要性について触れ，アフターサービスをマネジメントする段階として「対象製品を決定する」，「サービス・メニューを検討する」，「ビジネスモデルを考える」，「組織体制を整える」，「サプライチェーンを構築する」，「パフォーマンスをモニタリングする」という6つのステップの実践が求められることを明らかにしている。

Reinartz and Ulaga (2008) は，産業財メーカー20社を対象に調査したところ，売上高に占めるサービスの売上が半分を占め，しかも利益率は製品の8倍にも及んでいる企業とサービス事業に対する努力が報われず，採算が低迷している企業のどちらかに2極化されることを発見する一方で，その分かれ目としては，サービス事業を企画・開発する点に違いがあることを明らかにしている。

Byrnes (2010) によると，今日のビジネスは，マス（巨大）・マーケットからプレシジョン（精密）・マーケットへ変化してきているが，新しい時代のなかで収益性を高めるひとつの方策は，顧客サービスの本質を変えることだと主張している。顧客サービスとは，納期や約束を厳守することではなく，自社にとって顧客

価値を生み出す領域を広げる取り組みであり，同時にまた，顧客の収益性を高める方法でもある。製造業が独創的なサービス革新を行うには，顧客のビジネスをよく理解する（顧客の身になって考える能力），サービスの提供費用を理解するためチャンネルマップを作成することが肝要である。そうすれば，ライバルの参入を阻止できるだけでなく，先発者優位の構築が可能だと指摘している。

Cusumano（2010）は，製造業がグローバル競争を繰り広げた場合，イノベーションの焦点が「製品イノベーション」から「工程イノベーション」を経て「サービス・イノベーション」へシフトするモデルを提示している。すなわち，初期の段階は，製品イノベーションを巡る競争が活発化するが，いずれはコモディティ化に陥ってしまい価格競争のステージに突入してしまう。すると，次のステージは，効率性や改善を巡る工程イノベーションの競争に取って代わられるが，プロセスを巡る革新もまた，やがては行き詰まり限界を迎える。そこで，最後のステージは，新規顧客の開拓を諦め既存顧客を繋ぎ止めることを目的としたサービス・イノベーションによる競争段階に突入するが，これは，長期的かつ安定的に収益が見込まれるため，価格競争になりづらく非コモディティ化を維持または確保できるというものである。

1980年代後半，製造業のサービス化に関する研究が本格的にスタートした欧米に対し，日本では，少なくとも2000年代初めまで当該研究の取り組みは待たねばならなかった。欧米と日本のあいだで15年近くも当該研究のスタートにタイムラグが存在するようになった理由とは何か。それは，日本に比べ，欧米の方が製造業の成熟化がいち早く進行した影響からにちがいない。

日本において製造業のサービス化が提唱されたのは，意外にも古く1984年（昭和59年）まで遡ることができ，この点では，欧米とほとんど同じ時期であった。それは，当時の通商産業省（現：経済産業省）産業政策局内に産官学から構成された「サービス産業研究会」が発足し，翌年の1985年には中間報告としてまとめられた資料によって確認ができる。「ハイブリッド・イノベーション」というタイトルが名付けられた本資料によると，近年，サービスに係る経済的活動が活発化しており，これは，サービス経済化と呼べる現象である。そして，サービス産業の生みの親・育ての親は，製造業である。製造業が作った製品がサービス産業の

省力化，合理化，均質化を可能にしてサービス産業の拡大と発展に寄与しているからである。その一方で，サービス産業と製造業は，それぞれ単独に成長，発展しているのではなく，相互に依存関係を深めつつある。たとえば，製造業は，製品の高付加価値化と共にサービス化が進展し，それに伴いサービス需要が増大している。また，サービス業は，サービスの質の向上と共にハード化を進めており，これが製造業の生産を誘発する一方，技術革新を促している。これからの新しい時代に求められるのは，サービス産業の健全な発展であり，クルマの両輪の如くバランスのとれた製造業とサービス業の発展が何よりも必要であると提言がなされている。

　欧米とほぼ同じ時期に，日本でも製造業のサービス化やサービス事業戦略の重要性が指摘されたはずなのに，何故，日本では，実際に本格的な展開が進まず提言だけに終わってしまったのだろうか。それは，1980年代後半から始まったバブル景気の結果，日本の製造業は，高い内需に加え，諸外国へ高品質だが低価格であるメイド・イン・ジャパン製品を売りまくり，高い業績を収めることができた影響からである。つまり，伝統的なモノづくりに注力するだけで成功を収めることができる環境であったため，サービス事業戦略まで手が回らず，本格化することがなかったものと考えられる。これに対し，当時の欧米の製造業は，日本の製造業による攻撃を受けて国際競争力を低下させ衰退の危機に陥り，その生き残り策として，製品からサービスへ競争戦略の転換を余儀なくされたのである。

　こうした理由から日本では，1990年代後半から，製造業のサービス化に関する議論が活発になされるようになった。当時の状況を振り返ると，新興国の急速な経済発展と製造業における技術蓄積に加え，日本の10分の1，20分の1とも言われる圧倒的なローコスト・オペレーションの攻撃に遭遇し，日本の製造業は，国際競争力の低下を余儀なくされ，その打開策として，欧米の製造業がすでに成功を収めていたサービス事業戦略に白羽の矢が当てられたのである。

　たとえば，小森・名和（1998：2001）は，GE，IBM，ABBのような欧米の製造業がトータル・サービスカンパニーへシフトすることで成功を収めている事例を取り上げ，製品とサービスの好循環によって成長と利益を同時に達成する重要性を指摘している。それによると，優れた製造業は，製造という閉じた世界にとど

まらず，顧客が求める価値を見極め，利用しやすいように仕立てあげ提供できるバリューパッケージに長けている一方で，これらの製造業では，製品とサービスの好循環を通じて，サービス事業を次のような5つの発展段階としてグレードアップさせていると主張した。まず，第1段階は，自社製品向けのメンテナンス，修理，その他のサービスの提供を行う「自社製品向けサービスの提供」である。第2段階は，製品周辺の基本サービスのバンドリングルする「基本サービスのバンドル化」である。第3段階は，他社製品向けのサービスも取り込む「他社製品向けのサービスの提供」である。第4段階は，顧客企業の業務をアウトソーシングで引き受ける「アウトソーシング・サービスの提供」である。最後に，第5段階は，新しいコア・コンピタンスに基づくサービスを意味する「製品関連以外のサービスの提供」である。

近藤（2004）は，品質の向上を通じて利益を生むこれまでのやり方は，もはや通用しなくなったと論じている。というのも，想定される顧客が真に品質の改善を望んでいるのかどうか疑問である。また，品質の向上に要するコスト負担と価格への転嫁は可能なのか分からない。さらに，品質を向上させたとしても，どのくらいの期間で陳腐化してしまうのか不明だからである。

今枝（2006）は，製造業などすべての企業にとってサービス化は，普遍的かつ必然的な戦略だと論じている。ひとつは，モノ自体による差別化は限界にきており，サービスによってのみ差別化を実現できる。ふたつ目は，GDPで見るとサービス以外のセクターに所属する企業にとって平均以下の成長しか達成できず，サービスに参入しない限り，投資家を満足させる成長の達成が困難である。三つ目は，サービスには，従来の差別化とは異なる価値創造の可能性があり，モノのみでは，陥りがちに価格競争から逃れることができないからである。

妹尾（2006）は，モノとサービスをルビンの壺の関係，スパイラルな関係のように表現している。そして，モノづくりとサービスの関係は，相互に密接に関係しており，具体的には，代替，補完，相乗（あるいは相殺）であると主張している。「代替」とは，コーヒーと紅茶のように，製造業内におけるサービス部門の派遣サービス利用への移行である。「補完」とは，モノの機能を最大限活かすようにサービスを展開することである。「相乗」とは，モノが売れるとサービスが伸び，

サービスが伸びればモノが売れるような相互関係である。

　増田（2011）によると，製造業のサービス化は，産業構造が２次から３次へシフトすることではなく，「モノを売るビジネス」から「モノやサービスの提供を通じて顧客に満足感を売るビジネス」へ移行する現象であると論じている。すなわち，モノの価値で勝負するのではなく，モノで実現するサービスの価値で勝負する重要性が高まっているのである。

　最後に，産業競争力懇談会によって「コトづくりからのものづくりへ」という最終報告が2013年３月に取りまとめられたが，それによると，現在の日本のモノづくりは，概念が得意な欧米国企業と低コストに優れた新興国企業との間で苦境に立たされているため，将来的には，概念不得手，低コスト不得手の日本から脱皮し，コトづくりと高付加価値モノづくり大国である日本として，新たな事業創生論を構築しなければならないと提言している。そして，具体的には，モノと共に提供されるサービスから顧客経験価値を共創していくコトの実現をものづくりの前提としてサービス（モノサービス）と呼び，これがわが国製造業が生き残る条件であると論じている。

4－3　製造業によるサービス事業戦略

　世界的に見ると，サービス事業戦略の成功事例は，1990年代以降における米国企業で数多く観察される。当時を振り返ると，日本経済は，ちょうどバブルが崩壊し不況へ突入した時期にあたるのに対し，米国経済は，消費が冷え込み市場の停滞が絶えない時期であった。また，日本の製造業は，モノづくりに邁進した結果，次々にイノベーションを生み出した時代であったのに比べ，米国の製造業は，日本や新興国によるイノベーションに圧倒され，これに対抗すべく新たなビジネスモデルの創造が要求される時代を迎えていた。こうした状況下で伝統的な製品中心の考え方を改め，川下に焦点を当てるサービス事業の強化へいち早く乗り出したのは，IBM，GEそしてAppleのようなグローバル企業であった。

　ここでは，国内外の代表的な企業によるサービス事業戦略の実態について触れるが，この際，製造業によるサービス事業は，自社製品への依存度と高収益化の

難易度という2つの軸を設けて分類すると、主に4つのタイプに区別できる（図表4－2)[18]。

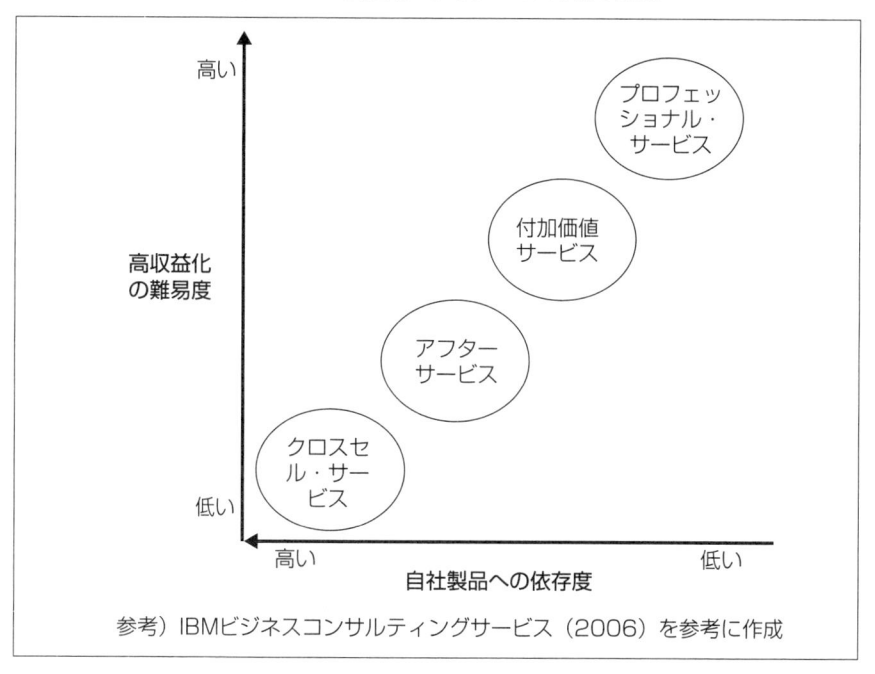

図表4－2　製造業によるサービス事業の分類

```
高収益化       ┃           プロフェッ
の難易度       ┃           ショナル・
高い          ┃            サービス
              ┃
              ┃      付加価値
              ┃      サービス
              ┃
              ┃   アフター
              ┃   サービス
              ┃
              ┃ クロスセ
              ┃ ル・サー
              ┃ ビス
低い          ┃
              ┗━━━━━━━━━━━━━━━━━
               高い                 低い
                  自社製品への依存度
```

参考）IBMビジネスコンサルティングサービス（2006）を参考に作成

　最初に、自社製品への依存度が高く高収益化の難易度が低い次元に該当するサービスは、クロスセル・サービス（Cross-Sell Service）である。これは、製品の購入を決定する段階で発生するサービスであり、基本的に製品本体で回収するため、サービス自体には課金されない。このケースとして、たとえば、アシックスの計測サービスなどがあげられる。ふたつ目のタイプは、アフターサービス（Service after sales）である。これは、製品を使用する段階で発生するサービスであり、たとえば、コマツのGPSシステム、GEの遠隔診断システム、IBMによるソリューション・サービスなどが該当する。アフターサービス戦略は、主に製品に対するサービスの重要性が高いBtoB事業ほど、自社製品の保守・メンテナンスのようなアフターサービスが有効である一方で、BtoCのような消費財ほど、その有効性は低下する傾向が強い。アフターサービスに比べ、自社製品への依存度が低く、高収益化の難易度が高い次元のサービス・タイプは、付加価値サービス（Add Value Service）である。これは、製品を使用する段階で発生する

サービスに該当し，自社製品を使用する際に何らかの付加価値をつけて提供するものと定義され，たとえば，アップルのiPhoneやiPadという端末に対するiTunes, iBookなどプラットフォームサービス，コーヒーメーカーのネスレが開発したネスプレッソ・マシンによるネスプレッソブティックの運営（販売・サービスへの進出），レンタカーやカーシェアリングなどのサービスが，これに該当する。最後に，自社製品への依存度がもっとも低く，高収益化の難易度のレベルがもっとも高い段階のサービスとして，プロフェッショナル・サービス（Professional Service）があげられる。これは，製品や端末などハードウエアに連動して発生するサービスとは異なり，これまで企業が蓄積してきた知識・ノウハウを提供する，たとえば，コンサルティングのような専門サービスであり，たとえば，京西テクノスによるマルチベンダーサービスが該当する。このように，製造業のサービス事業戦略は，①製品を購入する段階，②製品を使用する段階，③それ以外の段階という3つの切り口から，4つのサービス事業を浮き彫りにできるのである。

4−3−1 アシックスによるクロスセル・サービス戦略

　製品の購入を決定する段階で発生するサービスは，「クロスセル・サービス」と呼ばれている。このサービスの好例としては，スポーツ用品，とりわけ，ランニングシューズのメーカーとして有名なアシックスのサービス戦略があげられる。アシックスでは，これまで製品の販売にあたり，店舗による専門店員の接客を中心に販売を行ってきたが，最近では，顧客ひとり一人の足形を精密に測定し，その形状にフィットしたシューズを提供するクロスセル・サービスを実施し，高い人気を得ている。また，最近では，スポーツシューズで培ったノウハウを生かしてこれまで手掛けることがなかったウォーキング・シューズやビジネス用シューズまで幅広く取り扱っている。

　同社が足形計測サービスに乗り出したキッカケは，次のような事実からである。これまでのスポーツ愛好家や消費者は，シューズを選ぶ際，自分に合った商品を自分の考え方や都合に基づき購入してきた。しかし，自分では正しいと思い選択した商品が実は大きすぎたり，逆に小さすぎたりを生みだし，使用中の履き心地の悪さや外反母趾のような症状をさらに悪化させてしまう重要な原因となってしまった。人間の足の長さは，左右が同じではなく，微妙に長さが違っており，たとえば，足囲，かかと幅，足高を見ても，左右は非対称である場合が多い。この

第4章 製造業のサービス化

ため，これらの情報を加味して正しいサイズのシューズを求めないと，将来的には，足の病や足から来る全身のコンディションを崩すことになる。こうした理由から，同社では，無料で足形計測を行い，データをカルテ化して一元的に管理するシステムを開発し，消費者一人ひとりの最適なシューズを提供するサービスを始めたのである。

アシックスの連結売上高は，2009年3月，241,943百万円だったものが，2014年3月には329,463百万円まで上昇している（**図表4－3**）。同社の業績アップを支えた理由を明らかにするため，連結分類別売上高を示したのが**図表4－3**である。これを見ると，同社の売上高に占める70％以上を占めるのが同社の主力事業である「スポーツシューズ類」である[19]。スポーツシューズ類の連結売上高は，「スポーツウエア類」，「スポーツ用具類」の推移に比べ，拡大してきている。たとえば，2010年3月165,808百万円だったものが，2014年3月には，251,827百万

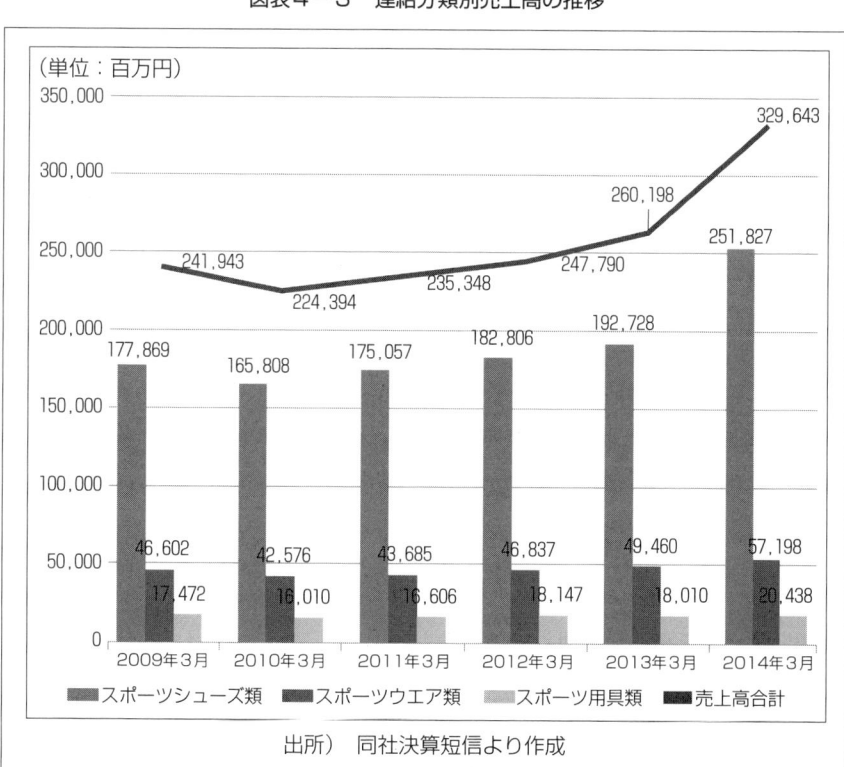

図表4－3 連結分類別売上高の推移

年月	スポーツシューズ類	スポーツウエア類	スポーツ用具類	売上高合計
2009年3月	177,869	46,602	17,472	241,943
2010年3月	165,808	42,576	16,010	224,394
2011年3月	175,057	43,685	16,606	235,348
2012年3月	182,806	46,837	18,147	247,790
2013年3月	192,728	49,460	18,010	260,198
2014年3月	251,827	57,198	20,438	329,643

（単位：百万円）

出所）同社決算短信より作成

円と約1.5倍まで拡大している。

　それでは，同社の花形事業である「スポーツシューズ類」が安定的に成長している理由とは何か。ひとつは，世界的なランニングスポーツの高まりである。**図表４－４**のとおり，健康志向ブーム，2020年の東京オリンピック開催などを追い風に日本人のスポーツライフが高まりを見せている。

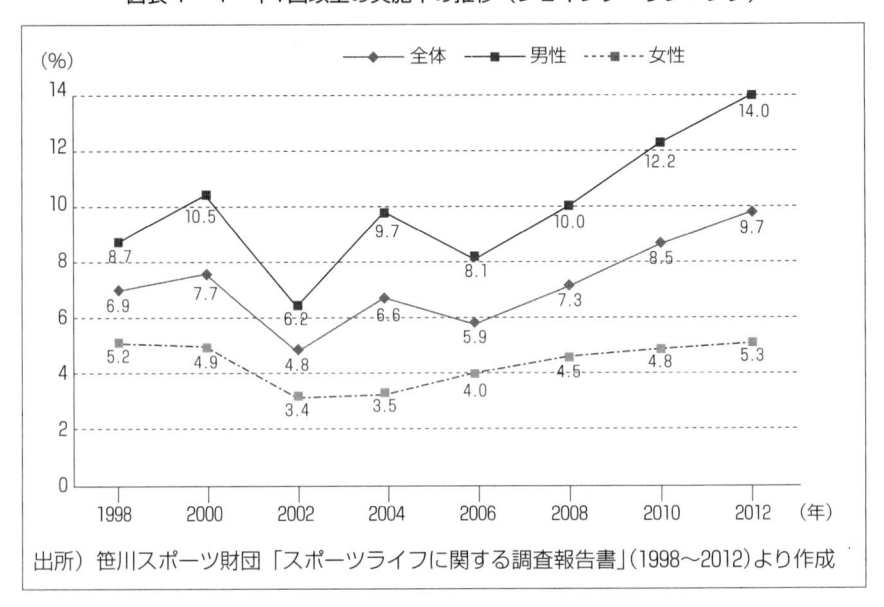

図表４－４　年１回以上の実施率の推移（ジョギング・ランニング）

（年）	1998	2000	2002	2004	2006	2008	2010	2012
全体	6.9	7.7	4.8	6.6	5.9	7.3	8.5	9.7
男性	8.7	10.5	6.2	9.7	8.1	10.0	12.2	14.0
女性	5.2	4.9	3.4	3.5	4.0	4.5	4.8	5.3

出所）笹川スポーツ財団「スポーツライフに関する調査報告書」(1998〜2012)より作成

　図表４－４のとおり，年１回以上のジョギング・ランニング実施率の推移は，男女とも全体的には増加している。たとえば，1998年の調査では6.9％であったものが，2012年は9.7％と過去最高を記録している。また，性別で比較した場合，2012年調査では，男性が14.0％と大きく拡大している一方，女性は5.3％とほぼ横ばいで推移している。

　もうひとつは，ジョギング・ランニング人口が高まりを見せる中，同社のクロスセル・サービスが人気を博しているからである。アシックスは，３Ｄ（３次元）足型計測器によって足形を測定するフッティング・サービスを提供している。**図表４－５**は，３Ｄ足型計測器によって得られたパーソナル・データだが，こうしたパーソナル・データを顧客へ提示し，足の長さ，足の幅，つま先の形状など自

分の足形の特徴を見える化して認識させながら，それぞれの顧客の足形にもっともフィットするシューズを提案するコンサルティング営業を展開している。また，アシックスでは，ランニング中に着地衝撃を緩衝するため，かかとが内側に倒れこむ現象であるプロネーション対策として，トレッドミル（ランニング・マシン）による走行測定サービスを実施して，ランナーの大敵であるかかとが過度に内側に倒れてしまうオーバープロネーション（Overpronation）問題の解決にも努めており，高い評価を得ている。

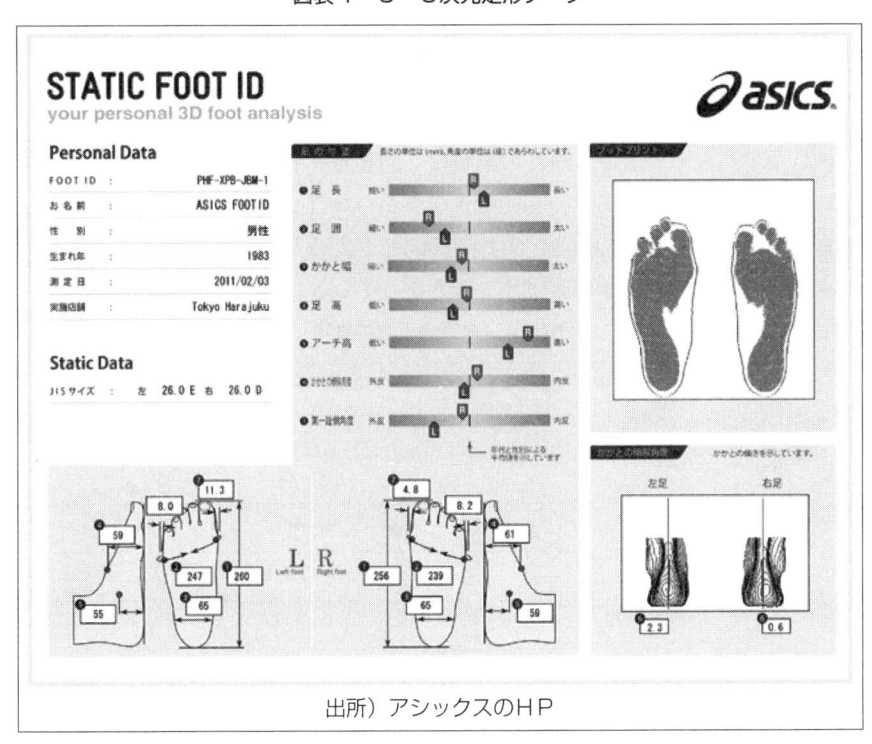

図表4−5　3次元足形データ

出所）アシックスのHP

4−3−2　IBMによるアフターサービス戦略

製品を使用する段階で発生する保守・メンテナンスは，通常「アフターサービス」と呼ばれている。ここでは，アフターサービスの有料化（収益化）を企業の新たな利益源泉として成功した古典的ケースとして，IBMとGEの事例を取り上げてみよう。

ビックブルー（Big Blue）とも呼ばれるIBMをサービス・セントリック・カンパニー（サービス主導型企業）へ転身させた人物とは，1993年から2002年まで会長兼CEOを務めたルイス・ガースナーと2002年から最近まで会長兼CEOを務めたサミュエル・パルミサーノの貢献が極めて大きい。特に，ガースナーは，倒れかかったIBMを立て直すだけでなく，企業のビジネスモデルを抜本的に作り変える離れ業を演じた。一方，パルミサーノは，ガースナーが切り開いたサービス事業を促進させるため，企業買収という手段を用いてサービス関連事業のさらなる充実化を図った人物である。

　ここでは，ガースナーとパルミサーノによるサービス事業戦略に焦点をあて，IBMがどのようにして事業転換を成し遂げることができたのかを明らかにしてみたい。まず，近年における同社の業績は，**図表４－６**のとおりである。売上高（Revenue）の推移をみると，1990年代前半から今日まで緩やかながら拡大の一途を辿っている。2011年の段階では，1,000億ドルの大台を超え1,070億ドルの売上高まで達したが，2013年は998億ドルとなっている。

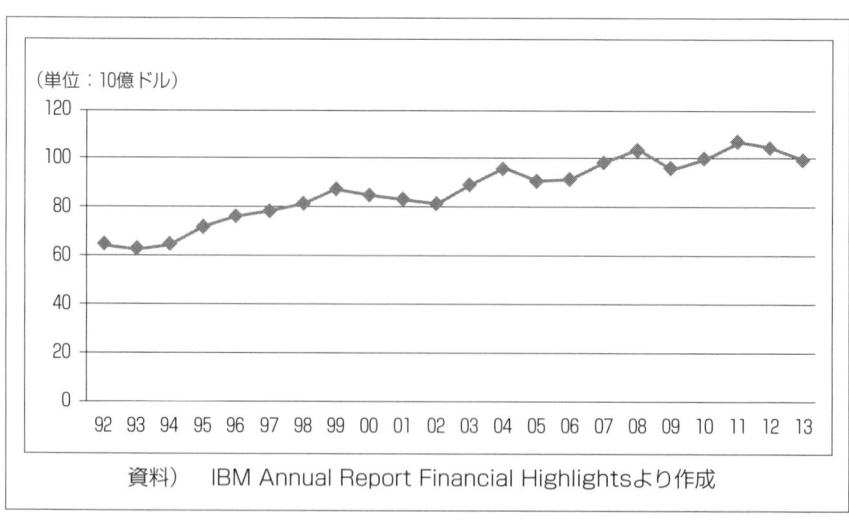

図表４－６　売上高の推移

資料）　IBM Annual Report Financial Highlightsより作成

　IBMの成長拡大を支えた要因とは，いったい何だろうか。**図表４－７**は，事業別売上高の構成比の推移である。これを見ると，ハードウエアを意味する「システム＆テクノロジー」の割合が年々減少する一方で，「グローバル・サービス」事業の割合が拡大の一途を辿っているのが分かる。つまり，近年，同社の売上成

第4章 製造業のサービス化

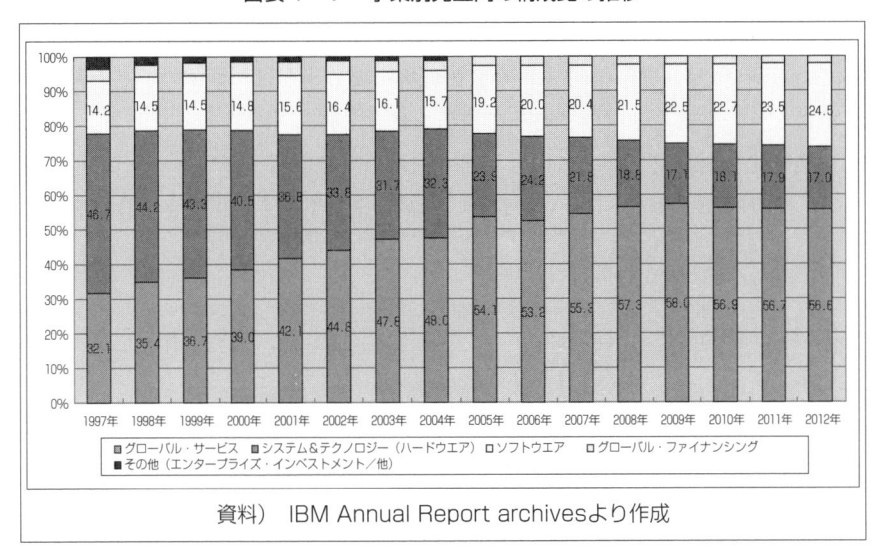

図表4-7 事業別売上高の構成比の推移

資料) IBM Annual Report archivesより作成

長に最大限貢献したのは、製品を中心とした事業ではなく、実はサービス事業であったのである。IBMの飛躍的成長を可能にした原動力が「ハード」ではなく、「サービス」であった事実は、偶然の産物ではない。話は、1990年代初頭まで遡ることができる。当時、IBMは、崩壊の瀬戸際に立たされていた。過剰な従業員、純利益の大幅な落ち込みに加え、株価の低迷など、散々な状況であった。こうした苦境のなかで企業再建を託された人物がルイス・ガースナー（Louis Gerstner）である。同氏は、大手コンサルティング・ファームであるマッキンゼー、アメリカン・エキスプレス、RJRナビスコのCEOを経て、IBMの会長兼CEOに抜擢されたまさに経営のプロであり、また、IBMを「恐竜」から「踊る巨象」へ、「メインフレームメーカー」から「世界最大の情報技術サービス企業」、「ソリューション・プロバイダー」、「インテグレーター」へ大変身させた張本人でもある。それでは、2002年、ガースナーが著したWho Says Elephants Can't Dance?（巨象は踊れないと誰がいうのか？）を手掛かりに、同氏による企業改革のあゆみについて触れてみよう。

1993年、没落していたIBMのCEOに就任したガースナーが真っ先に取り組んだのは、ベア・ハッグ（Operation Bear Hug）と呼ばれる政策の実行であった。これは、経営幹部が大口顧客のもとへ赴き、真の声に耳を傾け、顧客の視点から

59

IBMとその優先順位を見直すものであった。そして，ベア・ハッグ活動の結果，明らかにされた事実とは，顧客は「製品」ではなく「ソリューション」を強く求めている発見であった。つまり，今日の顧客の関心事とは，単体の製品の善し悪しではなく，多様なサプライヤーの技術を統合し得る「ソリューション」，そして，複雑化した事業プロセスに合わせて技術を統合する「ソリューション」，さらに，総合的なソリューションの企画，設計，構築支援を提供できる企業を高く評価していることであった[20]。

IBMが「製品主導」の企業から「サービス・ソリューション主導」の企業へ転身を果たすべく，その原動力となった人物として，デニー・ウェルシュ（Dennie Welsh）の貢献と存在が大きかったと言われている。IBMの完全子会社である統合システムサービス会社（Integrated System Service Corporation：ISSC）のトップであったウェルシュは，常日頃からサービスとは，製品の一部ではなく営業部門の一部でもないと考えていた。そして，自社製品だけでなく，他社製品までを含む総合的なサービス・ソリューションの提供が重要であり，顧客の視点からシステム構築，アーキテクチャーの決定，コンピュータの管理と運用まで，すべてを引き受ける企業が今こそ求められていると主張した。なぜなら，第1に，製品価格の大幅な低下を指すコモディティ化が進んでいる。第2に，コンピュータに関する高度な知識を持つ専門家が不足している。また，そのような専門家人材を入手または維持することは難しい。第3に，コンピュータのネットワーク時代が到来し，システム，ネットワーク，アプリケーションについて統合的なソリューションが強く求められるようになったと考えたからである。こうした背景を踏まえ，1996年，IBMグローバル・サービス（IGS）が設立され，サービス事業の本格的な事業化がスタートした。その結果，1992年のサービス事業規模は74億ドルであったものが，2001年には，300億ドルまで飛躍的な成長を遂げた。

ところで，「メインフレームメーカー」から「ソリューション・プロバイダー」への変身を実現するためには，社内の奥深くに定着した伝統的な企業文化の改革もまた必要である。この難題についても，ガースナーは卓越したリーダーシップと手腕を発揮し企業文化の刷新に取り組んでいる。ガースナーがIBMの社員たちに求めた行動の変化は，**図表4－8**のとおりである。すなわち，「プロダクト・アウト」から「カスタマー・イン」へ，「自分のやり方に従う」から「顧客のや

り方に従う」へ,「逸話や神話に基づき決定する」から「事実やデータに基づき決定する」へ,「調和」から「アイデアと意見の多様性」へ,「個人重視」から「集団重視」へ,「他社の発明は信じない」から「学習する組織」へ,それぞれシフトすることである。このようにガースナーは,創業以来続いてきたメーカー型の企業文化を改め,顧客主導の企業文化へ抜本的な転換を図ったのである。

図表4-8 必要な行動変化

～から（From）	～へ（to）
プロダクト・アウト	カスタマー・イン
自分のやり方に従う	顧客のやり方に従う
士気を管理する	成功を管理する
逸話や神話に基づいて決定する	事実やデータに基づいて決定する
関係性主導	成果主導・評価
調和	アイデアと意見の多様性
個人攻撃	プロセスを攻撃
ルール主導	原則主導
個人を重視	集団や全体を重視
他社の発明は信じない	学習する組織
すべてに予算をつける	優先順位をつける

資料）Gerstner(2002)に基づき作成

　2002年に退任したガースナーに代わり,会長兼CEOに就任したのは,サミュエル・パルミサーノ（Samuel Palmisano）である。パルミサーノは,ガースナーが種をまいたサービス事業を再創造するため,ポートフォリオの選択と集中を実行した。つまり,高付加価値な事業とコモディティ化した事業を区別し,付加価値の高い事業へ経営資源を集中させたのである。たとえば,2004年,すべてのPC事業を中国のレノボ・グループへ売却した行動は,その当時,世界に衝撃を与える出来事であった。パルミサーノはまた,サービス事業をより強化するため,複数のソフトウエア会社,アプリケーション開発会社を次々に買収した。さらに,企業経営では,価値に基づく経営（Value Based Management：VBM）を提唱した。これは,「顧客の成功に全力を尽くす」,「世界に価値あるイノベーション」,「誠実さで信頼を勝ち取る」がその内容であり,VBMを実現すべくオンライン・フォーラムである「バリューズ・ジャム」を盛大に実施した。

　ガースナーが種をまき,パルミサーノが育てたIBMのサービス事業は,今日,同社を下支える重要な競争優位の源泉となっているが,最後に,IBMが提唱す

る「アフターサービス」の進化モデルについて触れておこう。同社では，「アフターサービス」の重要性について，これまで自社製品の販売後のメンテナンス業務に過ぎなかったが，一旦，保守契約を締結すれば確実に収益が期待できるため，将来的にも有望な事業であると位置づけた。そのうえで，縦軸に改革のレベル，横軸に「売上拡大」，「収益性向上」，「顧客満足度の向上」などを意味する効果を取り，そのクロスから，**図表4-9**のような5つの段階からなる「アフターサービス」の進化モデルを提示している。まず，第1ステージは「製品販売のための手段」である。第2ステージは，「アフターサービスの収益源化」である。そして，第3ステージは，「サービスによる競争優位の確立」である。第4ステージは，「顧客価値の提供」である。最後に，第5ステージは「顧客価値の最大化」である。このモデルを利用して，自社の「アフターサービス」が現在，どのレベルにいるのか。そして，今後，どのレベルを目指すのかを判断する目安として利用している。

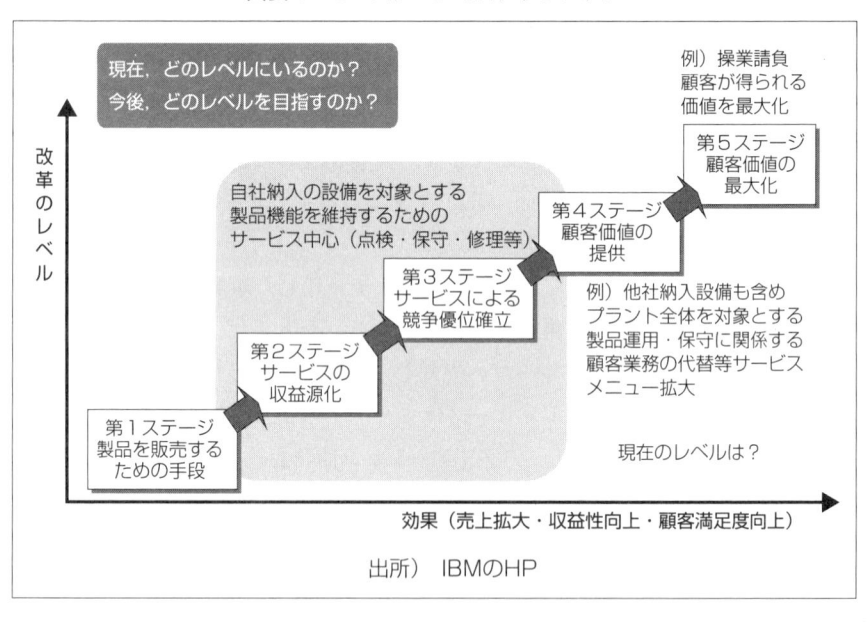

図表4-9　ステージのステップアップ

出所）IBMのHP

4-3-3　GEによるアフターサービス戦略

近年，製品本体に全地球測位システム（GPS）や通信装置を搭載し，遠隔管理システムを開発し，様々な「アフターサービス」の収益化モデルが開発されるよ

うになった。たとえば，自動車メーカーのホンダは，日本中のインターナビ装着車の走行データ（フローティングカーデータ）を吸い上げて，ルート案内や走行ルートをカーナビへ配信するフローティングカーシステムを世界で初めて開発した。このようなサービス事業は，機器間通信（Machine to Machine：M2M）サービスと呼ばれ，様々な企業の間で注目を集めるようになったが，ここでは，その先鞭をつけた代表的な企業であるGEを取り上げてみよう。

世界最高の企業と評価されるGE（General Electronic）が本格的にサービス事業戦略の強化に乗り出したのは，おそらく，1990年代の中頃である。当時のGEでは，サービス事業をグローバル化や新製品開発と並ぶ新たな戦略的課題として取り上げたのである。

図表４－10は，1980年，1990年，1995年，1998年そして2000年の20年間における同社の売上高の推移と売上高に占めるハードとサービスの割合の推移を示したものである。まず，同社の売上高は，1980年当時250億ドルであったが，2000年には1,250億ドルと５倍も伸長した。この背景には，グローバル化やイノベーションの成功など，数々の理由があげられるが，なかでも見逃せないのは，製品サービスの成功が収益拡大に与えた影響である。図表４－10のとおり，1980年

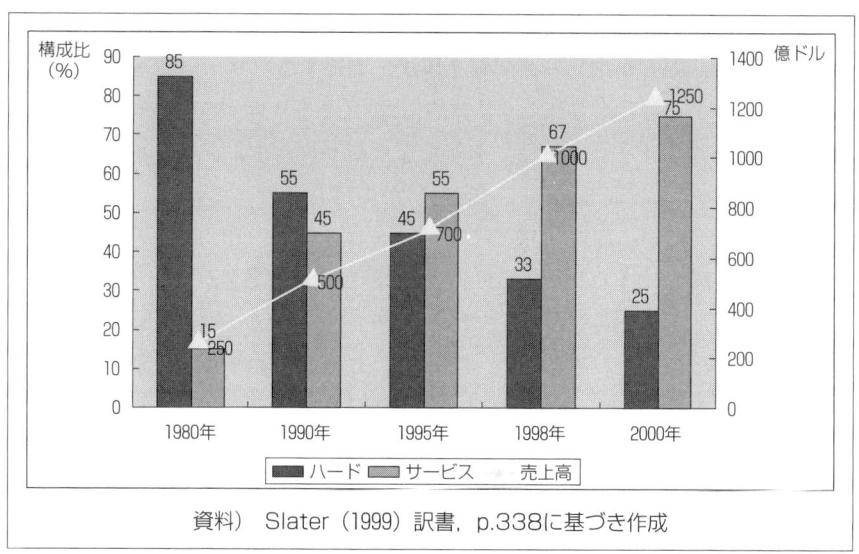

図表４－10　ハード（製品）中心の企業からサービス中心の企業への変身

年	ハード(%)	サービス(%)	売上高(億ドル)
1980年	85	15	250
1990年	55	45	500
1995年	45	55	700
1998年	33	67	1000
2000年	25	75	1250

資料）Slater（1999）訳書，p.338に基づき作成

における製品とサービスの割合は85対15と圧倒的にハード中心の企業であった。ところが，1995年には，その割合が45対55と逆転し，2000年には，25対75という完全なサービス中心の企業へと変身したのである。

それでは，同社のアニュアル・リポートに準拠しながら，当時のGEによるサービス事業戦略の実態を明らかにしてみよう。

1990年代初頭のGEでは，巨大化した組織が陥りがちな閉鎖性の打破や企業が有する資源や能力の開発がクローズアップされた。当時のアニュアル・リポートの主要なテーマを概観すると，「境界のない行動」，「スピード」，「ストレッチ」そして「能力の開発」などが掲げられ，事業戦略よりも企業組織や経営資源の改革などがメインテーマであったことが分かる。ところが，1995年度のリポートでは，「サービス」というテーマが初めてGEの中核的な戦略課題として取り上げられた。その内容は，次のとおりである。

「何千種類ものジェット・エンジン，機関車，タービン，CTスキャンをはじめとする各種機器について，顧客先での設置後に様々な基盤を技術的にグレードアップし，顧客の収益性を高めることは，GEにとって大きな事業機会であると同時に，顧客の増益の機会となる（GEコーポレート・エグゼクティブ・オフィス，2001）」。

そして，1996年度のリポートでは，これまでのハードウエアを優先するアプローチよりも，顧客が抱える諸問題を解決・支援するソリューションを重視するイニシアチブが打ち出された。具体的には，「クオリティの高い製品の販売も行うグローバルなサービス会社」を新たなビジョンとするグローバル・サービス・カンパニー（Global Service Company）が掲げられた。これは，すでに客先で設置・稼働している約9,000基のジェット・エンジン，10,000基のタービン，13,000台の機関車，84,000台の医療用画像診断装置など顧客が有する既存資産の生産性を高め，部品交換やオーバーホールそしてメンテナンスなどコスト削減に貢献するものであった。そのため，GEでは，これまでの単なる付随的であったサービスを抜本的に改め，情報通信技術を駆使して顧客価値の向上に貢献するソリューション・サービス企業への転身を目指したのである。具体的には，航空機用ジェット・エンジン，機関車，タービン，CTスキャンなどの各種機器の遠隔監視や遠隔診断の諸サービスを展開し，顧客価値の向上に努めることであった。

さて，GEは，現在でもソリューション・サービスの強化の手を緩めてはいない。むしろ，これまで以上にサービス事業が占める割合は向上している[21]。直近の財務データからGEの儲け方の実態を調べてみると，受注額ベースで見たセグメント別サービス（メンテナンス）事業の割合は，パワー＆ウォーター45％，航空41％，オイル＆ガス45％，ヘルスケア42％，交通・輸送53％であり，ほとんどの事業において40％を超えている。また，全社ベースの売上高と営業利益に占めるメンテナンス事業の割合は，売上高が40％であるのに対し，営業利益は75％がメンテナンス事業によって稼ぎ出したものとなっている（週刊ダイヤモンド　2014年2月8日）。

GEでは，産業革命（Industrial Revolution），インターネット革命（Internet Revolution）に続く第3の波として，産業インターネット（Industrial Internet）というサービス革命を打ち出している。GEによると，第1の波である「産業革命」は，エネルギーの使用法とモノづくりの方法を根本から変えた。そして，第2の波である「インターネット革命」は，コミュニケーションや情報消費の方法，お金の使い方を変革した。これに対し，第3の波である「産業インターネット」は，これらを組み合わせ，ネットワークやデータ，機器類を連結して生産性や効率化を向上させる取り組みとしている。とりわけ，「産業インターネット」とは，航空機用ジェット・エンジン，鉄道車両，医療機器（磁気共鳴画像装置），発電用ガスタービン，風力発電機など，GEが取り扱っている製品をインターネットでつなぐことで，故障してから直すのではなく，故障する前に直すサービスを実現するものである。つまり，インターネットを活用して多様な製品が発信する膨大なデータを分析・活用すれば，保守管理またはシステム運用の効率が大幅に改善できるというグローバル・ネットワーク・サービス戦略であり，GEでは，航空，鉄道，エネルギー，ヘルスケアなどこれら主要産業全体で1,500億ドル（12兆3,000億円）ものコスト削減が期待できると表明している（日本経済新聞，2012年12月2日）。

たとえば，航空ビジネスを例にあげると，運送の遅延，燃料消費，飛行ルートなど，どの運航にも非効率な問題が発生している。実際に，フライトの運航遅延は，世界中で年間400億ドルの損失を航空会社にもたらし，この遅延のうち10％は航空機のメンテナンスに関わる不測の事態によって引き起こされている。そこで，GEではジェット・エンジンの様々な箇所に複数のインテリジェント・セン

サーを埋め込み，遠隔操作で飛行状態の監視と診断ができれば，飛行中のトラブルをいち早く回避できるだけでなく，燃費効率の改善，そして，着陸後すぐに整備できることで運航遅延の削減など，大幅なコスト削減と効率の向上が期待できるとしている[22]。

　長い間，「アフターサービス」戦略を磨きあげて高収益を達成してきたGEでは，最近，再びモノづくり事業へのシフト化が進んでいる。GEでは，オープン・イノベーションを掲げながら，とりわけ，中小企業を含む日本企業との連携強化に乗り出している。「ジャパン・テクノロジー・イニシアチブ」と呼ばれる活動とは，GEとの技術協業の対象となりうる日本の優れた技術を公募する「日本GE技術公募2014」，省エネ技術，超伝導材料，液晶技術など日本企業が誇る技術力とGEの研究開発力や事業化力と組み合わせる「日本企業との共同開発の推進」がその主な内容である。なにゆえ日本企業との協業関係に積極的なのか。それは，日本企業の優れた技術を膨らませて事業化し，すでに実績を誇るグローバルな「アフターサービス」と結び付けて収益力のさらなる向上を目指しているからである。つまり，GEでは，世界レベルの販売・マーケティングや得意とする「アフターサービス」など，長年にわたり川下活動に関する競争力強化に努力してきた結果，コストや手間のかかる川上活動については，世界をリードする日本と手を組みイノベーションの可能性を高めるビジネスモデルの構築を画策しているのである。

4-3-4　トヨタレンタリースによる付加価値サービス戦略

　長引く経済不況による所得の低下や若者のクルマ離れなどの影響から，生活者のマインドが所有から利用へシフトしてきている。たとえば，自動車の場合，もはやマイカーを所有しない人やマイカーを売却してしまった人が増える一方，初めからクルマを所有せず，必要な時はレンタカーやカーシェアリングで対応する人口が徐々に拡大してきている。

　まず，レンタカーとカーシェアリングの基本的な違いを押さえておきたい。レンタカーとカーシェアリングは，一台の車を共同で利用するしくみである点では共通しているが，その詳細部分で次のような違いがある。最初に「利用者」は，レンタカーが不特定の顧客となるのに対し，カーシェアリングは，会員制となる。

「利用時間」は，レンタカーが半日から数日間までとなるのに対し，カーシェアリングは，15分単位で利用可能など短時間が中心である。「手続き」は，レンタカーが対面で都度免許証提示等の手続きとなるのに比べ，カーシェアリングは，会員制なので無人である。「車種」は，レンタカーが小型車から大型車まで選択が可能であるのに対し，カーシェアリングは，小型車が中心である。「拠点」については，レンタカーが店舗で扱うのに対し，カーシェアリングは，住宅近隣や駅前，街中の駐車場が中心となる。「貸し渡し場所」は，レンタカーが営業所となるのに比べ，カーシェアリングは，近隣の駐車場となる。「燃料・保険」は，レンタカーが燃料代別，保険料追加徴収であるのに比べ，カーシェアリングは，燃料代・保険料込みとなる。「燃料補給」は，レンタカーが満タン返しであるのに対し，カーシェアリングは，電気自動車の場合，補給不要だが，ガソリン車の場合，3分の1以下で給油（給油カード）が義務付けられている。「支払い方法」は，レンタカーが前払いであるのに対し，カーシェアリングは，後払いとなる。

次に，レンタカーとカーシェアリングの市場規模について触れてみよう。矢野経済研究所によると，2013年の国内レンタカー市場規模は，5,100億円と予測され，近年，緩やかに成長を遂げている（**図表4-11**）。また，一般社団法人全国レンタカー協会によると，乗用車，マイクロバス，トラック，特種用途車等，二

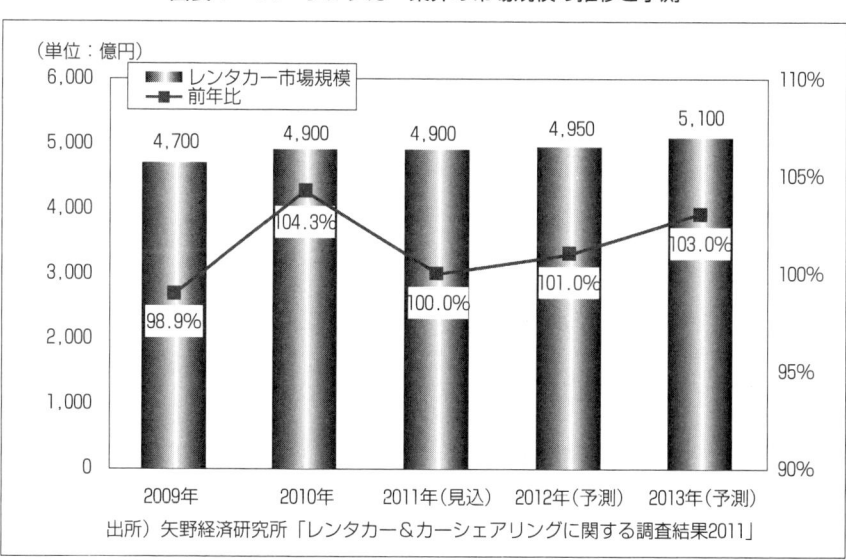

図表4-11　レンタカー業界の市場規模の推移と予測

年	市場規模（億円）	前年比
2009年	4,700	98.9%
2010年	4,900	104.3%
2011年（見込）	4,900	100.0%
2012年（予測）	4,950	101.0%
2013年（予測）	5,100	103.0%

出所）矢野経済研究所「レンタカー＆カーシェアリングに関する調査結果2011」

輪車などレンタカー車両数の推移は，2008年（平成20年）が合計で376,593台であったものが，2013年には，506,966台と約13万台も増加している。節約志向の生活者が自家用車からレンタカーに切り替える動きに加え，中古車を活用した格安レンタカーの普及，車検整備や事故車修理時に用いられる代車レンタカーの増加に拍車をかけている。これに対し，カーシェアリングの市場規模は，矢野経済研究所によると153億円と予測され，レンタカーに比べると市場規模は，きわめて小さいものの，外国ではスイスのように普及が進んでいる国もあり，今後は，日本でもさらなる需要の期待が見込まれている（図表4－12）。

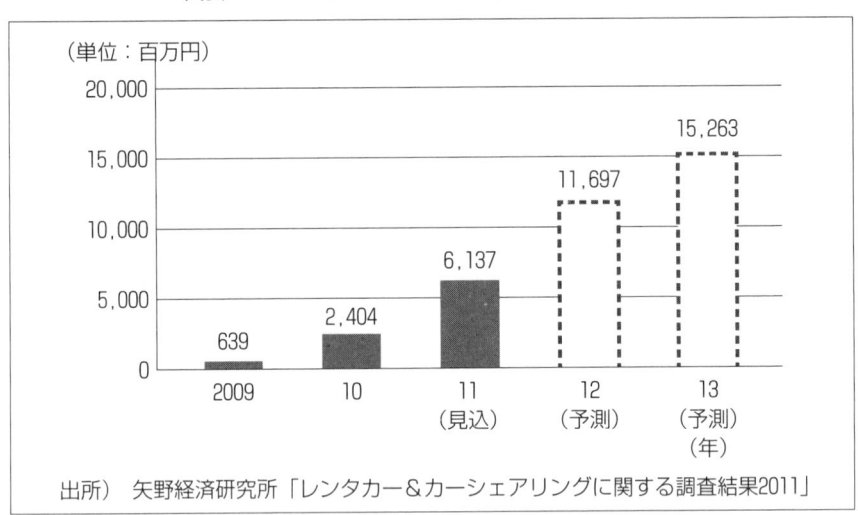

図表4－12　カーシェアリング市場規模推移と予測

（単位：百万円）

年	金額
2009	639
10	2,404
11（見込）	6,137
12（予測）	11,697
13（予測）	15,263

出所）矢野経済研究所「レンタカー＆カーシェアリングに関する調査結果2011」

トヨタ自動車は，約50年前の1966年にレンタカー事業へ参入して今日のトヨタレンタリースとして業界のなかで高い地位を占めているが，これは，トヨタが自社製品を使用してレンタカー事業という付加価値サービスを自ら展開している典型的な事例に他ならない。トヨタレンタリースは，トヨタ系販売店が展開するレンタカー事業所が全国1,200箇所にものぼり，2012年3月末のレンタカー車両保有台数は10万台を超えるまでに達した。また，90年以上の歴史を持つアメリカのハーツレンタカーとの間で連携関係を構築して，レンタカー事業の国際化にも踏み出している。さらに，レンタカー事業に加えて，最近では，後発参入だがカーシェアリング事業にも進出を果たしている。というのも，図表4－13の通り，利用時間が長く利用頻度が少ないレンタカーと，利用時間が短く利用頻度が多いカーシェアリングでは，市場特性がそれぞれ異なり重複しないからである。

第4章　製造業のサービス化

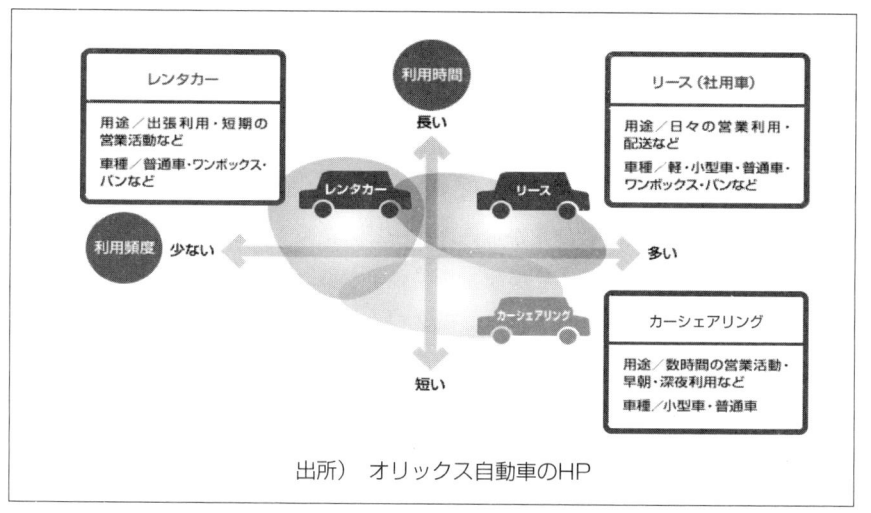

図表4-13　利用頻度と利用時間から見る最適な利用方法

レンタカー
用途／出張利用・短期の営業活動など
車種／普通車・ワンボックス・バンなど

リース（社用車）
用途／日々の営業利用・配送など
車種／軽・小型車・普通車・ワンボックス・バンなど

カーシェアリング
用途／数時間の営業活動・早朝・深夜利用など
車種／小型車・普通車

利用時間：長い／短い　　利用頻度：少ない／多い

出所）オリックス自動車のHP

　それでは，なぜトヨタは，新車販売との競合を生み販売台数の低下を招く危険性も危惧されるにもかかわらず，レンタカー事業という付加価値サービスを展開しているのだろうか。第1は，本業に対する関連多角化としての取り組みである。つまり，トヨタでは，同じ自動車を新車市場とレンタル市場という，近いが異なるふたつの市場へ投入を図り，シナジー効果の生起を狙っているからである。第2は，ブランド・ストレッチである。すなわち，自動車技術で世界をリードするトヨタ車のブランド力をそのままレンタカー事業が利用することで顧客へ安心感を与え，集客が期待できるからである。第3は，レンタカー事業を通じてトヨタ車の性能の良さを顧客へ知ってもらい，最終的には，新車の購入にまで結び付けたい思惑からである。最後に，中古車両をレンタカーとして再利用し収益化する狙いがあげられるにちがいない。

4-3-5　京西テクノスによるプロフェッショナル・サービス戦略

　製品の購入および使用の段階ではなく，それ以外の段階で発生するサービスは，「プロフェッショナル・サービス」である。「プロフェッショナル・サービス」は，その名の通り，自社製品へ依存するビジネスから脱し，長年，培った知識・ノウハウを提供するサービスから高い収益を稼ぎ出すやり方である。このタイプの事例として，ここでは，電子部品の基板実装メーカーから脱し，「計測」「情報」「通信」「医療」を加えた領域において，国内外のあらゆる製品をワンストッ

プで修理サービスを行う専門会社に転身した京西テクノスを取り上げてみよう。

　東京の多摩地域にある同社は，もともと電子部品の基板実装を行う下請け企業であった。このため，日常的に取引先からのコストダウン圧力や厳しい納期に苦しんでいた。ある時，工場のラインが故障して止まり外部へ修理を依頼した際，修理サービス事業が高い利益を生み出すことを知り，修理サービスに特化した企業への転身を決断した。製造業から修理サービス企業へ変身する契機となったのは，次のような点からである。まず，価格競争が厳しいモノづくりに対し，修理サービスは，高い収益が期待できる。モノづくりは，コストダウンや合理化を通じて原価や単価を引き下げることが重要なミッションとなるのに対し，修理サービスでは，迅速な復旧や対応が最大の焦点となり，そのために必要な高額な代金の支払いを顧客は惜しまない。つまり，モノづくりは，スピードより価格が重視されるため新興国との競争に巻き込まれやすいが，修理サービスは，価格よりスピードが大切であるため，高い収益の確保が期待でき，しかも安定している。また，メーカーによる保守サポートの有効期限が切れてしまった医療機器や通信機器が実際には数多く存在することである。同社では，設計図面が紛失してしまったような古い機器でも修理サービスを受け付け対応している。エンドユーザーは，コスト面からも使い慣れた製品を使い続けることを望む傾向が強く，たとえば，航空機，製鉄所，発電所など設備寿命が長いシステムに一体化されているような場合，簡単には新しい製品に入れ替えることは難しいからである（佐々木・森屋，2013）。さらに，医療機器や通信機器を利用する現場では，新旧機器や異なるメーカーの電子機器を組み合わせて，ネットワーク化されているため，故障した際，各メーカーに問い合わせする手間がユーザー側に発生するからである。

　このような実際の現場で起こる諸問題に対し，同社では，国内外のあらゆる製品をワンストップでサービスを行うトータルマルチベンダーサービス（TMVS）を実施している（**図表4－14**）。TMVSは，国内外のあらゆるメーカーに対して故障時の受付から修理完了までを一貫して扱う総合的なサービスであり，具体的には，サポートセンターによるリモート管理・トラブル時の受付・テクニカルサポートからフィールド・サービス，そして，引き取り修理からパーツセンターによるサポートまで統合的なサービスを実施する仕組みである。

第4章　製造業のサービス化

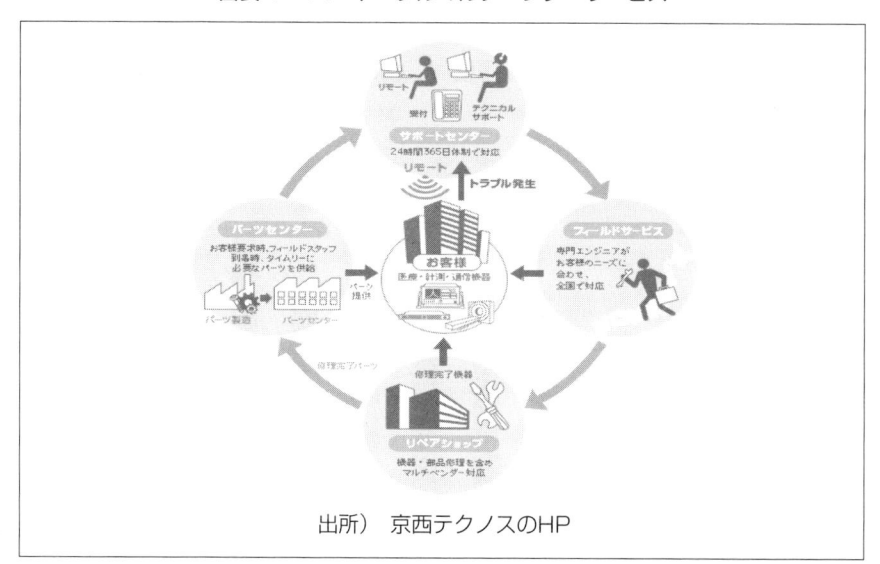

図表4−14　トータルマルチベンダーサービス

出所）　京西テクノスのHP

　同社が大手企業の下請けメーカーから修理サービスを専門とする企業へ大きく脱皮できたのは，単なる偶然の産物ではない。長い下請け時代に培った人脈や交流，モノづくりにまつわる総合的な知識・ノウハウの獲得，経営者の勇気ある決断と将来を見通す先見性が育まれてきた成果である。同社の取り組みは，困難に直面する製造企業に新たな生き方を提示するひとつの指針となるにちがいない。

4−3−6　アイリスオーヤマによるメーカーベンダー戦略

　さて，これまでは，図表4−2の分類に基づき，製造業による小売業へのシフトまたは進出の事例を取り上げてきたが，同じ製造業でも卸売業へ進出を果たし成功を収めた事例として，近年，アイリスオーヤマが注目を集めている。そこで，ここでは，「メーカーベンダー」と呼ばれる独自のビジネスモデルを構築した同社の仕組みについても触れておきたい。

　アイリスオーヤマは，ホームセンターを含む1万3,000店もの小売店を対象に，約1万5,000種類の商品を販売する製造卸売企業である。図表4−15は，近年，同社が世に提供した様々なヒット商品と売上高の推移である。たとえば，1980年代は「園芸用品」，「ペット用品」，「クリア収納ケース」で成長した。1990年代は「ハード・オフィス用品」を通じて売上を向上させることができた。そして，

71

2000年代以降になると,「省エネ照明」,「ヘルスケア・ビューティ」などが成長の原動力となっている。

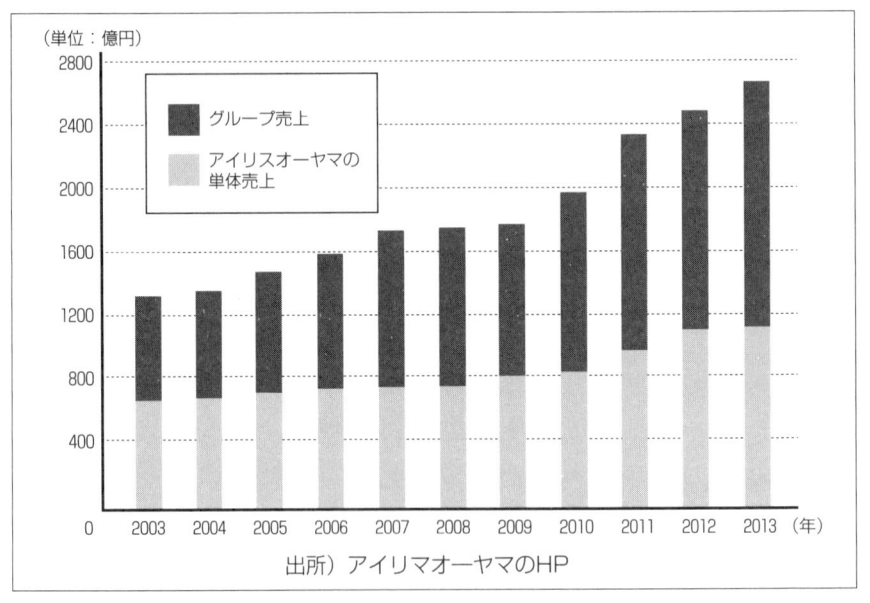

図表4-15　グループと単体の売上高推移

(単位：億円)

凡例：グループ売上／アイリスオーヤマの単体売上

出所）アイリスオーヤマのHP

　一方,同社は,過去,数々のヒット商品を連発した結果,グループまたは単体の売上高は,右肩上がりで上昇を記録している。とりわけ,直近の数字では,2012年12月期の単体売上高が1,100億円,経常利益は101億円であったのに比べ,2013年12月期の予測では,1,350億円を見込んでおり,過去最高を更新し続けている。

　ところで,同社が持続的成長を達成することができた秘密としては,次のような理由があげられる。第1は,年間1,000アイテム以上の新商品をつくりだす商品開発力である。同社によると,売上高に占める新商品（発売から3年以内の商品）の割合は,56％（2012年）を記録している。そして,こうした圧倒的な新製品開発力の裏側には,毎週月曜日に素材やカテゴリーの壁を超えて,徹底的に生活者の視点から検討がなされる新商品開発会議が重要な役割を担っている。第2は,「作る側の論理」ではなく「生活者の視点」に立つ市場創造力である。たとえば,同社のヒット商品である透明ポリプロピレン収納ケースは,「しまう収納」ではなく「探す収納」という生活者の目線から生まれた商品である。四季の

ある日本では，衣料品の整理整頓がいつも主婦たちの悩みの種として持ち上がる。住宅面積の狭さから納戸のスペースには限界がある。しかし，悩みはそれだけではない。こうした物理的な問題に加え，意外にも何をどこへ収納したのかわからなくなる問題が少なくなかった。そこで，同社は，透明なプラスチック収納ケースを開発し，主婦たちが共有する「探す」という，従来見逃されてきた課題を解決したのである（大山, 2001）。第3は，主要な取引相手であるホームセンターの高い信頼を得るため，全国どこでも翌日配達可能な物流センターの設置である。同社では，北海道から九州まで，国内6ブロックに8工場の生産・物流ネットワークを完備することで「1日配送圏」を可能にする物流ネットワークを構築している。

アイリスオーヤマは，もともとプラスチックの成形加工の下請けメーカーとして，1958年4月，大山ブロー工業所という社名で創業した。しかし，1970年代後半のオイルショックの影響から，会社の業績が急速に悪化し，多くの従業員を解雇する会社の危機に直面した。同社の社長である大山健太郎氏は，苦悩した末，将来性が見込まれ，しかも自社の技術蓄積が反映できる園芸用品業界に狙いを定めた。そして，1986年，これまで外部に依存してきたベンダー機能を自社内に取り込み，メーカー（製造業）とベンダー（卸売業）を一体化し，これを「メーカーベンダー」業態と名付けた。大山・小川（1996）によると，「メーカーベンダー」とは，「製造業と卸売業の一体化により，業種間の商流・物流のムダをなくし，小売業との取り組み関係を強化することで，生活者に値ごろ感のある生活良品を提供する業態」と定義され，また，「メーカーベンダー」を成立させる条件として，「商品力」，「品揃え力」，「納品力」，「営業情報力」という4つのパワーの必要性を指摘している。「メーカーベンダー」システムを図に表すと，**図表4-16**のようになる。

すでに論じたとおり，「メーカーベンダー」システムとは，アイリスオーヤマが製造機能と問屋機能というふたつの機能を兼ね備えるシステムである。そうすることで，ホームセンターという小売店が握っている生活者の生の声や情報を直接，作り手側である同社が入手でき，生活者のニーズにフィットした多彩な商品の開発ができる。また，問屋機能を内包することで顧客市場へスムーズな製品の供給が実現できる。さらに，物流コストや中間マージンを大幅に削減し，最終製

品の価格を低く抑制できる。最後に，小売店に対して製品情報を還元するなど，小売業との提携関係をより一層強化できるなど，その効果は甚大である。

図表4-16　メーカーベンダーシステム

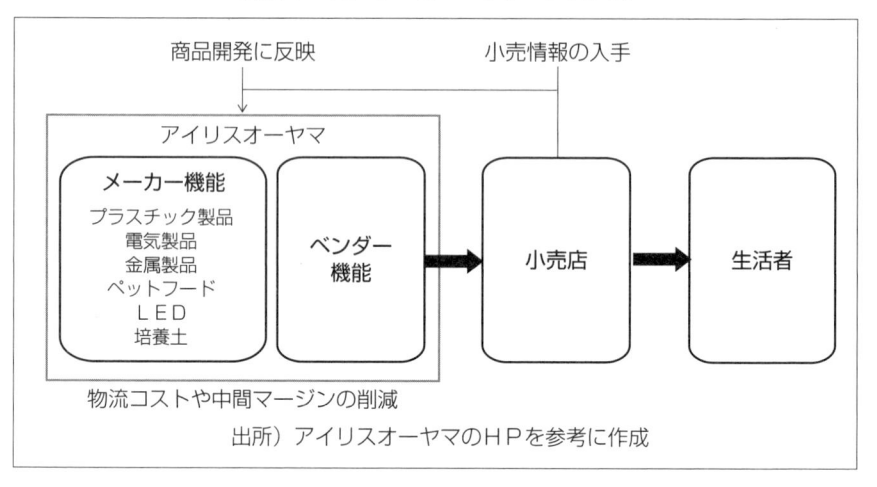

```
         商品開発に反映          小売情報の入手
              ↓                      ↓
    ┌─────────────────────────┐
    │   アイリスオーヤマ       │
    │  ┌───────────┐ ┌──────┐ │    ┌──────┐    ┌──────┐
    │  │ メーカー機能│ │ベンダー│ │──▶│小売店│──▶│生活者│
    │  │プラスチック製品│ │ 機能 │ │    └──────┘    └──────┘
    │  │  電気製品  │ │      │ │
    │  │  金属製品  │ │      │ │
    │  │ ペットフード│ │      │ │
    │  │    LED    │ │      │ │
    │  │   培養土   │ │      │ │
    │  └───────────┘ └──────┘ │
    │ 物流コストや中間マージンの削減 │
    └─────────────────────────┘
```

出所）アイリスオーヤマのHPを参考に作成

第5章 サービス業で進展する今日的変化

5－1 サービス化のうねり

　次に，サービス業で進展している大きな変化について触れてみよう。第1の変化は，サービス化のさらなる拡大である。まず，主要国のGDPに占める製造業の割合を調べると，年々緩やかに低下する傾向にある。たとえば，日本，米国，フランス，英国など先進国における製造業の割合は，どれも緩やかな右下がりを続けており，これは，製造業と相対的な位置を占めるサービス業の割合が徐々に増加している実態を如実に示している。

　図表5－1は，主要国のGDPに占めるサービス産業の割合の推移を示したものである。全体的に見て，世界の先進国のみならず新興国でも，GDPに占めるサービス産業の割合は高まりつつある。つまり，サービス産業の台頭は，特定の国や地域における特殊な動きではなく，世界的な傾向であることが理解できる。

図表5－1　主要国のGDPに占めるサービス産業の割合の推移

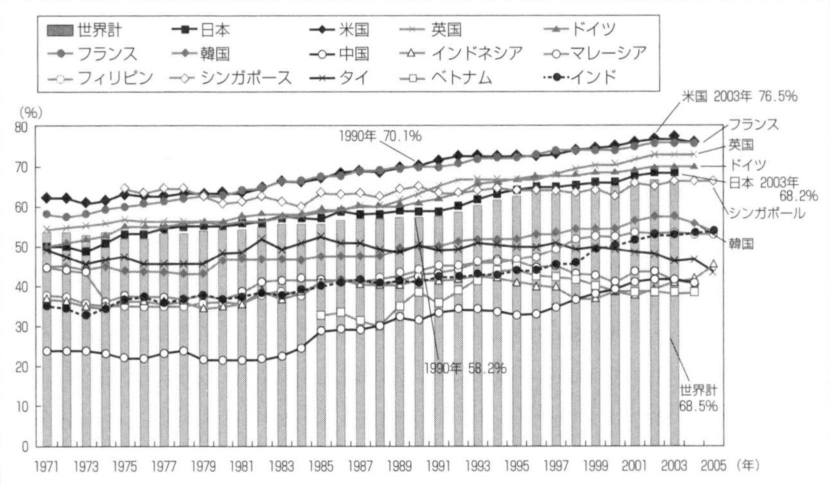

出所）　平成21年版　科学技術白書

それでは，今後の産業構造は，どのように変化すると予想されるのか。果たして，サービス産業化の高まりは，今日だけみられる一過性のものだろうか。ここでは，2005年に経済財政諮問会議「日本の21世紀ビジョン競争力ワーキンググループ」が取りまとめた将来産業構造の試算を紹介しよう（なお，同試算は，製造業と非製造業，つまり，第2次産業と第3次産業における構成比を扱ったものであり，鉱業や農林水産業など第1次産業は除外されていることに注意が必要である）。2030年における非製造業の産業別GDPシェアは，2000年当時の76％から80％に増加する一方，産業別雇用シェアもまた80％から90％以上まで増加すると予想されている。すなわち，第3次産業へのシフトまたはサービス産業の台頭という産業構造の変化は，現時点だけの動きではなく，中長期的にも，より一層拡大が進む現象と理解できるのである（**図表5-2**）。

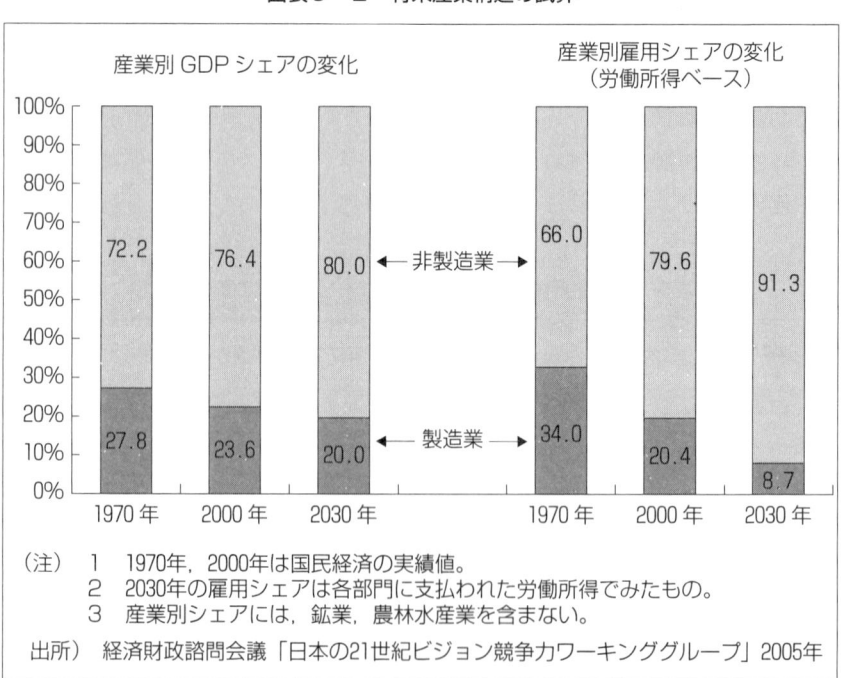

図表5-2　将来産業構造の試算

	産業別GDPシェアの変化			産業別雇用シェアの変化（労働所得ベース）		
	1970年	2000年	2030年	1970年	2000年	2030年
非製造業	72.2	76.4	80.0	66.0	79.6	91.3
製造業	27.8	23.6	20.0	34.0	20.4	8.7

（注）
1. 1970年，2000年は国民経済の実績値。
2. 2030年の雇用シェアは各部門に支払われた労働所得でみたもの。
3. 産業別シェアには，鉱業，農林水産業を含まない。

出所）経済財政諮問会議「日本の21世紀ビジョン競争力ワーキンググループ」2005年

次に，サービス産業化の中味や実態について浮き彫りにしてみよう。まず，我が国の消費構造は，モノからサービスへ大きくシフトしてきている。みずほコーポレート銀行・みずほ銀行産業調査部（2013）によると，1975年当時の消費構造は，モノ69％，サービス31％に対し，約40年後の2012年には，モノ48％，サービ

第5章　サービス業で進展する今日的変化

ス52%のように逆転してしまった。おそらく，この背景には，耐久消費財の普及率の高さ，可処分所得の減少などから，消費支出の中心がハードからソフトへ変わってきたことが考えられる。

　まず，全体を俯瞰すると，男性・女性とも共通する点は，第1次産業が大きく減少する一方，第3次産業の割合が大幅に高まってきている傾向であり，特に，女性就業者の増減が相対的に激しいことが目立つ（図表5－3）。たとえば，昭和40年と平成22年を比較すると，今から約50年前の第1次産業の割合は，女性30.5%，男性18.9%であったものが，平成22年には，男性14.8%減の4.1%，女性26.6%減の3.9%まで大きく減少している。おそらく，食料の外国依存と国内の自給率の低さが，この事実を物語っている。これに対し，第3次産業の実態を見ると，昭和40年における第3次産業の割合は，女性44.6%，男性44.6%を占めていたが，平成22年には，男性18.1%増の62.7%，女性はなんと36%増に当たる80.6%まで大きく伸長している。これは，第3次産業（いわゆるサービス業）が接客や販売そして交渉などが伴うため，これらの能力に秀でている女性の割合が増

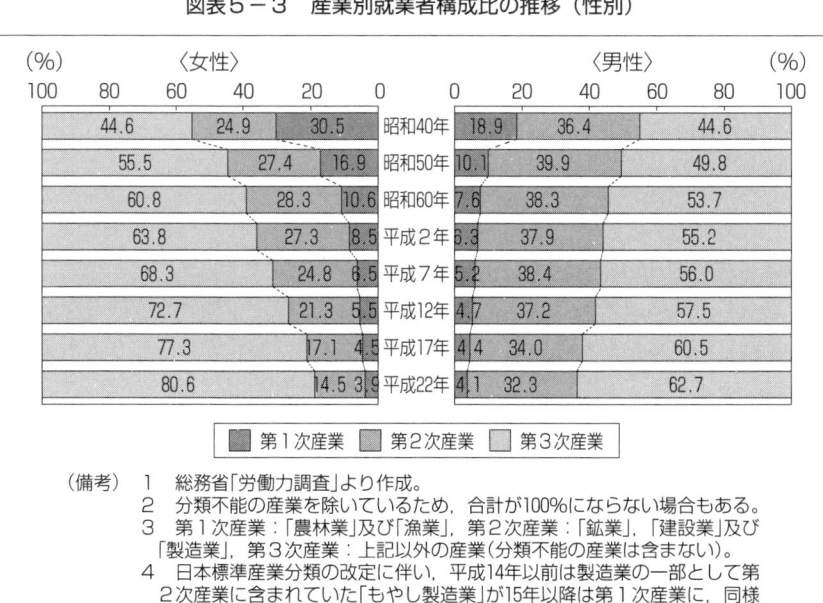

図表5－3　産業別就業者構成比の推移（性別）

〈女性〉				〈男性〉		
第3次産業	第2次産業	第1次産業		第1次産業	第2次産業	第3次産業
44.6	24.9	30.5	昭和40年	18.9	36.4	44.6
55.5	27.4	16.9	昭和50年	10.1	39.9	49.8
60.8	28.3	10.6	昭和60年	7.6	38.3	53.7
63.8	27.3	8.5	平成2年	6.3	37.9	55.2
68.3	24.8	6.5	平成7年	5.2	38.4	56.0
72.7	21.3	5.5	平成12年	4.7	37.2	57.5
77.3	17.1	4.5	平成17年	4.4	34.0	60.5
80.6	14.5	3.9	平成22年	4.1	32.3	62.7

■第1次産業　■第2次産業　□第3次産業

（備考）　1　総務省「労働力調査」より作成。
　　　　　2　分類不能の産業を除いているため，合計が100%にならない場合もある。
　　　　　3　第1次産業：「農林業」及び「漁業」，第2次産業：「鉱業」，「建設業」及び「製造業」，第3次産業：上記以外の産業（分類不能の産業は含まない）。
　　　　　4　日本標準産業分類の改定に伴い，平成14年以前は製造業の一部として第2次産業に含まれていた「もやし製造業」が15年以降は第1次産業に，同様に製造業の一部として第2次産業に含まれていた「新聞業」及び「出版業」が第3次産業になったので，時系列比較には注意を要する。

　　　　　　出所）　平成22年版　男女共同参画白書

進しているものと考えられる。次に，第2次産業で比較してみると，男性・女性共に就業者の割合は，年々減少の一途を辿っているが，その内容を見ると，微妙に異なる動きを示している。昭和40年を見ると，女性24.9％，男性36.4％であったものが，平成22年は，女性が10.4％減の14.5％，男性が4.1％の微減に相当する32.3％となっている。おそらく，第2次産業は，モノづくりを意味するため，かなり肉体的な仕事が含まれるため，女性の減少幅に比べると男性の割合に変化が少ないのではないかと推測される。

ところで，男女とも産業別就業者の構成比がもっとも低いのは，いうまでもなく，第1次産業である。少し脇道に逸れるが第1次産業について触れると，平成22年の就業者は，女性3.9％，男性4.1％ともはや産業存続の危機を迎えており，このままでは，日本から第1次従事者がいなくなる可能性が危惧されている。このような第1次産業従事者の保護または支援するため，2011年3月に「6次産業化法」が施行された。これは，農業や水産業など第1次産業の就業者が自分たちで食品加工（第2次産業）から販売・マーケティング（第3次産業）までを手掛ける第6次産業化[23]を通じて，農産物の付加価値を高める取り組みであり，地産地消の新たな収益モデルとして期待が寄せられている（日本経済新聞2013年3月11日）。たとえば，一例として，大磯漁業協同組合（神奈川県大磯町）では，その日の朝に水揚げされた地魚を提供する漁港内食堂を開業し人気を博している[24]。また，最近，野菜の直売所やマルシェ，道の駅，高速道路のサービスエリアなどで生産者による直売が人気を博しているが，これもまた，第6次産業化がもたらした大きな効果である[25]。さらに，日本政策金融公庫（日本公庫）のアンケート調査によると，6次産業化の取り組みの成果については，7割強もの回答が所得向上を実感している結果が得られている[26]。このような結果からも，6次産業化の動きは，今後とも，さらに活発化することが予想される。

5－2　電子商取引の発達

今日のサービス業に強い影響を与える現象の一つに電子商取引（Electronic Commerce：EC）の発達があげられる。これは，インターネットを使って商品の売買，契約や決済をする取引形態であり，今日，飛躍的な成長と進歩を遂げている。

第5章 サービス業で進展する今日的変化

　平成25年版の情報通信白書で引用された米国のイーマーケッター（e Marketer）推計資料によると，世界主要国の電子商取引市場は，2013年には1兆3,000億ドル（130兆円）規模になると予測されている。なかでも，世界最大の電子商取引市場規模を誇るアメリカは，2012年の3,434億ドルから2013年には3,848億ドルまで拡大することが見込まれている。一方，急速に成長する中国でも，2012年の1,100億ドルから2013年には1,816億ドルになると予想されている。これに対し，日本は，2011年の市場規模が1,128億ドル（約11兆円）であったものが，2013年には約1,404億ドル（約13.8兆円）とアメリカ，中国，イギリスに次ぐ世界第4位の規模になる見通しが示されている（図表5-4）[27]。

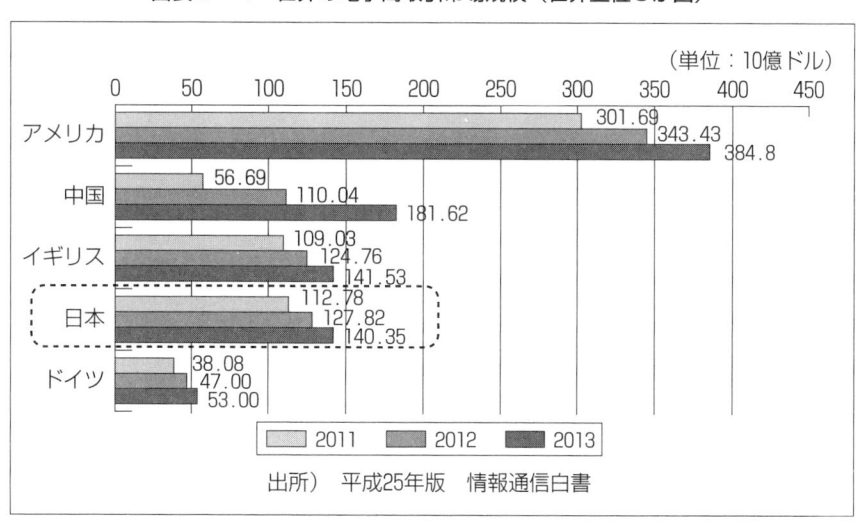

図表5-4　世界の電子商取引市場規模（世界上位5か国）

国	2011	2012	2013
アメリカ	301.69	343.43	384.8
中国	56.69	110.04	181.62
イギリス	109.03	124.76	141.53
日本	112.78	127.82	140.35
ドイツ	38.08	47.00	53.00

（単位：10億ドル）

出所）平成25年版　情報通信白書

　世界の電子商取引市場規模の成長を牽引したのは，スマートフォンやタブレット端末が世界的な普及と浸透を見せた影響が大きい。平成24年版の情報通信白書によると，世界の携帯電話販売台数に占めるスマートフォン（フィーチャーフォンを含む）の比率は，2011年に約27％であったものが，2016年になると，約56％になる見通しとなっており，将来的には，スマートフォンの割合が世界で半分以上になると推定されている（図表5-5）。また，スマートフォンの販売台数を見ると，2011年に4億7,000万台に過ぎなかったものが，2016年には13億台と，わずか数年足らずで約3倍に膨らむことが予測されており，この爆発的動きが電子商取引市場の拡大に巨大な影響を及ぼしている。また，Googleがスマートフォンの利用について世界的に調査した「Our Mobile Planet」2013年版[28]によると，ス

マートフォン普及率を国別に見た場合，韓国とシンガポールがもっとも普及率が高く，2013年の普及率は韓国が73％，シンガポールは72％となっている。一方，アメリカは，2013年が56％，中国は47％まで高まってきている。これに対し，日本では，2011年6％，2012年20％，2013年25％と徐々に普及が拡大しつつあるが，しかしながら，今のところフィーチャーフォン（従来型携帯電話）の割合がいまだ高くなっているのが現状のようだ。

図表5－5　世界の携帯電話販売台数に占めるスマートフォンの販売台数の推移（推計）

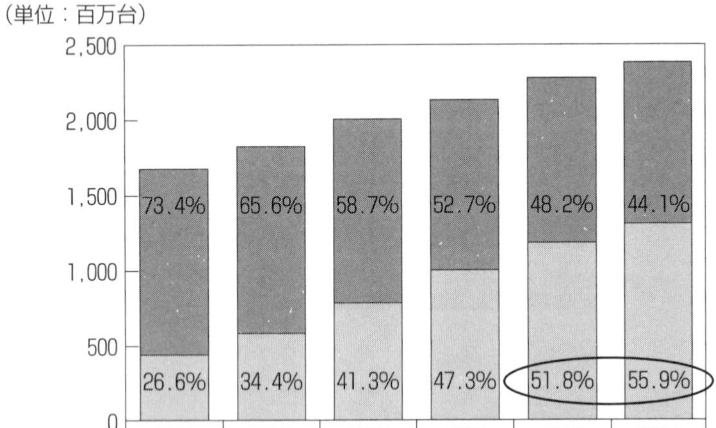

(単位：百万台)

	2011	2012	2013	2014	2015	2016
その他携帯電話	1,303	1,248	1,194	1,127	1,083	1,026
スマートフォン	472	655	841	1,012	1,165	1,303
合計	1,775	1,903	2,035	2,139	2,248	2,329

その他携帯電話比率：73.4%、65.6%、58.7%、52.7%、48.2%、44.1%
スマートフォン比率：26.6%、34.4%、41.3%、47.3%、51.8%、55.9%

出所）平成24年版　情報通信白書

　スマートフォンやタブレット端末が世界的な普及と浸透を見せるなか，これらの情報端末をうまく活用することで，消費者は最適な購買活動ができ，企業は効率的な顧客誘引が可能となる。ここでは，インターネットとリアル（店舗）を対象とする情報収集と購買行動から，4つのパターンを浮き彫りにしてみよう（図表5－6）。

　まず，左下のセルは，ネットで情報を集めネットで購買する「ネット完結派」である。たとえば，一休や楽天トラベルなど旅行関連（55％）が該当する。これとは対照的に右上のセルは，新聞，チラシ，実店舗で情報を集め実店舗で購買する「リアル重視派」である。そして，このパターンには，食品（83％），ファッ

第5章　サービス業で進展する今日的変化

図表5-6　情報収集と購買行動の分類

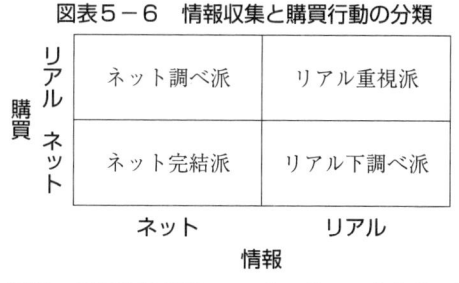

	ネット	リアル
リアル購買	ネット調べ派	リアル重視派
ネット購買	ネット完結派	リアル下調べ派

情報

資料）日経流通新聞，2012年11月21日を参考に作成

ション（76％），家電・IT（65％）が主に該当する一方で，これらの業種では，実店舗の必要性がいまだに大きいことが改めて浮き彫りとされた。左上のセルは，ネットで情報を集め実店舗で購買する「ネット下調べ派」である。このタイプは，最近，ネットからリアルへ，オンラインからオフラインへの流れを意味するO2Oマーケティングとも呼ばれ，主に家電・IT（47％）がこれに該当する。最後に，右下のセルは，新聞，チラシ，実店舗で情報を集めネットで購買する「リアル下調べ派」である。このタイプは，近年，リアルからネットへの流れを指すショールーミング（Showrooming）と呼ばれ，主に家電・IT（32％）が該当する。

　さて，これら4つのパターンのうち，今現在，大きな割合を占めているのは「リアル重視派」と「ネット完結派」である。しかしながら，将来的に有望なのは「ネット下調べ派」と「リアル下調べ派」がこれに取って代わる可能性が高い。そこで，「ネット下調べ派」と「リアル下調べ派」の可能性について触れてみよう。

　まず，「ネット下調べ派」は，O2Oとも言い換えることができる。O2O（Online to Offline）とは，オンラインからオフラインへの流れを意味するものであり，具体的には，オンライン（ネットの行動・情報）がオフライン（リアルの購買）に影響を及ぼすことを指す。すなわち，インターネットのECサイト，SNS，オンラインクーポン，アプリなどで集客してリアルな店舗へ送客する販売促進政策である[29]。たとえば，アメリカでは「グルーポン（Groupon）」，日本ではリクルートの「ホットペッパー」や「じゃらん」など，割引クーポンによってリアル店舗へ誘引する取り組みが有名である。

81

伊部（2013）によると，O2Oの市場規模は，年々，右肩上がりに拡大を続けることが予測されている。2011年度の市場規模は約24兆円であったものが，2017年度には，スマートフォンやソーシャルメディアのさらなる普及拡大から，その倍の規模である約51兆円まで成長が見込まれている。O2Oという販売促進政策のその主な利点は，情報提供，集客効果，行動データ解析だといわれている（日本経済新聞，2013年5月31日）。つまり，飲食店の紹介や割引クーポンなどの情報をスマートフォンやタブレット端末へ配信して消費者の買い物を助ける。そして，情報提供を通じて消費者をリアル店舗へ集客する。さらに，スマートフォンで提供された位置情報やナビゲーションから，消費者一人ひとりの行動データを分析するものである。

　東急エージェンシーが取りまとめた「O2O　買い物行動レポート」[30]によると，ひとつの買い物のために，オンラインとオフラインを行き来する生活者は，7割に達することが分かっている。すなわち，顧客の購買行動を調べると，リアル店舗で「欲しいものを見つけたがネットもチェックしたいので保留」が75％，また，ネット店舗で「欲しいものを見つけたがお店もチェックしたいので保留」が72％と回答しており，リアルとネットを統合して購買を企てる賢い消費者の実態が浮き彫りとなっている。その結果，今日的企業の間では，一方において，クーポンの配信や店舗への誘導を消費者へネットで発信して店舗での購入を促進しながら，他方では，店舗でECサイトへの誘導を消費者へ促してネットで購入させるという，O2Oビジネスモデルの普及が加速化しているのである。最後に，O2Oの最近の事例として，ここではセブン＆アイHDと東京メトロの連携による地下鉄駅でクーポンを配信し，実店舗へ誘導する販売促進政策を紹介しよう。その狙いは，1日平均で622万人もの乗降客が利用する180の地下鉄駅を対象に，東京メトロの情報配信サービスである『MANTA』とセブン＆アイHDの無料Wi-Fiサービスである『セブンスポット』を相互利用できるようにしながら，セブン＆アイHDの傘下にあるコンビニ，GMS，百貨店等へ情報やクーポンを配信して来店を促す取り組みであり，鉄道会社と小売業が業界の枠をまたいで提携する画期的な連携である。

　次に，「リアル下調べ派」について触れると，これは，最近，ショールーミングと呼ばれている。ショールーミングとは，実店舗がショールーム化してしまう

第5章　サービス業で進展する今日的変化

ことに由来し，店舗で実物を見てからネットで購入するため，小売業などの実店舗にとって大きな脅威となっている。たとえば，実店舗で家電製品をチェックし，衣料品の実物を試着した上で，ネットの通販サイトからより安い価格の商品を探し出して購入する仕組みであり，今後，このような消費者が増大すれば，実店舗から購入する消費者がいなくなってしまうため，リアル店舗側の危機感は募るばかりである。実際に，ネット販売大手のアマゾンが高い業績を誇っている理由の一つは，ショールーミング現象であると言われている。また，ヤマダ電機など家電量販店の売上高が頭打ちとなっているのは，消費者が店頭で品定めを行い，実際の購入はネットでするというショールーミングが大きな理由であると認識されている。

　経済産業省が公表した2012年度の電子商取引に関する市場調査によると，国内のBtoC-EC市場規模は9兆5,130億円となり，5年前と比べても8割も伸長した。そのため，セブンイレブンなど実店舗型の小売業では，アマゾンや楽天などネット通販に顧客を乗っ取られる危機感が猛烈に強まってきた。その打開策として，最近，小売業の間では，リアルとネットの融合を図るオムニチャネル・リテイリング（Omnichannel Retailing）による競争が注目を集めている（Rigby, 2011；Brynjolfsson., Hu and Rahman, 2013）。Omniは「あらゆる」，channelは「販路」と訳されるため，オムニチャネルとは，顧客接点のあらゆるチャネルを通じて小売することであり，具体的に言うと，小売業のすべての販売チャネルを継ぎ目なく連動させ，顧客や商品を管理することで台頭するネット通販に対抗しようとするものである。日本企業のなかでオムニチャネル戦略の強化に乗り出している代表的な企業として，セブン＆アイHDがあげられる（朝永, 2013）。**図表5－7**は，セブン＆アイHDグループによるオムニチャネル戦略を示したものである。
　その特徴とは，たとえば，消費者がPCやスマホを活用しネット通販から商品を注文した場合，宅配での配送や実店舗からの受け取りなど，消費者のライフスタイルに合わせた提供がなされる。また，イトーヨーカドー，セブンイレブン，西武・そごう，セブン銀行，赤ちゃん本舗，デニーズ，ロフト，ヨークベニマルなど，国内に約17,000店舗を擁するグループのリアル店舗と7ネットショッピング，e.デパート，イトーヨーカドー・ネットスーパー，セブンミール，赤ちゃん本舗，チケットぴあ，セブン旅ネットなどのネット通販が融合され，商品が横断的に取り扱われることで，リアル店舗とネットが双方から集客力と販売力を高

83

図表5－7　セブン&アイHDグループによるオムニチャネル戦略

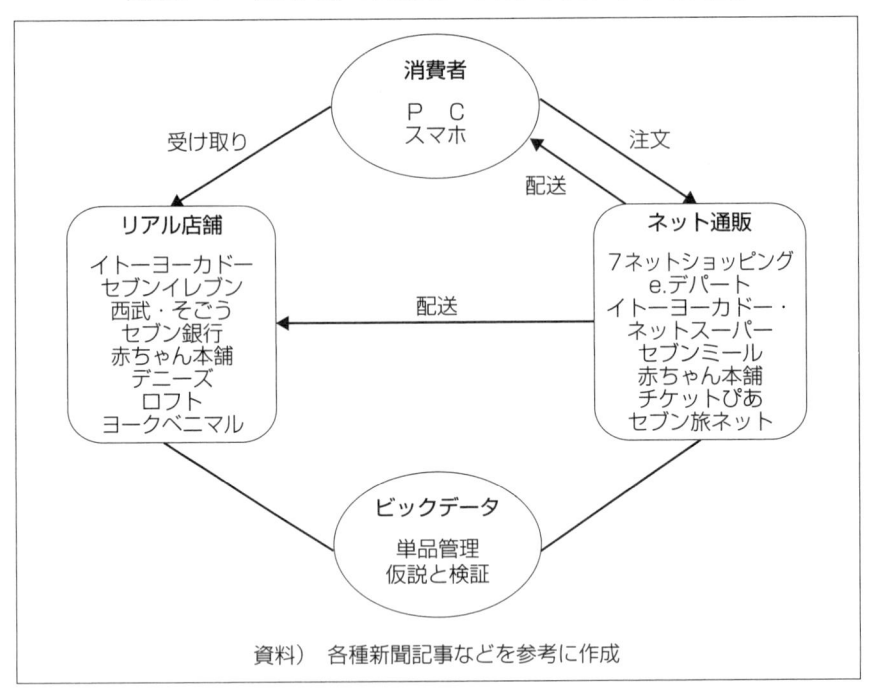

```
                         消費者
                         ＰＣ
                         スマホ
            受け取り              注文
                         配送
     リアル店舗                    ネット通販
     イトーヨーカドー               7ネットショッピング
     セブンイレブン                 e.デパート
     西武・そごう     配送          イトーヨーカドー・
     セブン銀行      ←──          ネットスーパー
     赤ちゃん本舗                  セブンミール
     デニーズ                     赤ちゃん本舗
     ロフト                       チケットぴあ
     ヨークベニマル                セブン旅ネット

                      ビックデータ
                       単品管理
                      仮説と検証
```

資料）　各種新聞記事などを参考に作成

めることできる。さらに，これまで店舗毎に蓄積されてきた顧客履歴や購買動向，在庫や商品データなど各種情報やノウハウが実店舗とネット通販の融合から，グループを横断して共有または活用できるのみならず，同社の最大の武器である「単品管理」と「仮説と検証の実践」の精緻化にも役立っている[31]。

5－3　外部企業との共創

　この処，サービス業において外部企業との共創が進んでいる。ここでは，PB商品の開発における製造業とのコラボレーション，日本の総合商社とのタイアップを取り上げるが，同時にまた，アパレルのような小売業の間で導入が進んでいるSPAモデルとそれに伴う国内外企業との協力体制についても併せて検討してみたい。

　今日のサービス業（とりわけ，流通業）は，製造業が開発したナショナル・ブランド（National Brand：NB）商品を作り手に代わって販売する間接販売機能から，

自身が企画開発した商品であるプライベート・ブランド（Private Brand：PB）を直接販売する機能へ徐々にシフトしてきている。サービス業は，もともとモノづくりに関連した知識・ノウハウの蓄積がなく，このため，自分たちで企画した商品にもかかわらず独力ですべてを開発することができない。そこで，モノづくりに精通した有力メーカーと協力関係を結び，実際の製品開発を行っている。たとえば，近年における開発メーカーと流通業による共創関係として，次のようなものがあげられる。セブン＆アイHDのPB戦略に絞ると，たとえば，即席麺では，東洋水産と協力してPB商品「金の麺」を開発している。ビールでは，サッポロビールと共同で低価格なPBビール「セブンプレミアム100％モルト」を開発する一方で，高品質なプレミアムPBビール「ザ・ゴールドクラス」をサッポロビールのライバルであるサントリーと協力しながら開発し販売している。セブン＆アイHDは，2015年度までにプライベート・ブランド商品を1,700アイテムまで拡大し，PB売上高を1兆円まで引き上げる計画である。

このようにPBの共同開発に伴うメーカーとの協力関係が活発化するなか，流通業と日本の総合商社との共創関係の強化も進んでいる。日本の総合商社は，戦後から今日まで世の中の変化に対応してビジネスモデルの転換を図ってきた。戦後間もない時期の商社は，国内と海外の橋渡し役を演じる「エージェント」であった。高度成長期になると商社は，物流や金融など「ビジネス・コーディネーター」として変質した。そして，今日の商社は，グローバル化や情報化を通じて，長年，蓄積してきた知識・ノウハウと多様なビジネスで培った総合力を武器に顧客が抱える諸問題を解決しながら，付加価値を提供する「トータル・ソリューション・プロバイダー」を目指しているのである（槇原，2000）。

それでは，近年における総合商社と流通業における提携関係の構築を見てみよう。図表5－8のとおり，日本の流通業の裏側には，長年の知識・ノウハウの蓄積から多彩なアイデアを持ち，しかも，国際的に数多くのネットワークを構築している総合商社が重要な役割を担っている様子が見て取れる。たとえば，三菱商事は，コンビニのローソン，GMSのイオン，SMのライフコーポレーションと強い提携関係を構築している。そして，イオンは，丸紅とも関係を持つダイエーやマルエツの主要な株主であるとともに，コンビニのミニストップ，SMのいなげや，カスミ，ベルクを傘下に有している。三菱商事は，これまで食品のバリュー

チェーンの中で穀物，畜産物，水産物等を海外から輸入する「川上」事業とメーカーや卸売の分野である「川中」事業へ主に出資取引を拡大してきた。ところが，近年，安定収益が見込まれる理由から小売りなどの「川下」事業に注力し，収益化モデルを構築している。

図表５−８　総合商社と流通業の提携関係

商社	三菱商事	丸紅	三井物産	伊藤忠商事	住友商事
コンビニ	・ローソン	5%出資　29%出資	・セブン&アイHD 100%出資	・ファミリーマート 100%出資	・サークルKサンクス
	ミニストップ 47%出資				
GMS	・イオン 44%出資　32%出資 主要な株主	・ダイエー		・ユニー	・イトーヨーカ
SM	・ライフコーポレーション	・マルエツ ・東武ストア ・相鉄ローゼン		・99イチバ	・サミット ・西友
	いなげや カスミ ベルク				・ウォルマート 完全子会社 → 西友
ダイレクト・マーケティング			・QVCジャパン	・マガシーク	・ジュピターショップチャネル

丸紅は，GMSのダイエー，SMのマルエツ，東武ストア，相鉄ローゼンと協力関係を結んでいる。三井物産は，セブン＆アイホールディングス，ダイレクト・マーケティングのQVCジャパンと強い提携関係を構築している。とりわけ，セブン＆アイホールディングスの傘下にあるコンビニのセブンイレブン，GMSのイトーヨーカドーとの協力関係は有名である。伊藤忠商事は，コンビニのファミリーマート，GMSのユニー，SMは99イチバ，そしてダイレクト・マーケティングのマガシークと資本関係を締結している。また，ユニーの傘下には，コンビニのサークルKサンクスがある。住友商事は，SMのサミット，ダイレクト・マーケティングのジュピターショップチャネルと資本関係にある。

それでは，流通業を下支える総合商社の具体的な機能と役割について触れてみよう。図表５−８のとおり，三井物産は，セブン＆アイホールディングスとの戦略的提携を通じて，その傘下にあるセブンイレブンの仕組みづくりに重要な役割を果たしている。図表５−９は，コンビニの弁当がコンビニの店頭に並ぶまでの間に，三井物産がいかなる支援を担っているかを示したものである。三井物産は，お弁当のバリューチェーンのなかで，主にふたつの役割を担っている。ひとつは，お弁当の需要予測，原材料の生産または在庫など安定供給のため管理，取引や食の安全と安心を意味するトレーサビリティなどであり，実際には，機能会

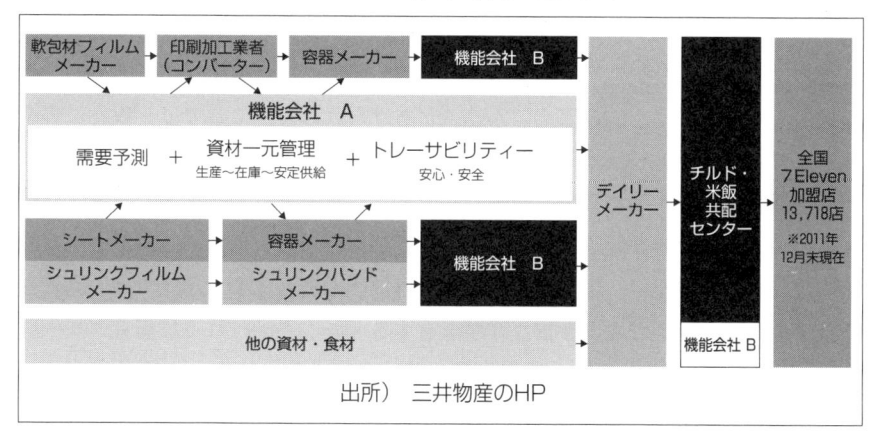

第5章　サービス業で進展する今日的変化

図表5−9　お弁当が店頭に並ぶまで

出所）三井物産のHP

社Aがこの役割を担当している。もうひとつは，出来上がったお弁当を各店舗へトラックで運ぶロジスティクスであり，これは，三井物産が経営している物流会社である機能会社Bがその役割を担っている。このようなリテールサポートやロジスティックスの他にも，総合商社は，商品の提案力，開発力に関する支援もまた果たしている。こうしてみると，日本の流通業（とりわけ，コンビニエンスストアというビジネスモデル）は，総合商社による多彩な経営資源力に負うところが大きく，いわば，総合商社とのコラボレーションによってこそ成し遂げられたといえるだろう。

今日，衣料店専門店（アパレル）の世界では，SPA（Speciality Store Retailer of Private Label Apparel）と呼ばれる製造小売業モデルが主流となっているが，このようなSPAもまた，外部のパートナー企業（主に，製造委託工場）との共創を通じて，初めて有効となるビジネスモデルである。SPAとは，製造から小売りまでを一貫してコントロールするモデルであり，具体的には，素材調達，企画，開発，製造，物流，販売，在庫管理など，製造から販売までのすべての工程を一貫して行うものである。SPAは，アメリカのファッション専門店であるGAPが世界で最初に取り入れたモデルとされ，その主なメリットには，①中間マージンの圧縮，②不良在庫の排除，③需要変動への機敏な対応などがあげられる。

SPAは，素材調達，企画，開発，製造，物流，販売，在庫管理などすべての工程のうち，その一部を外部へアウトソーシングする「水平分業型サプライチェー

ン」と，反対に自前主義に拘り，そのほとんどを内部で取り扱う「垂直統合型サプライチェーン」に大別される。「水平分業型サプライチェーン」を採用する主な企業は，GAP，H&M，Forever 21，そして，「垂直統合型サプライチェーン」を採用する企業には，UNIQLO，ZARAがあげられるが，ここでは，我々に馴染み深いUNIQLOとZARAを取り上げてみよう。まず，UNIQLOは，各工程のうち生産機能のみをすべて韓国，中国，ベトナム，カンボジア，タイ，バングラデシュ，インドなどの委託工場へシフトする対応を取っているため，自社で生産設備等は保有していない。但し，生産機能を外部へ委託しても，均一で高い品質を維持するため，同社では，豊富な経験を有する「匠」と呼ばれる技術者グループを中国の委託工場に派遣し，技術指導を行っている[32]。一方，衣服のデザインから商品が店舗に並ぶまで最短2週間[33]で完了するという世界一のファスト・ファッション企業であるZARAは，単純な商品に限り，アフリカやアジアなど新興国のサプライヤーへアウトソーシングしているが，手間のかかるファッション性の高い商品は，ホームカントリーであるスペインの本社の周辺に12ある製造子会社で裁断と検品を実行し，労働集約的な縫製は，小規模な下請け工場約100社へ外注して生産している（日経ビジネス，2012年11月5日）。なぜなら，最新のトレンドを素早く取り入れる必要が伴うファッション性の高い商品は，需要変動が激しく，これに柔軟に対処するには自社で生産設備を保有しなければならないからである（Ferdows., Lewis and Machuca, 2004）。このように，今日の流通業は，PBやSPAと呼ばれるグローバルSCMの開発を強化しており，そのため，外部企業との共創関係の構築が何よりも不可欠な課題となっている。

5-4　新しい小売業態の台頭

　従来までの小売業態は，百貨店とSMが売上高や前年伸び率でも他の業態を圧倒してきた。ところが，最近になって百貨店やSMの売上が減少を辿るなか，CVSやドラッグストアそして通信販売などの業種が増加する傾向にある。**図表5-10**は，一般社団法人新日本スーパーマーケット協会が発表したスーパーマーケット白書（2013年版）による業態別に見た年商規模の推移である。

　2007年を100とした場合，2012年までにもっとも拡大した業種は，ドラッグストア（医薬品小売業）であり，おおよそ30％も規模が成長している。以下，CVSは約26％の伸び，通信販売は約24％の成長を遂げている。一方，業種の規模が縮

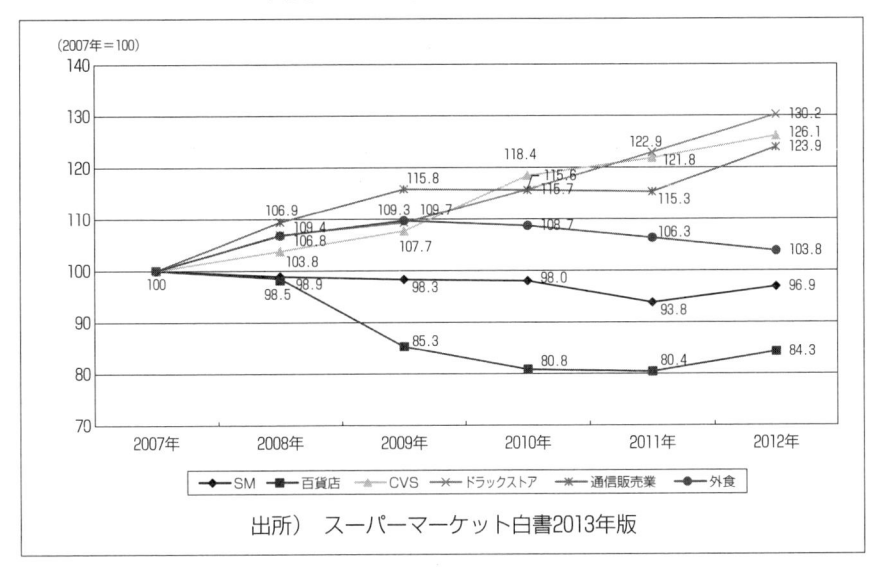

第5章　サービス業で進展する今日的変化

図表5-10　業態別年商規模の推移

出所）　スーパーマーケット白書2013年版

小しているのは，百貨店とSM（GMS＋SMの合計）であり，2012年を見ると，SMは，96.9とやや減少傾向であるのに比べ，百貨店は，84.3とかなり業種の規模が小さくなっているのが分かる。

それでは，ドラッグストア，CVS，通信販売などは規模が拡大し，SM（GMS＋SM）や百貨店は規模が伸び悩んでいるその主な理由とは何か。ここでは，3つの点を指摘したい。

第1は，消費者の関心が「大型店舗」から「小型店舗」へシフトしてきているからである。店舗の規模と店舗の数を設け，これらをクロスさせたのが図表5-11である。これを見てもわかるとおり，小売業態のなかでもっとも店舗規模が大きく店舗数が最も少ないのは，百貨店である。通称，デパートと呼ばれ親しまれている百貨店の規模は，想像しただけでも小売業のなかで最大規模を誇るのに比べて，2013年現在における店舗数は，おおよそ230店舗しかないことが分かっている（日本百貨店協会）。また，百貨店と同様に，店舗規模は大きいが店舗数は少ない小売業態として，GMS（総合スーパー）があげられる。日本スーパー名鑑2013年版によると，国内GMSの店舗数は，1,200余り存在すると考えられる。

図表5−11　店舗規模と店舗数の関係

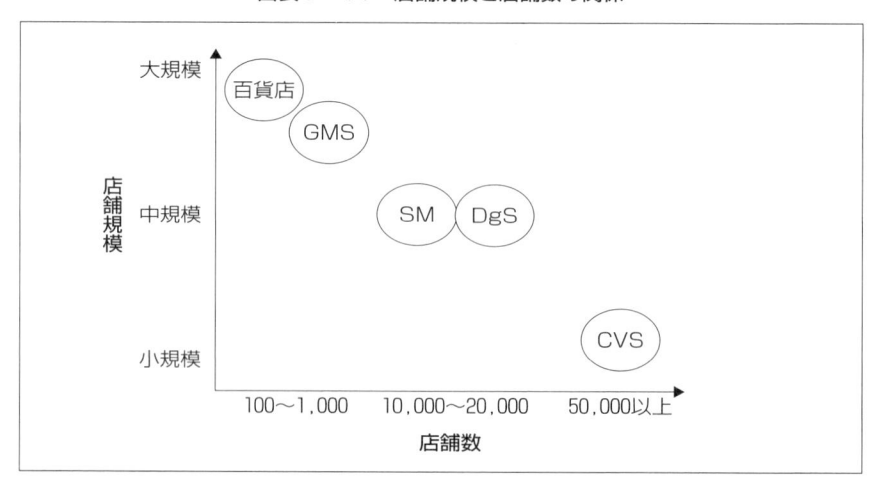

```
店舗規模
大規模    百貨店
          　GMS
中規模        SM   DgS
小規模                 CVS
         100〜1,000  10,000〜20,000  50,000以上
                    店舗数
```

　次に，店舗規模は中規模程度だが，国内で店舗数が10,000〜20,000存在するのは，SM（スーパーマーケット）とDgS（ドラッグストア）である。店舗規模でみると，SMとDgSは，百貨店やGMSに比べ店舗規模が小さく，CVSよりも大きいため，中規模として位置付けられる一方で，店舗数は，日本スーパー名鑑2013年版によると，国内におけるSMの店舗数は14,410，DgSもまた13,328存在し，百貨店やGMSよりも店舗数が多く，CVSに比べると少なく，このため，ちょうど中間領域に位置づけられる。

　最後に，CVS（コンビニエンスストア）は，店舗規模が非常に小さく，店舗数は非常に多いと説明ができる。まず，店舗規模は，その他の小売業態のなかで，もっとも小規模だが，国内の店舗数は，一般社団法人日本フランチャイズチェーン協会の調べによると，50,000以上存在する可能性が高く，このため，**図表5−11**では，右下の部分に位置づけられる。

　第2は，消費者にとって「店舗に来てもらう」型の業態より「消費者のそばへ行く」業態の方に関心がシフトしてきているからである（**図表5−12**）。百貨店やGMSのような伝統的な小売業態は，消費者が店舗へ赴き，ショッピングする形態であった。百貨店やGMSの業種の規模が伸び悩んでいるのは，どれも消費者にご足労願って店まで来てもらうビジネスなため，今日の市場ニーズや社会的な要望にしくみそのものが応えることができず，失速しているものと考えられる。たとえば，高齢化社会が到来し，高齢者や障害者が拡大する世の中では，来店型

第5章　サービス業で進展する今日的変化

のビジネスモデルは不都合な点が多い。また，長く続いた経済不況やデフレによって日本人の実質賃金が伸び悩み，可処分所得の低下によって，安くて良いものを求める消費者たちが百貨店やGMS等から遠ざかってしまった影響も少なくない。これに対し，SMやDgSそしてCVSは，消費者の近くへあるいは手元へ赴くやり方である。たとえば，CVSは，国内外において大量の出店戦略を展開しているが，もはや商品の販売に止まらず，宅急便，収納代行サービス，ATMの設置，各種のチケット発行サービス，各種の公的証明書発行サービスなど，サービス事業の複合化を図り，今では各地域の生活者に欠かせない店舗としての地位を築いている[34]。

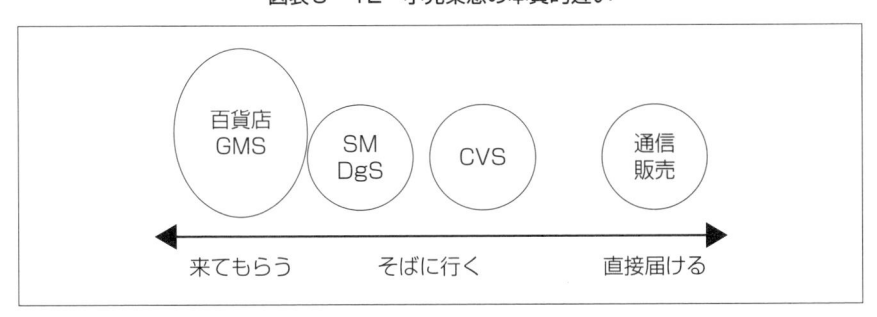

図表5－12　小売業態の本質的違い

```
百貨店     SM
GMS       DgS       CVS       通信販売

←――――――――――――――――――→
  来てもらう   そばに行く    直接届ける
```

第3は，消費者の購買行動が変化し，外出してショッピングするという伝統的なやり方から，インターネットやTVで買い物し，短時間の間に自宅の玄関先まで商品が届くという通信販売に高い注目が集まっているからである。公益社団法人日本通信販売協会によると，通信販売の定義とは，企業がテレビ，ラジオ，新聞，折込みチラシ，カタログなどの媒体を通じて，商品またはサービスの広告を出し，消費者から電話，手紙，FAXなどの通信手段を通じて購入の意思表示を受けて，商品を宅急便，航空便などの配送手段を用いて，指定された場所に届けることをいう。また，特定商取引法によると，通販とは，新聞・雑誌・テレビ・インターネットなどによる広告またはDMを見た消費者が，電話・郵便・FAX・インターネットなどを通じて購入申し込みを行う取引であると定義されている。

通信販売市場の規模は，年々拡大の一途を辿っている。公益社団法人日本通信販売協会によると，2002年度に2兆6,300億円ほどであった市場規模は，2012年度には5兆4,100億円と売上高の規模は2倍以上まで増大している。そして，こうした通信販売市場が成長している主な要因として同協会では，アマゾンの大幅

91

増収の効果，スマホ・タブレットの普及に伴うネット通販の成長，BtoB通販企業の成長等をあげている[35]。確かにアマゾンや楽天によるネット販売は，高い人気を博しているし，スマートフォンやタブレット端末の急速な普及と浸透は目を見張るものがあるが，しかしながら，通信販売市場が拡大している理由とは，これら以外にもあげられる。それは，高齢化社会の到来，長引く経済不況，消費者たる我々の生活スタイルの変化に対して，もっとも優れたソリューションを提供し得るやり方が通信販売という仕組みであるとの指摘である。たとえば，地方に住む買い物弱者と呼ばれる体の不自由な高齢者や障害者の場合，積極的に外出して百貨店やGMSでショッピングすることは難しいが，テレビ，カタログ，インターネットなど通信販売を利用すれば，安心して買い物を楽しむことができる。また，家事や育児そして仕事に追われる主婦の場合，テレビ，カタログ，インターネットで注文すれば，すぐに注文した商品等が自宅の玄関先まで届くことで自分の自由な時間が増えたり，あるいは，慌ただしく買い物に出かける労力が削減でき，一日を有意義に過ごすことができることは大きな魅力であるにちがいない。さらに，人口が都市部に集中するなか，東京の湾岸地域には，巨大な高層マンションが次々に建設されているが，ここで生活する住民たちにとって高層階にある自宅の玄関先まで注文した品物を届けてくれる通販は，もはや無くてはならない有効な手段となっている。このように，今日，通信販売市場の規模が拡大しているのは，複数の小売業態のなかでもっとも消費者の生活の質（Quality of Life）を高めることができるからであり，当該市場は，今後ともより一層拡大することが予想される。

一方，ドラッグストア，CVS，通販が成長し，SMや百貨店が衰退してきているのは，単に商品の品質や価格，品揃えや陳列の仕方というテクニカルな対応に不備があるというよりは，今日の社会や文化が変化するなか，生活者である我々が求める要求に応えられる仕組みかどうかで小売業態の盛衰は決まるのであり，この点を見逃すと，SMや百貨店の飛躍や再生は，将来的にわたりより困難であるかもしれない。

それでは，通信販売のなかで大きな割合を占めるインターネット通信販売の日米最大手であるアマゾンと楽天のビジネスモデルについて触れてみよう。まず，アマゾンのビジネスモデルは，**図表5-13**である。

第5章　サービス業で進展する今日的変化

図表5－13　アマゾンのビジネスモデル

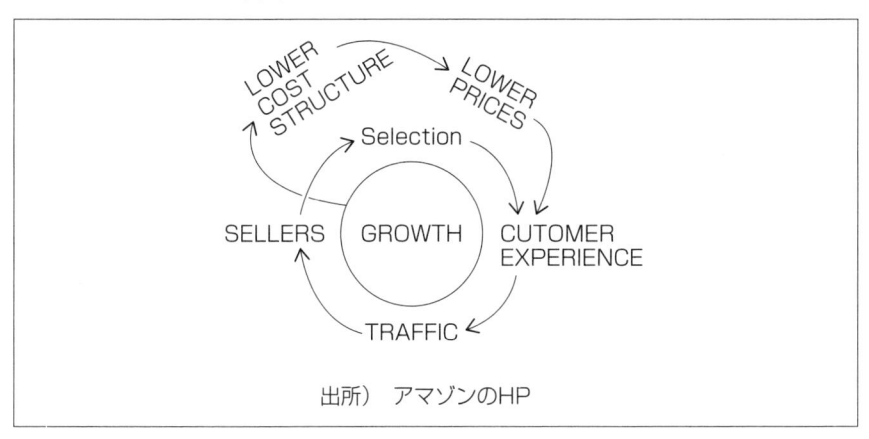

```
        LOWER          LOWER
        COST ────→     PRICES
        STRUCTURE         │
           ↑              │
           │  Selection   ↓
        ┌──────┐
    SELLERS │GROWTH│ CUTOMER
           │      │ EXPERIENCE
           └──────┘
           ↑    TRAFFIC ←
```

出所）アマゾンのHP

　図表5－13は，創業者であるジェフ・ベゾスが創業前にレストランの紙ナプキンに書きつけた図である。その意味とは，製品・サービスの品質や機能ではなく，品揃えや店舗の魅力度をアップし，購入前や使用時に顧客が経験する感覚的な価値に対する満足度を高める。すると，アマゾンへアクセスする訪問者数が拡大することに加え，出版社など売り手の数が惹きつけられて増大し，セレクションが充実する。このサイクルをグルグルと回すことで低価格化を実現して顧客の満足度を引き上げる。こうした一連のしくみがアマゾンの成長エンジンであるとしている。2012年のアマゾンの年間流通総額は，すでに9,000億円規模といわれ，インターネット通販の威力を十二分に見せ付けている[36]。

　ところで，アマゾンのインターネット通販ビジネスの特徴は，ロングテールと呼ばれる論理によって説明が可能である。ロングテール（Long Tail）とは，恐竜の長い尻尾のことであり[37]，下位80％（テール）の品目の売上が上位20％（ヘッド）の売上を上回る現象であり，上位20％の品目が全体の売上の80％を占めるリアル店舗の特徴と正反対な性格を示すものである。具体的に言うと，一般のリアル店舗は，売れ筋の本を中心に品揃えをする傾向が強い。店舗スペースの制約からも，年に1冊しか売れない本をストックする余力がないからである。また，再販委託制度から，売れない本は出版社へ返品できることも，古い本がリアル店舗に存在しない理由とも言われている。リアル店舗が少品種大量購入モデルであるのに対し，アマゾンは，巨大な倉庫を持ち，販売機会の少ないレアな本も長期間保管できる能力を有するため，多品種少量購入モデルと表現することができる。

アマゾンのモデルは，一見すると非効率に映るが，巨大な倉庫に大量の品揃えをすることで，幅広い顧客を取り込み，総体としての規模の力で巨大な利益を生み出しており，これが他の追随を許さない強力な競争力の秘密だといえるだろう。

これに対し，楽天のビジネスモデルとは，インターネット・ショッピングモール『楽天市場』を立ち上げ，楽天経済圏を形成するものである（図表5－14）。楽天市場とは，楽天銀行，楽天トラベル，楽天カードなどいくつもの店舗がネット上にオンラインの仮想商店街を開設して，『楽天市場』が仲立ちとなって企業と一般消費者を結び付けるB（企業）2B（楽天）2C（消費者）型（Business to Business to Consumer）のビジネスモデルである。このため，出店する店舗からの出店料や売上などに応じた手数料がその主な収益源となる。2012年の楽天市場の年間流通総額は，約1兆4,465億円にも達すると言われ，また，楽天市場への出店数は，年々，右肩上がりで高い伸びを記録しており，2014年3月末には41,945もの出店数を記録した。楽天の会員は，9,193万人（2014年3月末時点）に達し，これは日本国民の10人に7人が会員である計算となる。

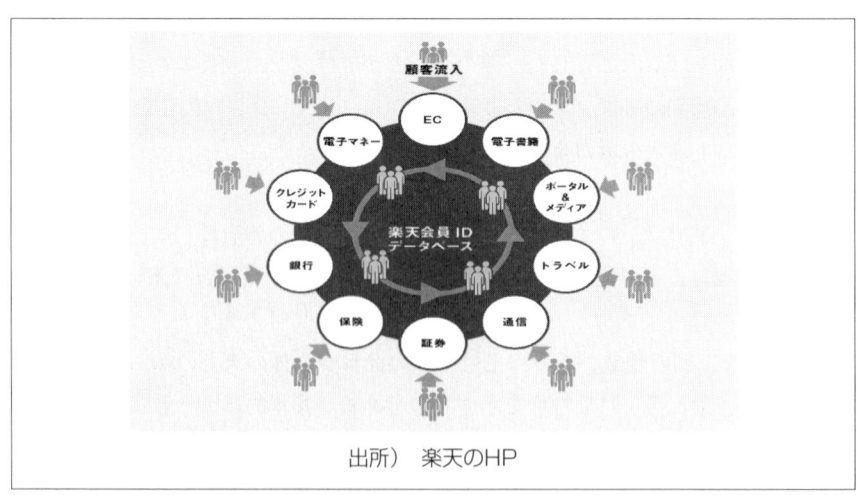

図表5－14　楽天経済圏

出所）楽天のHP

それでは，楽天経済圏のからくりとは何か。それは，入会した楽天会員へ楽天グループが様々なサービスを提供する一方，楽天会員は，買った金額の1％がポイントとして貯まるほか，楽天カードによる決済もでき，こうして貯めたポイントによって，楽天グループの各種のサービスを回遊的・継続的に利用ができる仕

組みである。

　このような楽天のインターネット・ショッピングモールは，戦略論の世界では，マルチサイド・プラットフォーム（Multi-Sided Platforms：MSP）と呼ばれている。MSPは，多くの関係するグループのニーズを仲介することでグループ間の相互作用を喚起し，その市場経済圏を作る産業基盤型のビジネスモデル（Hagiu and Yoffie, 2009）と定義され，この仲介する役割を演じる担い手を「プラットフォーマー」と呼び，これに該当するのが楽天やアマゾンである。MSPとは，2社間あるいは多くの顧客グループ間における相互作用を可能にすることで価値を創造する手段であるが，勝利するプラットフォームを構築すること，そして，マネジメントすることは，そう簡単ではない（Hagiu, 2014）。

　MSPが有する機能としては，次のようなものをあげられる。①売り手と買い手を仲介し，交流を促すマッチング機能，②個別に対応すると時間とコストもかかる機能について共通要素を提供するコスト削減機能，③プラットフォームの価値を高めることで，製品やサービスの質を担保し，顧客に安心を与えるブランディング集客機能，④プラットフォームの高い価値と信頼を有するプラットフォームについて，顧客自身がその有用性について口コミなどの手段を用いてバイラル・マーケティングしてくれる外部ネットワーク効果機能である（平野・ハギウ，2010）。

第6章 サービス業の製造化

6-1 サービス業の川上進出とPBの開発

　製造業による川下活動への進出（Going Downstream）とは反対に，サービス業では，川上活動への進出（Going Upstream）が目覚ましい。これは，「サービス業の製造化」，「サービス産業のハード化」，多角化戦略における前方統合（Forward Integration）とも呼ばれ，具体的には，PB戦略を通じた川上活動の本格化やSPA（製造小売業）の台頭を意味するものである。

　これまで，サービス業にとって製造業への進出は，長年の課題であった。製造業で必要な知識やノウハウ，設備やスキルワーカーなどの資源が余りにも不足していたからである。このため，自力で製品を生み出せないサービス業は，メーカーが創造した製品をそれに代わって販売し，一定の手数料を獲得するなどして利益を得る仕組みに専念してきたが，残念ながら，このやり方は，利幅が小さく，儲け方としては脆弱と言わざるを得なかった。しかし，近年，このようなサービス業において製造化の動きが拡大してきている。それは，PB商品の開発やSPAと呼ばれる業態の顕在化であり，その本質とは，外部資源の戦略的活用である。すなわち，新製品の開発にあたり，モノづくりに必要な経験とノウハウが大幅に不足しているため，これを補うべく外部のモノづくり企業と連携を図ることで，これまで困難であった自社企画製品の開発が可能となった。また，第3章でも触れたとおり，コンビニエンスストアによるPB商品の開発では，セブンイレブンの背後には三井物産，ローソンには三菱商事がビジネスモデル・クリエイターとして重要な役割と支援を担っているなど，総合商社との有機的な協力関係がサービス業によるモノづくりのビジネスモデルを創造する原動力として作用している。サービス業は，これらの外部資源を効果的に活用することで，専門的資源の不足やその脆弱性を克服できるようになったのである。

　それでは，次にPB戦略の内容について触れてみよう。メーカーの開発した「製造業ブランド」をナショナル・ブランド（NB）と呼ぶのに対し，小売業が自社

企画してメーカーへ生産を依頼した「流通業ブランド」は，プライベート・ブランド（PB）と呼ばれている[38]。Schutte (1969) は，ブランドの所有権という観点から，製造業がブランドの所有権をもつ場合がNB，流通業が持つときはPBのように定義している。PB（SB）とは，流通業にとり重要な利益の源泉である一方で，NB製造業者からすると，競争の手ごわい源泉となる（Hoch and Banerji, 1993）。しかしながら，PBは，NB製造業者にとって大きな脅威である一方で，多大な利益をもたらすチャンスでもある（Dawar and Stornelli, 2013）。そこで，NB製造業者には，今後，PBプロデューサーに専念するか，それとも，自社ブランドの製造と流通業のためのPB製造の両方を手掛ける二重戦略（Dual Strategy）を展開するかという二者択一を迫られる可能性が高い（Kumar and Steenkamp, 2007）。

今日の日本では，PBを主力とする無印良品やABCマートが高い人気と成功を収めるなど，市場ニーズを満足させるユニークなPB商品が次々に生まれることで，PBに対する消費者の意識がだいぶ変化してきており，企業や顧客のPB志向は，ますますの高まりを見せている。

PB戦略は，過去，不景気への対応を目的とした後ろ向きの手段に過ぎなかった。ところが，最近では，顧客価値を実現する優れた戦略オプションのひとつとして，サービス業を中心に多くの企業の間で再認識されるようになった。このようにPB成功の裏側には，流通業がこれまで参入できなかった製造分野へ果敢に踏み込み，物流から販売までサプライチェーンの構築に成功した影響が大きいのである。

図表6-1は，NBとPBの開発モデルをそれぞれ比較したものである。NBの開発モデルは，製造業が原材料を調達して開発した商品が流通業を経由して消費者へと流れる。この際，商品に関する情報は，開発元である製造業から流通業と消費者へ一方向に提供される。また，商品のPR活動などを意味する広告宣伝費は，基本的に製造元のメーカー側が負担する。これに対し，PBの開発モデルは，原材料の調達を流通業が行い，そのモノづくりを製造業へ委託し，開発された商品が再び流通業を経由して消費者の元へ流れる。つまり，製造業が開発したPB商品を流通業がすべて買い取り，流通業の責任で消費者へ売り切るのである。このため，開発したメーカー側よりも依頼した側である流通業が全面的な責任を負

第6章　サービス業の製造化

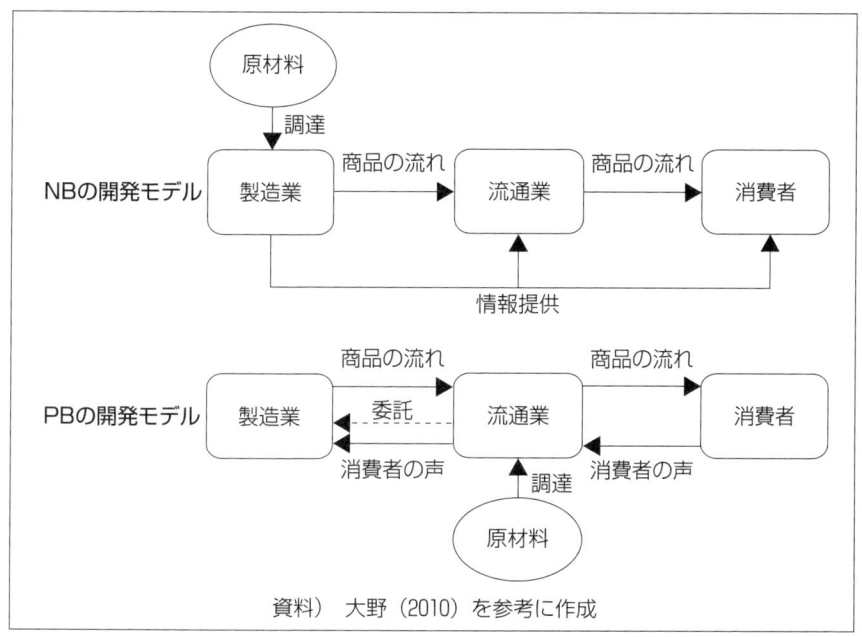

図表6－1　NBの開発モデルとPBの開発モデル

[図：NBの開発モデルとPBの開発モデル

NBの開発モデル：原材料→（調達）→製造業→（商品の流れ）→流通業→（商品の流れ）→消費者、流通業から製造業へ情報提供

PBの開発モデル：製造業→（商品の流れ）→流通業→（商品の流れ）→消費者、流通業から製造業へ委託、消費者から流通業へ消費者の声、流通業から製造業へ消費者の声、原材料→（調達）→流通業]

資料）大野（2010）を参考に作成

うことになる。次に，情報の流れは，NBの場合，最大の知識とノウハウを有する製造業から一方向に提供されるのに対し，PBでは，流通業が「主」，製造業が「従」という逆転が起こるため，消費者の声が流通業へ集まり，そこで加工された情報またはデータが開発元の製造業へ伝達される。つまり，NBでは，製造業が開発と情報の源泉のため，知識・ノウハウの蓄積は，製造業側で生じるのに対し，PBでは，消費者の生の声が流通業へ集まり，そこで商品企画が固まり，それを製造業が開発する一連のやり方なため，むしろ，流通業が知識・ノウハウの蓄積の真の担い手となる。このため，PBの開発とは，流通業と消費者による共創から市場性の高い商品企画が創造され，その後，消費者と製造業による共創から高品質な完成品が創造される二重のイノベーション，すなわち，流通業主導によるメーカー＆ユーザーイノベーションとも言い換えられるのである。

ここで，実際の企業によるPB商品の開発プロセスを見てみよう。取り上げるのは，ダイエーの事例である。同社のPB開発プロセスは，7段階から構成されている。まず，第1段階の「計画」は，「お客様の声」の情報をもとに商品開発計画を立てる。第2段階では，原材料や製造工場および出来上がった商品におい

て安全性の問題が生じないか，専門スタッフによる審査を経て「企画・設計」を行う。第3段階では，製造を委託する工場について，事前に専門の技術者（テクノロジスト）が立入審査を行う「工場選定」（メーカー選定）がなされる。なお，この工場審査で合格しないと取引は見送られる。第4段階は，企画・設計に基づいて試作品を作り，社内・社外モニターを使って評価し，安全性を考慮した上で仕様や製品規格について社内審査を経て決定する「仕様検査」である。第5段階は，仕様が決まった後，企画・設計通りの品質かどうか，繰り返し徹底した検査を行う「検査」（検査機関：消費経済研究所）である。第6段階は，専門の技術者（テクノロジスト）が随時生産立会いを行い，安全性を確認する「生産」である。なお，その時，生産された製品を抜き取り，安全性や品質確認の検査も合わせて行う。第7段階は，以上までの工程を経て，メーカーで行っている自主検査を定期的に確認する他に，店頭から商品を収居しての検査や工場立入り検査を実施して安全性の確認を行う「発売後の品質管理」である。こうしてみると，PB商品の開発は，発注元の流通業とそのテクノロジスト集団に加え，情報の源泉である顧客，製造を担当するメーカー，品質等の検査機関が一体となって取り組み，初めて実現されるものであることが分かる。また，発注元の流通業には，これら全体を統合し調整する能力が求められる。

　さて，今日，PBの市場規模は，爆発的に増大している。株式会社富士経済によると，たとえば，PB食品の市場規模は，2012年に2兆6,385億円が見込まれ，2017年には，3兆2,093億円に達すると予測されている（「PB食品市場の最新動向と将来展望2013」）。その証拠にセブン＆アイHDやイオンなど巨大な流通業では，「セブンプレミアム」や「トップバリュ」といったPB商品を開発して高い人気と成果を収めている。**図表6-2**は，セブン＆アイグループのPB商品である「セブンプレミアム」と「セブンゴールド」の年度別売上高の推移を示したものだが，たとえば，「セブンプレミアム」の年度別売上高は，2007年度（実績）がわずか800億円（380アイテム）に過ぎなかったが，その後，売上高とアイテムは右肩上がりで拡大し，2012年度（実績）は，4,900億円（1,700アイテム）となり，さらに2015年度（計画）では，ついに10,000億円（2,800アイテム）を達成する予定である。一方，「セブンゴールド」の年度別売上高もまた，発売当初の2012年度（実績）は，わずか61億円（12アイテム）であったものが，2015年度（計画）では，1,500億円（300アイテム）まで達成する計画である。

第6章　サービス業の製造化

図表6-2　年度別セブンプレミアム・ゴールドの売上高

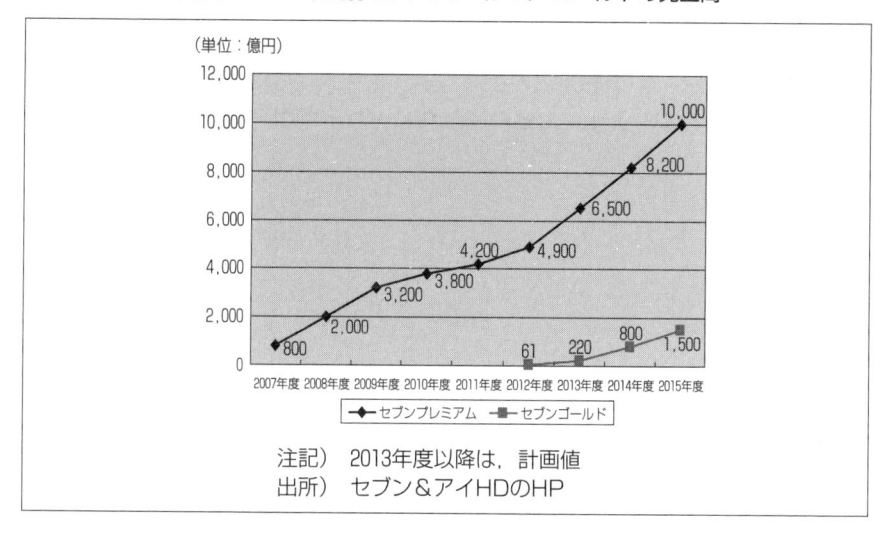

(単位:億円)

年度	セブンプレミアム	セブンゴールド
2007年度	800	
2008年度	2,000	
2009年度	3,200	
2010年度	3,800	
2011年度	4,200	
2012年度	4,900	61
2013年度	6,500	220
2014年度	8,200	800
2015年度	10,000	1,500

注記)　2013年度以降は、計画値
出所)　セブン&アイHDのHP

図表6-3　トップバリュの売上高の推移

(単位:億円)

年	売上高
2009年	3,688
2010年	4,425
2011年	4,489
2012年	5,273
2013年	6,816

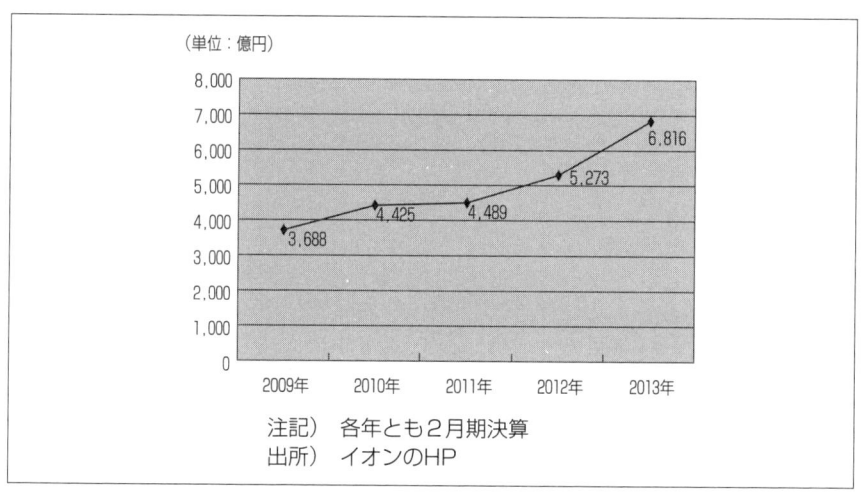

注記)　各年とも2月期決算
出所)　イオンのHP

　また、**図表6-3**は、セブンのよきライバルであるイオンのPB商品である「トップバリュ」の売上高の推移を示したものである。それによると、2009年2月期は、約3,688億円だったものが、その後、着実に増加させ、2013年2月期は約6,816億円（約6,000アイテム）と約2倍規模まで拡大している（なお、2014年2月期の計画では、10,000億円の達成を目指している）。よって、これらの企業のデータからも、PBの市場規模は、今後とも拡大を続ける可能性が高いと思われる。

101

6-2 PB戦略の国際比較

　日本の流通業によるPB戦略が高まりを見せるなか，次に，世界の流通業のPB戦略について触れてみよう。企業の売上高に占めるPB比率を世界と日本で比較した場合，欧州諸国が30％～50％とPB比率がもっとも高く，次いでアメリカが20％で続き，日本は僅か10％程度に過ぎない結果が得られている（日本経済新聞，2012年12月16日）。このことから日本のPB化は，本格的に普及が進んでいる欧米に比べると，未成熟な段階にあると言える。しかしながら，PB戦略は，将来的にも，流通業が飛躍を遂げる強力な武器として，より一層の拡大を見せるのは確実であり，日本でもさらなる進展が期待されている。

　さて，欧州は，PBの歴史が長く，なかでも，イギリスでは19世紀半ばにはPB商品が存在したとおり，世界でもっともPB商品に対する顧客の信頼が高く，しかも，優れたPBを開発するために必要な「テクノロジスト」と呼ばれる専門家集団が豊富に存在する[39]。また，欧州の地でPB比率が特に高い国には，スイス（46％）やイギリス（44％）があげられ，主に食品などの分野で低価格から高価格まで幅広くPB化が進んでいる（週刊東洋経済，2012年12月22日）[40]。

　世界の企業のなかでPB比率がもっとも高い企業は，ドイツのアルディ（Aldi）であり，総売上高に占めるPB比率はなんと95％にも及んでおり，他社を圧倒している。欧州では，アルディのようなディスカウントチェーンが小売市場を席巻しているが，これらは，ハード・ディスカウンター（Hard Discounter），ディープ・ディスカウンター（Deep Discounter）とも呼ばれている。今日，ハード・ディスカウンターの年間売上高は，2,500億ドルにも達しているとされ，これによってNBは，年に2,500～5,000億ドルも売上の機会を喪失しているという（Steenkamp and Kumar, 2009）。ハード・ディスカウンターとは，PB商品に絞り込んで品揃え，低価格販売を行うヨーロッパで生まれた業態であり，その主な特徴は，店舗の規模や装飾の簡素化，店舗スタッフの抑制，賃貸料の安い地域への出店，さらに在庫管理の際，最小在庫単位（Stock Keeping Unit：SKU）に制限するなど，サプライチェーンを徹底的に効率化して圧倒的な低価格政策を推進する流通企業であると定義される。また，アルディは，数値データを公開しない秘密主義として知られ，顧客との信頼関係をひときわ重視する企業としても非常に有名である（二神，2000）。アルディは，NBの牙城を切り崩す破壊的なビジネスモ

デルの急先鋒であり，今日，ドイツのなかでシーメンスやBMWに次ぐ高い評価を得ている。

　欧米では，PBの委託先のほとんどが中小のメーカーで占められるため，基本的にPB商品へメーカー名を記さないのが一般的である。また，欧米では，小売業によるメーカーの買収が進んでいるが，一部のトップメーカーしかNBを展開することができず，それ以外の中小メーカーは，PBの受託メーカーにならなければ生き残れない。

　一方，日本の流通業は，イオンを除くとPB商品にメーカー名を記載するダブルネーム方式[41]を採用する場合がほとんどである。日本では，メーカーの力が相対的に強く，製造先の不明な商品は，消費者から信頼されない傾向が強いからである。日本では，メーカーがNBを作りながら，PBの受託業務もまた行っている。しかも，欧米におけるPBの受託メーカーは，中小メーカーが中心であるのに比べ，日本では大手NBメーカーがそれを担っている。

　次に，世界的にPB商品が支持されるようになったその主な背景とは何か。第1は，NB商品の高価格化があげられる。世界的に原材料等の価格が高騰した結果，メーカー各社が本体価格の値上げを決断した。このため，PB商品の存在に脚光が当たったのである。

　第2は，可処分所得の低下である。デフレ経済の長期化によって物価や賃金が下がり，また，非正規や失業の増加により家計収入が伸び悩んでいるため，消費者の目がPBへ移行したのである。経済変動とPBシェアとの間に何か深い関係があるだろうことは，すでに指摘がなされている。たとえば，Hoch（1996）は，米国におけるPBシェアと個人の可処分所得の伸び率を時系列でみた場合，一方の因子が増加すれば，もう一方が減少するという逆相関（負の相関）の関係が見られることを明らかにしている（詳しくは，6－4－3．PBと景気変動を参照のこと）。
　第3は，消費マインドの変化である。消費者は，これまで「高くてよいもの」を求めてきたが，最近は，「安くてよいもの」を支持するようになり，このため，PBへの関心が高まったのである。また，高齢の消費者ほどブランド信仰が強く，NB商品に対する思いが強く作用する傾向が強いのに対し，最近の若者は，低価

格でよいものなら，ブランド品でなくても，積極的に購買するとされ，PB商品の主要な顧客となっている。

　第4は，景気の悪化である。これは第2の内容と酷似するが，不景気になるほど，高額なNB商品より低価格なPB商品が支持される傾向が強いことである。一般的にNBに比べると，PBは2～3割価格が安いと言われるが，それでは，いったいどこに安さの秘密が隠されているのだろうか。それは，NBとPBを比較すると，拡販費，広告宣伝費，物流費などの費用を回避でき，低価格化につながっている理由があげられる（日本経済新聞社，2009）。まず，PBは，在庫処分などの特売の際，支払われる「リベート」と呼ばれる拡販費が不要である。売れ残りのリスクは，メーカーではなく，流通業者が負担するからである。また，自前の販売チャネルだけで売るため，多額の広告宣伝費も発生しない。そして，流通業者は，完成された自前の物流センターを持っているため，高額な物流費もまた回避できる。さらに，原材料の調達をメーカー任せにせず，流通業者が積極的に関与するため，原材料費の圧縮もPBの大きな魅力である。最後にまた，工場の空きラインを有効利用できることもPBのメリットである。

　第5は，市場構造の集中化である。数多くの企業同士で市場競争が繰り広げられているような場合，NB商品が中心となるが，2～3社の巨大な小売グループで市場が形成されるような場合（つまり，上位企業の集中化が高い場合），PB化が拡大する傾向が強い。というのも，PB戦略は，もともと下位企業が上位企業に低価格競争で対抗するひとつの戦略オプションであったが，今日では，業界のリーダー企業が多様な販売チャネルを利用して大量のPB商品を売りさばき，グループシナジーを生起するやり方が主流となってきたからである。

　第6は，メーカー企業と流通業者における価格主導権争いである。従来のNB優位の時代は，メーカー側が価格主導権を握り，流通側は，メーカー側に常に翻弄される弱い立場にあった。ところが，PBが拡大すると立場の逆転が起こり，流通側が強い交渉力を持つように変化してきている。

6-3 PBのメリット・デメリット

　次に，PBを受託する側（製造業）と依頼する側（流通業）双方のメリットとデメリットについて主な要点を整理してみよう。

　まず，受託する側である製造業のメリットとしては，何といっても売上の拡大が期待できることである。そのため，近年，メーカーの考え方は，NBとPBを組み合わせて競争優位性を構築する方向性に向かっている[42]。第2は，余剰資源の埋め合わせである。メーカーは，PBの製造を積極的に請け負うことで余剰となっている人的資源などを振り向け，経営効率の改善を実現できる。第3として，工場の稼働率の向上があげられる。メーカーは，PB商品の製造に伴い，停止しているラインを動かし稼働率を向上できる。第4は，新しい販路の開拓である。メーカーは，従来のNBに加え，PBの製造を通じて，新たなチャネルを開発できる。第5は，NBとの相乗効果である。メーカーは，PBを請け負うことで自社製品であるNBとPBの価格差別化を図り，良い所取りができる。第6は，陳列棚のスペース確保である。メーカーがPBを受託してくれたお礼として，流通業者はメーカーのNBをもっと売り上げが大きい陳列場所を優先的に提供してくれる。つまり，PB受託とは，NBの販促費と考えるものである。第7は，流通業者とのパートナーシップ構築である。メーカーは，PB開発のため，流通業と協力することで消費者の生の声を獲得できるのみならず，そこで得た情報をNBの開発へ移転してその精度を高めることができる。第8は，固定費の負担を回避できることである。つまり，広告宣伝費，販促費，物流費などの固定費等はサービス業が負担し，メーカー側は，これを免れる利点があげられる。また，NBとPBを両方扱うことで，共同仕入れによる原材料費の削減効果もまた期待できる。第9として，在庫リスクを回避ができる。メーカーはモノづくりの受託はするが，販売・マーケティングは，サービス業が一括して請け負うのみならず，在庫リスクもまた負担するためである。

　これに対し，受託する側である製造業のデメリットには，NBに与える影響があげられる。つまり，NB商品との間で共食い現象（カニバリゼーション）が起こる危険性である。製造業は，流通業と協力してPB商品を開発するが，すでに自前でもNB商品を開発しているため，PB商品とNB商品が互いに市場で競合する関係となってしまい，利益の喪失につながることが懸念される[43]。第2は，陳列

棚のスペースを喪失するリスクである。これは，流通業が店舗の陳列棚でもっとも目立つスペースを自主企画であるPB商品に優先的に割り当て，製造業のNB商品は，不利な場所へ追いやられてしまうことである。第3は，格安PB商品の影響からNB商品も値下げを余儀なくされてしまうリスクである。一般にPB商品とは，NB商品に比べ低価格だが，品質面はNB商品とほとんど同じで遜色のない場合が多い。そのため，格安PB商品が開発され市場で販売されると，製造業が開発したNB商品が強い影響を受け，低価格化を余儀なくされる危険性が危惧される。第4は，製造業が流通業の下請け企業と化してしまうことである。PB商品とは，流通業の意向に沿って製造機能をいわば代行・分担する仕組みである。このため，製造業は，流通業から手数料というキャッシュフローを期待できる代わりに，モノづくりのノウハウ，ブランドなどを犠牲にするものであり，換言すると，これは製造業の下請け化という行為そのものである。最後は，その他の小売業へ与える影響である。NBメーカーが特定のPBを受託することで，それ以外の小売業がNB商品をどう扱うかどうか懸念される。

　一方，委託する側である流通業のメリットでは，まず，利益の増大があげられる。サービス業は，製造業と協力してPBの共同開発やモノづくりのすべてを委託することで収益を拡大させることができる。第2は，価格主導権の獲得である。これは，流通業が主体的に販売価格を設定できるものである。第3は，ライバルとの差別化である。流通業は，独自製品を開発してライバル企業との差別化を図ることができる。第4は，中間コストの削減である。これは，販売チャネルのなかで卸売業を通さないため，中間コストを削減できることを意味する。第5は，自由にPB商品を企画できる。つまり，流通業は，ターゲットとする商圏に合わせて商品企画を実施できるのである。

　これに対し，流通業のデメリットとしては，まず，リベート支援の喪失があげられる。もし，流通業が製造業のNBを扱う場合，メーカーからリベートと呼ばれる支援を期待することができるが，PBでは，それをあてにできない。第2は，安売りブランドのイメージ定着である。最近，高価なPBが開発され高い人気を得るようになったが，これまでPBといえば，低品質・低価格品というイメージが強く，消費者には安売りブランドというイメージが広く定着してきた。このことが，PBの付加価値戦略を実行する際，その足かせとなる危険性をはらんでい

る。第3は，NBによる集客力低下である。たとえば，流通業がPB商品を開発したとしても，その後，複数のメーカーが対抗商品として魅力あるNB商品を開発し消費者へ提供できたとしたら，PBの集客力は，低下してしまう可能性が少なくない。第4は，PBが売れ残る場合のリスクである。つまり，NBに比べ，PBは知名度が低いため，売れ残り，不良在庫となりやすい。第5は，手間が拡大することである。販売計画や顧客ニーズなど，流通業は自分で行う必要があるため，その分，これまで以上に手間がかかる。第6は，全品買い取りが条件なため，返品ができないことである。

6-4 サービス業の製造化に関する研究

「サービス・マネジメント」，「サービス・マーケティング」，「サービス・イノベーション」などに関する研究成果の多くは，「製造業のサービス化」を対象とするものであった。たとえば，第4章で紹介したIBM，GE，コマツのようなエクセレント・カンパニーが伝統的な「製品中心」から「サービス中心」へ大きく転換を図るケースは，まさに「製造業によるサービス化」そのものであった。一方，これと並行して起こっている出来事として，「サービス業の製造化」なる現象が実際のビジネス・シーンで大きく話題となり，注目を集めるようになってきた。というのも，従来，サービス業が有する企画力や販売力は著しく劣っていたが，近年，これらの諸能力が飛躍的に向上し，その結果，顧客価値を実現する自社企画製品の開発が可能になったからである。また，オープン・イノベーションが広く認知された結果，外部資源の活用を前提する戦略策定へ方針転換が進んでいる事実も見逃せない。

本節では，流通業のPB開発や製造小売業を指す「サービス業の製造化」を取り上げるが，ここでは，主にPB戦略に焦点を当て，これまでの主要な研究成果について整理を試みる。なお，PBを巡る諸研究は，すでに複数のマーケティング論者の手で詳細な議論が試みられている[44]。このため，具体的な研究成果のレビュー等についてはこれらの資料に譲り，ここでは，PBの代表的な研究アプローチである，①PBの変遷，②PBの分類，③PBと景気変動，④PBの進化という，4つの論点を取り上げ議論してみたい。

6-4-1　PBの変遷

　50年を超える歴史を有する日本のPB開発は，少なくとも4つの段階に区別することが可能である[45]。第1の段階は，NBメーカーの支配構造を打破するためのPBの開発である。これは，1960年代から1970年代までにおけるPB開発の主要な動機とされる。その当時，価格や流通を圧倒的に支配していたのはNBメーカーであり，その支配体制は盤石のようであった。一方，主婦の店を自負するダイエーのような流通業では，NB商品の大胆な安売り政策を推し進め，消費者の高い満足を得ていた。このため，NBメーカーは，自社製品が安売りされるのを嫌って流通業に対する商品供給を抑制した。流通業は，それに反発して低価格PBの開発と供給に乗り出した。しかしながら，当時の流通業の企画力や販売力はきわめて脆弱であり，独力で自社製品を開発することが叶わなかった。このため，製造業との協力による製造側と流通側の名前を併記したダブル・チョップ商品が開発されたのである。この時代における代表的なPB商品には，1959年，日本におけるPBの起源とされる紳士服ブランド「TROJAN」が大丸から発売されている。また，1961年にダイエーは，PBインスタントコーヒー，さらに，1970年，「ブブ」と命名された5万円のカラーテレビを開発し販売している。

　第2の段階は，価格破壊を達成するためのPB開発である。これは，1990年代に起こったバブルの崩壊に伴う円高不況が主なキッカケだとされている。1980年代後半，バブル経済とも呼ばれる空前の好景気に見舞われ，高品質・高価格なブランド商品を求める消費者が拡大する一方で，低価格を武器とするPB商品の人気は，著しく衰退してしまった。ところが，1990年代前半にバブルが崩壊して円高不況に突入すると，不良債権の拡大や個人金融資産の大幅な下落に伴い，国内の景気は急速に減退し，これと並行して，消費者の志向性もまた，浪費から堅実へ，ブランド志向から価格重視へと変化した。その結果，価格破壊型のPBが大きく注目されるようになったのである。たとえば，ダイエーによるセービングの合計品目数は，1993年2月末259品目，1994年2月末321品目であったものが，1995年2月末には377品目まで拡大している。また，1994年，米国産の39円コーラを販売して大きな話題を呼んだことも記憶に新しい。一方，ジャスコ（イオン）が今日につながる「トップバリュ」を初めて導入したのもちょうど1994年であった。さらに，ダイエーは，1994年に198円の格安100％オレンジジュースを発売して世間を賑わした。しかしながら，これらの価格破壊型PBは，所詮，NB

の模倣または焼き直した低価格品に過ぎず，ライバルの後発参入を防止することができなかった。加えて，為替レートも円高から円安にシフトした結果，海外からの調達が困難となり，このため，PBブームは長続きしなかった。

　第3の段階は，業態の多様化とグループ経営強化によるPBの開発である。これは，2000年代におけるPB化の特徴とされ，PBが飛躍を遂げた時期であると言われている。まず，それまでの流通業は，主に百貨店やスーパーマーケット（SM）が中心であった。ところが，2000年代になると，コンビニエンスストア（CS），ホームセンター，家電量販店，ドラッグストア，100円ショップなどのディスカウントストアが新たに台頭してきた[46]。そして，これらの多様な業態は，次第に独自のPB商品の開発を手掛けるようになった。たとえば，家電量販店のヤマダ電機は，タブレット端末，調理家電そして家庭用太陽光発電システムのPB商品を開発している。また，ドラッグストアのサンドラッグは，医薬品，化粧品を中心に約240アイテムを超えるPB商品を販売している。さらに，ホームセンターのカインズは，家電分野のPB比率が約3割にも達している。

　2000年代初頭，もう一つの変化として会計制度が単独決算から連結決算へ移行し，これをキッカケに日本企業（とりわけ，流通業）の多くは，グループ経営の再編を目指して純粋持株会社制へ移行した点も見逃せない。その結果，巨大な総合流通企業グループが誕生し，グループ総合力によって競争する時代が到来した[47]。とりわけ，セブン＆アイHDグループやイオングループでは，コンビニエンスストアなど多様な業態（営業形態）や系列企業を傘下に収めることで，グループ全体でグループPB商品の開発や調達システムの構築など，グループ全体で商品を相互に融通するマネジメントの時代を迎えた。これは，「ホールバイイング方式」とも呼ばれ，いわば，牛を丸ごと一頭買いしてそれぞれの業態に合うようにPB商品を加工するやり方といわれている[48]。

　一方，PB化の波は，巨大流通業によるグループPB戦略だけでなく，それまでPB戦略に対して関心の低かった企業にも，大きなインパクトを与えた。そのキッカケとなった出来事は，2008年に勃発したリーマン・ショックであり，リセッションの波が世界中を駆け巡ったことである。また，数年後に起こった東日本大震災が発生して東日本や東北地方が大打撃を受けるのみならず，日本経済全体に

も深刻な影を落とした。その結果，2000年代後半，これまで以上に価格競争が激化を強め，これがさらなるPBの開発競争に拍車をかけることにつながった。さらに，この時代に起こった為替レートの円高やデフレ経済の長期化もまた，PBの開発競争に追い風として強く作用した。

　第4の段階は，顧客価値を達成するためのＰＢ開発である。これは，2010年代以降におけるPB化の方向性を示すものである。人口構成の変化（少子高齢化社会），消費者ニーズの多様化，可処分所得の低下，国内市場の成熟化と新興国市場の台頭，さらに，消費税増税など，消費者または市場を取り巻く環境は，現在，激化する様相を強めているが，こうした環境変化が顧客の消費行動やパターンに強い影響を与え，PBの開発を推進する原動力となっている。たとえば，近年の消費者行動の特徴として，「高級車に乗り100円ショップで買い物する」とも揶揄されるとおり，お金をかけるシーンと節約するシーンのバランスを図る「メリハリ消費」が一般化している。その一方で，贅沢を避ける若者たちを意味する「嫌消費世代」が登場し，独自のライフスタイルを築き上げようとしている。さらに，完成品の欠陥問題や食を巡る安全性の問題が発生し，生活者の消費に対する考え方は，徐々に変化してきている。このような消費を巡る一連の変化，そして，若者のライフスタイルの変化に対し，従来の画一的なＮＢ商品では，顧客価値の実現が困難になってきているのに対し，ＰＢ商品は，消費者一人ひとりの視点に立ち，常に消費者や市場へ寄り添い，市場からの学習と知識吸収を通じて開発がなされるため，将来的にも有望だと考えられる。

　また，今後のPB開発の特徴として，有力なメーカーとリテーラーによる協力またはＭ＆Ａは，ますますダイナミックに展開されることが予想される。メーカーとリテーラーが互いにタッグを組み，顧客価値の実現を目指してイノベーションに挑むための戦略提携は，国内のみならず，グローバル規模で拡大する可能性が高い。併せて，国境を超えたＭ＆Ａが活発化するなか，メーカーとリテーラーの間でＰＢ開発を巡る合併買収が繰り広げられることも予見されるだろう。

6－4－2　PBの分類

　PBを分類するアプローチは，国内外で広く研究がなされてきた。たとえば，野口（1995）は，PBの開発において流通業のイニシアチブの違いを「核PB」，「拡

第6章 サービス業の製造化

大PB」,「周辺PB」という3つに分類している。まず,「核PB」は,流通業者が独自の仕様書を作成し,オリジナリティの高い商品を開発するパターンである。たとえば,流通業が主導権を握るため,コンセプトメーキング,品質,ネーミング,パッケージなどを流通業が自由に決定することができる。これに対し,「拡大PB」とは,基本的に流通業者の固有の商品であるものの,ネーミングやロゴなど流通業者のオリジナリティが発揮されないような商品である。最後に,「周辺PB」とは,PBの開発に関する流通業者の関与度が低く,オリジナリティの程度もまた低い商品である。野口の考察は,PBの開発に関する流通業者の関与度またはそのオリジナリティの度合いからPBのタイプのみを明らかにしたものであるが,残念ながら,これは,PBを含む商品全体を体系的に扱った枠組みではない。そこで,残された課題を克服するため,**図表6－4**のような一般的枠組みを提示する。これは,商品の開発主体と小売価格の違いのクロスから,商品の基本形を9つに分類したものである。横軸に開発主体が小売業（流通業），メーカー,共同開発を取る一方で,縦軸には小売価格が高価格,中価格,低価格をそれぞれ取ると,商品の基本形は,大きく9つのタイプに分類ができる。

　最初は,開発主体がメーカーである場合,NB商品と呼ばれ,これは高価格帯に相当する「ハイエンドNB」,中価格帯にあたる「ミドルレンジNB」,低価格帯

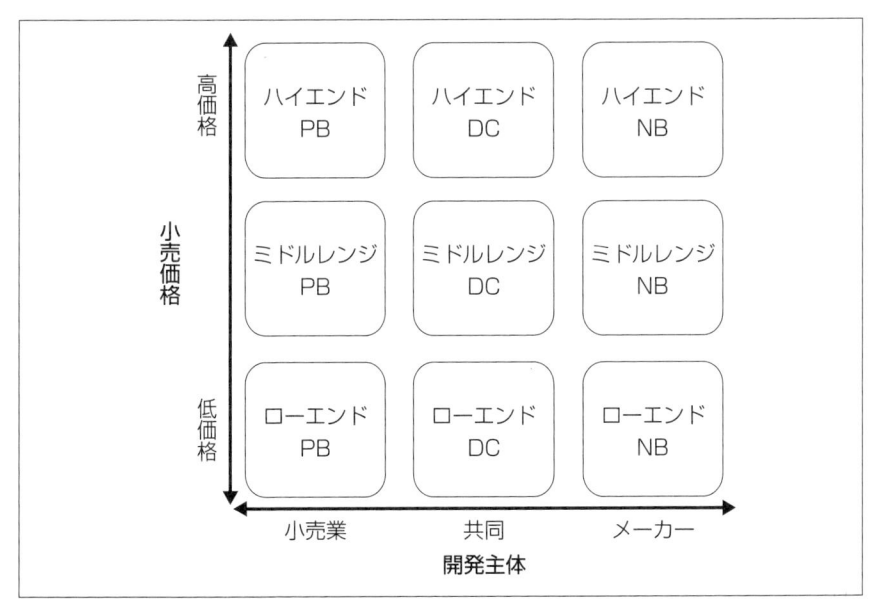

図表6－4　PB, DC, NB商品の分類

小売価格 \ 開発主体	小売業	共同	メーカー
高価格	ハイエンドPB	ハイエンドDC	ハイエンドNB
中価格	ミドルレンジPB	ミドルレンジDC	ミドルレンジNB
低価格	ローエンドPB	ローエンドDC	ローエンドNB

に該当する「ローエンドNB」にそれぞれ区別される。

次に，開発主体が小売業である場合，PB商品と呼ばれ，価格帯の違いに応じて，「ハイエンドPB」，「ミドルレンジPB」，「ローエンドPB」に分けられる。また，「ローエンドPB」は「格安PB」，「ミドルレンジPB」は「エコノミーPB」，「ハイエンドPB」は「プレミアムPB」のように区別することも可能である。

最後に，開発主体が小売業とメーカーの共同開発である場合，ダブル・チョップ（DC)またはダブルブランドと呼ばれ，このタイプもまた，価格帯の違いに応じて，「ハイエンドDC」，「ミドルレンジDC」，「ローエンドDC」のように区別できる。たとえば，セブン＆アイHDとサントリー食品インターナショナルが共同開発した「ワールドセブンブレンド」は，大手流通業と大手食品メーカーによるPBとNBのダブルブランド商品である。この背景には，缶コーヒーは，嗜好性が強く知名度の高いメーカー商品には勝てないため，サントリーとPB缶コーヒーを開発する際，「セブンプレミアム」だけでなく「サントリーボス」の名前を明記したのである。これによって，セブン＆アイは，商品名が広く知れ渡っているボスのファンを取り込め，売上を増やすことができる一方，サントリー側は，これまで以上に自社のブランド名が入った缶コーヒーが店舗に並ぶというメリットを獲得できるのである。

これ以外にも，変則的なパターンとしてOEM商品があげられる。これは，メーカーが作った製品を流通業が自社ブランドとして販売するやり方であり，この場合にも，価格帯の高低から，「ハイエンドOEM」，「ミドルレンジOEM」，「ローエンドOEM」という3タイプに分類することが可能である。

6－4－3　PBと景気変動

景気の変動（とりわけ，不景気期）とPBシェアには，強い関係性が存在することは，以前から議論がなされてきた。たとえば，Hoch and Banerji (1993) は，米国における個人可処分所得の伸び率とPBシェアとの間には，逆相関というマイナスの関係が存在することをデータから明らかにした（**図表6－5**）。具体的に言うと，個人可処分所得が拡大するにつれPBのシェアは下がり，それが増加すればPBのシェアは拡大を示すというものである（Hoch, 1996)。

Lamey., Deleersnyder, Dekimpe, and Steenkamp (2007) は，欧米の4カ

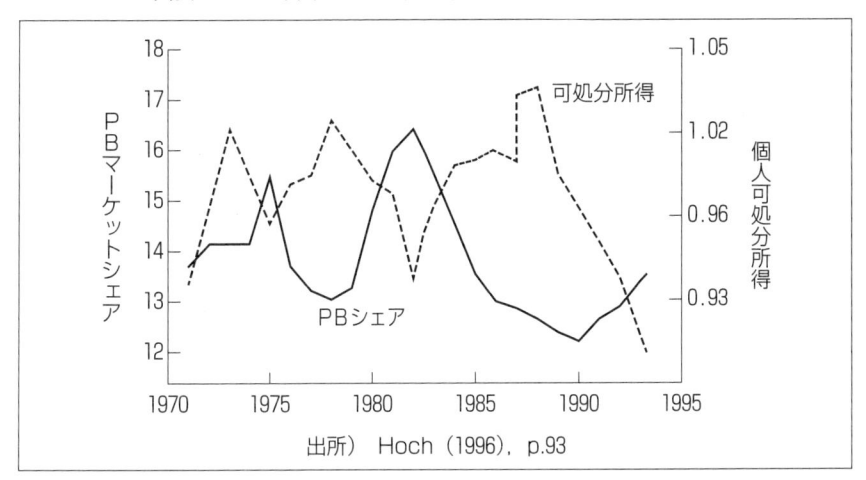

図表6-5　米国における個人可処分所得伸び率とPBシェア

出所）Hoch（1996），p.93

国を調査した結果，PBのシェアが不景気時において拡大し，好景気時には減少する事実をすでに明らかにしている。また，日本でも，矢作（2013）は，これまでのPB展開の様子を大きく6段階に区別しながら[49]，約50年を数えるPBの歴史のなかで，空前のPBブームは，少なくとも2回起きたと主張している。最初は，1990年代に発生したバブル不況に伴う，価格破壊型PBブームの到来である。2回目は，2008年，米国のサブプライムローン問題に端を発した世界的な金融恐慌であるリーマン・ショックに伴う不況が契機となった最近のPBブームである。つまり，PBブームが到来する時期とは，必ず巨大な経済不況が発生した直後に起こっており，このため，PBの成長と経済不況には明らかに相関があると主張する論者は少なくない。

　このような周期的変動論（根本，1995）を支持する論者に対し，この考え方に疑問を呈する論者もまた存在する。たとえば，Husson and Long（1994）は，欧州地域の特にイギリスでは，1980年代の好景気にあっても，PB商品のシェアが伸長していると主張している。また，先述したLamey., Deleersnyder, Dekimpe, and Steenkamp（2007）は，景気変動とPBシェアにおける逆相関を支持しながらも，経済が苦しく縮小している時，そして経済が繁栄している時でも，PBシェアは増加することを確認している。つまり，これは，消費者が次の景気の回復期にNBへ切り替えるよりも，たとえ悪い経済状況であっても，PBにスイッチしている事実を物語っているのである。さらに，庄司（2012）は，特定

の小売企業における有価証券報告書のPB記載比率と店舗数,売上高,経常利益との相関関係を時系列で調べた結果,店舗数と売上高が上昇するとPBの記載比率は低下しているが,経常利益の場合,それが上昇するとPBの記載比率もまた合わせてアップする傾向が見られるため,リテール戦略におけるPBの重要性は,より一層高まっていると主張している。

個人可処分所得とPBシェアとの関係は,当初,PBが景気の後退局面で拡大し,上昇局面において縮小し,NBに取って代わられる周期的変動のように理解されてきた。ところが,最近の調査やデータによると,必ずしも負の相関とはならず,むしろ,正の相関になる傾向が強いとする結果が詳しく浮き彫りとなってきている。たとえば,情報調査会社であるニールセン(2011)が53カ国27,000人以上を対象に行ったグローバル・オンライン調査である「ニールセン　グローバルプライベートブランドレポート」によると,不況時により多くPB商品を購入と回答した割合は,世界平均が61％であったのに対し,スペイン（80％),ベトナム（79％),ギリシャ（77％),アイルランド（76％),ポルトガル（76％),タイ（74％）そして日本は72％にも達し,これらの国々は,世界平均を大きく上回っている[50]。また,景気が回復した際も,PB商品を買い続けると回答した割合は,世界平均がなんと91％にも達するのに対し,日本の割合は,ノルウェー（97％),スウェーデン（97％)に次ぐ96％にも達しており,これは,世界で最も高い割合を示している[51]。この結果,PB商品とは,景気の後退局面に拡大する一方で,回復局面になると縮小する特性を有するものではなく,不景気または好景気のいずれであっても,市場から支持される商品として認知されているものと考えるべきである。また,PB商品に対する品質面,認識面における調査からしても,日本は,世界で最もPB商品を高く評価している国として,商品戦略は将来的にも有望である可能性が高い。

これまでの話を整理すると,過去と現在における景気変動とPB商品の関係は,**図表6－6**のように示すことが可能である。過去,不景気にはPBがNBを上回り,好景気にはPBがNBを下回る周期的変動が支持されてきたが,現在では,好・不景気に関係なく,市場においてNBとPBが対等に競い合うパターンに変化してきている。そして,この背景には,PB商品に対する消費者の認識の変化に加え,品質や信頼性が向上してきた結果であり,とりわけ,日本は,世界的にもPB商

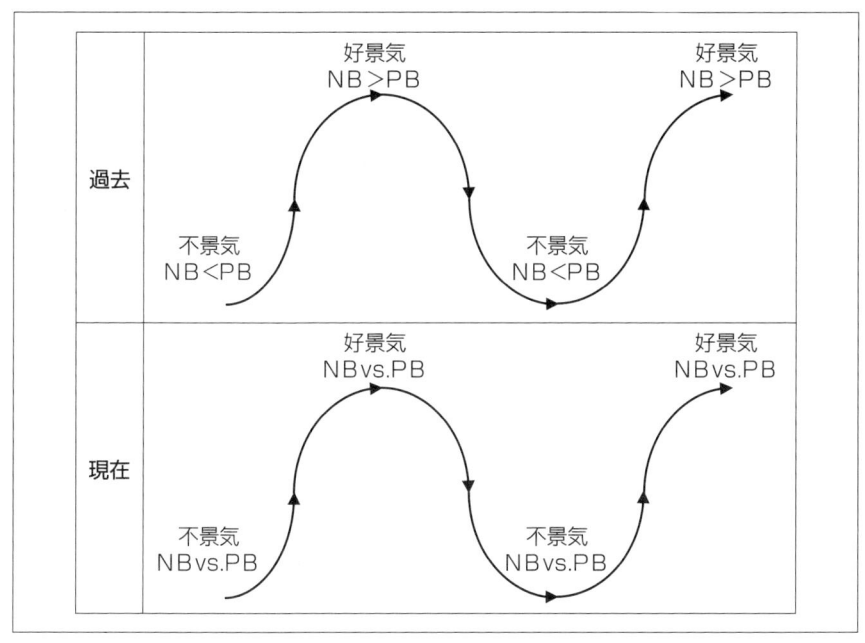

図表6-6 景気変動とPBとの関係

過去	好景気 NB>PB ／ 不景気 NB<PB
現在	好景気 NBvs.PB ／ 不景気 NBvs.PB

品に対する評価がことさら高いという事実がここで明らかになった。

6-4-4 PBの進化

　最後に，PBの進化（Evolution）について触れてみよう。一般に，PBの分類または進化の枠組みは，対NBにおける価格と品質という対抗軸をベースにカテゴライズするケースがほとんどである。たとえば，矢作（1996）は，価格と品質のクロスから，競争優位領域を提示するPB開発戦略モデルを明らかにしているが，ここでは，ロンドン・ビジネススクールのKumarとノースカロライナ大学チャペルヒル校のSteenkampによる枠組みを取り上げてみよう。

　Kumar and Steenkamp（2007）は，PBの進化について，「ジェネリックPB」からスタートし，その後，「コピーキャット・ブランド」へと進み，さらに「プレミアム・ストア・ブランド」に発展するパターンと「バリューイノベーター」へ発展するパターンという枠組みを提示している（**図表6-7**）[52]。

　それによると，PBは，ジェネリックと呼ばれる格安PBからスタートする。ジェネリックPB（Generic Private Labels）とは，ブランドリーダーに比べると，低品質のため20-50％も安いPB商品を意味する[53]。低価格帯の商品を顧客に供

給することを目的とし，破格な割引政策が実施される。他社が真似できないほどの格安を意味する最低価格，非差別化戦略を展開するものである。たとえば，ブランド名を施さず，商品名だけを表示するノーブランド商品がこれに該当するものであり，日本企業でいうと，無印良品があげられるだろう。

図表6－7　PBの進化

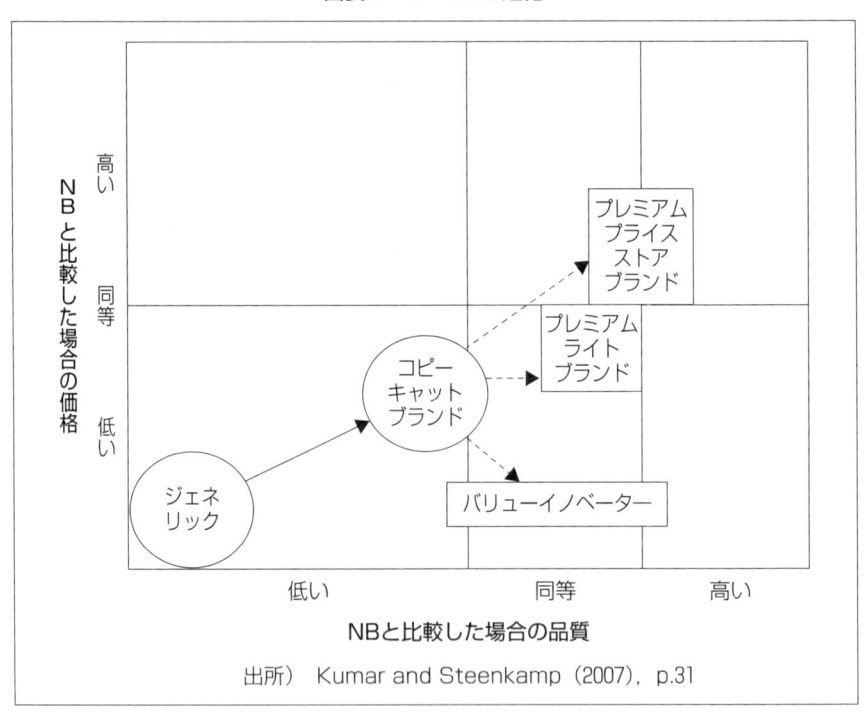

出所）Kumar and Steenkamp（2007），p.31

次に，ジェネリックは，その後，模倣PBの段階へ発展する。コピーキャット・ブランド（Copycat Brands）は，ブランドリーダーと比較して同等な品質にもかかわらず5～25％安いPB商品であり，主に先端的なメーカーによるNB商品のパッケージやデザインそしてカラーリング等を模倣した商品であると定義される[54]。そのため，価格は適度な割引政策が採用され，低価格による模倣（Me-too）戦略が実施される。たとえば，1970年代にダイエーが発売した13インチ型カラーテレビ「BUBU」等は，その好例だろう。

模倣PBは，その後，プレミアム・ストア・ブランドとバリューイノベーターの方向へ発展する。まず，プレミアム・ストア・ブランド（Premium Store

Brands）は，ブランドリーダーに比べると，同じ程度もしくはそれより高い品質のPB商品である[55]。そして，ブランドリーダーよりも価格が高いかそれとも同程度な価格であるPB商品と定義される。いわゆる付加価値の高い商品戦略を指すものである。プレミアム・ストア・ブランドは，大別すると「プレミアム・ライト・ブランド」と「プレミアム・プライス・ストア・ブランド」に分類できる。

　まず，プレミアム・ライト・ブランド（Premium Lite Brands）とは，ブランドリーダーに比べて品質は同程度だが，価格はやや低いセルに該当する商品である。また，コピーキャット・ブランドと比較した場合，価格の面ではほぼ同等だが，品質の面では若干，高品質である。つまり，やや高品質だが低価格というカテゴリーに分類されるPBであり，セブン＆アイHDによるセブンプレミアムやイオンのトップバリュがこれに該当するだろう。これに対し，プレミアム・プライス・ストア・ブランド（Premium Price Store Brands）は，ブランドリーダーに比べると，やや高品質かつ高価格な特徴を有する。また，「プレミアム・ライト・ブランド」と比較しても，やや高品質で高価格な商品として位置付けられ，たとえば，セブン＆アイHDによるセブンゴールドやイオンのトップバリュセレクト，さらに最近では，トップバリュプレミアムなどが，このカテゴリーに分類されるPB商品といえるだろう。

　一方，バリューイノベーター（Value Innovators）は，ブランドリーダーに比べると，同程度の機能的品質を有するが，商品の特徴やイメージは非付加価値な商品のため，20〜50％安いPB商品であると定義される。価格は，破格な割引政策が採用され，価格に対するパフォーマンスの高さを追求する戦略を意味するものである。たとえば，イオンの「トップバリュベストプライス」は，このタイプに該当する商品であると思われ，NBとほぼ同等な品質を有するものの，同じタイプのNBに比べ4〜6割ほど安く，同社のトップバリュに比べても3割程度安い。Kumar and Steenkamp（2007）は，バリューイノベーター型企業として，アルディ（Aldi），H&M，イケア（IKEA）を取り上げる一方で，イケアと伝統的な家具店における価値ネットワークの違いを**図表6－8**のように表している。それによると，伝統的な家具店の主な特徴とは，割高な独立系デザイナーを起用，高い仕掛品の在庫，労働集約的な手作業による生産，完成品の在庫や輸送，断片的なマーケティング，コストのかかる小売立地，精巧な展示，高い顧客への配送料

図表6-8　イケアによるバリューネットワーク

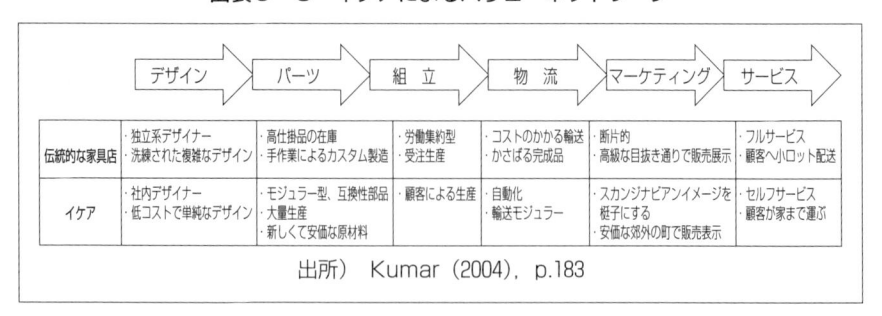

	デザイン	パーツ	組立	物流	マーケティング	サービス
伝統的な家具店	・独立系デザイナー ・洗練された複雑なデザイン	・高仕掛品の在庫 ・手作業によるカスタム製造	・労働集約型 ・受注生産	・コストのかかる輸送 ・かさばる完成品	・断片的 ・高級な目抜き通りで販売展示	・フルサービス ・顧客へ小ロット配送
イケア	・社内デザイナー ・低コストで単純なデザイン	・モジュラー型、互換性部品 ・大量生産 ・新しくて安価な原材料	・顧客による生産	・自動化 ・輸送モジュラー	・スカンジナビアンイメージを梃子にする ・安価な郊外の町で販売表示	・セルフサービス ・顧客が家まで運ぶ

出所）Kumar (2004), p.183

など，高コストな要因が数多く散見された。これに対し，イケアは，コストを意識した社内デザイン，互換性のある部品，大量生産，部品の在庫，物流の自動化の拡大，ナチュラルなスカンジナビアンのイメージ，安価な郊外立地，シンプルだが機能的な展示，顧客配送の排除（つまり，キャッシュ＆キャリー），顧客自身による組立など，徹底的に低コスト生産と低中間コストの削減に努め，コストアップ要因をなるべく排除するスタイルを構築している。

　最後に，これまでの伝統的なPBに関する検討は，価格または品質からのアプローチが主流であった。ところが，最近になると，安全，安心，ヘルシー，環境，上質，こだわり，フェアトレード，オーガニック，キッズなど社会性や価値に重点を置くPB商品の開発がなされるようになってきた。これは，「ライフスタイルPB」とも呼ばれ，たとえば，セブン＆アイHDでは，2010年から著名なアート・ディレクターで協力して新しいライフスタイルを提案する新ブランド「セブンライフスタイル」を立ち上げている。イオンもまた，農薬や化学肥料，抗生物質，合成添加物の使用を抑えて作った農・水・畜産物と加工食品ブランドである「トップバリュグリーンアイ」，リデュース，リユース，リサイクル，リターナブルという4Rをコンセプトとするエコロジー商品ブランドである「トップバリュ共環宣言」，安心で美味しい食卓を短時間で実現する調理済み食品ブランドである「トップバリュレディミール」，健康と美を快適に作る食品ブランドである「トップバリュヘルシーアイ」など，複数の「ライフスタイルPB」を手掛けている。

６−５　サービス業によるマニュファクチャリング事業戦略
６−５−１　大手流通２強によるグループ共通PB戦略

　ここでは，サービス業の製造化戦略として，小売業や流通業によるPB戦略を取り上げる一方，通販企業の製造小売戦略やセキュリティ・サービス企業の製造（ロボット開発）戦略についても，合わせて言及してみよう。

　現在，あらゆる流通業でPB戦略が多用されるようになった。これまでPB開発の中心は，主にリアル店舗型の小売業であったが，近年，ネット店舗型の小売業がPB戦略を採用し，その巨大な販売力をテコにNB商品市場を駆逐する勢いが増している。たとえば，ネット通販最大手のアマゾンは，2009年11月，全世界で展開するプライベート・ブランドである「Amazon　ベーシック」を立ち上げるだけでなく，ネット上の消費者の閲覧や購買履歴データなどビックデータを武器にNBメーカーと共同でPB商品の開発にも乗り出している。2013年９月，食品メーカーのカゴメと共同で開発したトマトジュースの「プレミアムレッド」は，アマゾンの検索情報をテコに消費者の嗜好や流行をカゴメへ提供する一方，カゴメは，そのデータをもとにリコピン２倍，糖度２倍，食塩無添加という従来に比べ栄養成分を高めたPB飲料を開発し，しかもアマゾンの巨大な販売力を通じて，アマゾン限定商品として市場へ供給する仕組みを実現している（日本経済新聞，2013年10月10日）。

　このようにネット通販小売業がPB戦略を本格化させる方向へシフトするなか，国内の最大手流通業の２強として知られるイオングループとセブン＆アイHDグループでは，グループ共通PB戦略という取り組みを強化している[56]。PBの代名詞である低価格なPB商品は，小売業がメーカーへ大量発注して量産割引効果を引き出し，しかも広告宣伝費を削るという巨大な販売力の高さによって実現されるからである。そのため，大手のNBメーカーでも，否応なくPBの受託生産が避けられなくなってきている。また，先程のアマゾンとカゴメの共同開発の事例のとおり，アマゾンが日々の活動から蓄積した膨大な購買データをカゴメ等のNBメーカーは，有効に利用しない限り，今日の消費者を満足させる商品の開発は，もはや難しいという理由もまたあげられる。アマゾンでは，日々の商いにおいて約5,000万品目を扱い，月間4,800万人もの利用者が存在する。このため，集めら

れたデータの規模はきわめて巨大であり，いくら優れたNBメーカーでも，アマゾンが保有するデータを自前で入手することは，不可能に近いのである。

図表6-9は，イオンとセブン&アイHDにおけるグループ共通PB戦略の違いを比較したものである。これを見てもわかる通り，2強は，それぞれ異なる独自のPB戦略を推し進めているのがわかる。

まず，基本的な事項として，2強の経営スタイルの違いについて比較すると，組織形態は，どちらも純粋持株会社制を採用している。ところが，表面的には同じ組織形態であっても，その中味を見ると，イオンは上場子会社化政策を通じて遠心力経営を展開するのに対し，セブン&アイHDは完全子会社化政策によって求心力を強化する経営を展開する違いがある（松崎，2013）。

PB商品のタイプは，2強とも価格帯をベースにブランドの差別化を図っている。すなわち，高価格PBは，イオンが「セレクト」，セブン&アイが「セブンゴールド」である。中価格PBは，イオンが「トップバリュ」，セブン&アイが「セブンプレミアム」である。低価格PBは，イオンが「ベストプライス」，セブン&アイが「ザ，プライス」となっている。

図表6-9　2強によるグループ共通PB戦略の比較

	項目	イオン	セブン&アイ
経営スタイル	組織形態 経営形態 親子関係	純粋持株会社 遠心力経営 上場子会社化政策	純粋持株会社 求心力経営 完全子会社化政策
PBの価格帯	高価格 中価格 低価格	セレクト トップバリュ ベストプライス	セブンゴールド セブンプレミアム ザ，プライス
PBの戦略	表示 品質保証 販路 支援体制	SB（PB） イオンによる保証 GMS，SM向けが中心 PBコンサルティング会社による支援 （米国　デイモン・ワールドワイド社）	DC セブンとメーカーによる2重保証 GMS，SM，コンビニ向けが中心 小売業とメーカーの協力体制 （PBコンサルタント会社に依頼せず）

次に，2強によるPB戦略を比較すると，表示方法は，イオンが自社ブランドのみをPB商品に表示するストアブランド（SB）であるのに対し，セブン&アイ

第6章　サービス業の製造化

は，PB商品に自社ブランドとメーカーブランドを併用するダブルチョップ（DC）を採用している。イオンは，たとえNBメーカーが製造したPB商品でも，イオンがすべての品質を保証するスタンスを採用している。これに対し，セブン＆アイは，セブンとメーカーによる2重保証を通じて消費者の信頼を高めることに加え，DCにすることでメーカー側のPRにつながるため，コア技術を出し惜しみせず，積極的に提供してくれるという相乗効果を期待するという狙いがある。グループ共通PBの主要な販売チャネルは，イオンがGMSやSMが中心であるのに対し，セブン＆アイは，GMSやSMに加え，コンビニエンスストアが大きな割合を果たしている。セブン＆アイにおける2015年度グループ共通PBの計画は，30,000品目を見込んでおり，その内訳は，セブンプレミアム10,000品目，セブン・イレブン・ジャパン（SEJ）14,000品目，SEJ以外のグループ各社オリジナル商品6,000品目のようになっており，コンビニエンスストアの割合が約47％と最大となっている。最後に，こうしたPB戦略の支援体制は，イオンが米国のPB専門コンサルティング・ファームであるデイモン・ワールドワイド（Daymon Worldwide）社に支援を受けている[57]のに対し，セブン＆アイは，セブンと協力メーカーとの協調体制によって運営を行っている。

グループ共通PB戦略とは，巨大な企業グループの販売力と川下に位置する優位性を武器に市場を独占するやり方だが，こうした総合力をテコにして戦う2強に対して，中堅規模の流通業や地方展開の小売業が単独で2強に挑むのは，もはや限界がある。そこで，最近では，これらの企業同士が手を組み，PBを共同で開発または販売するようになってきた。NBより利益率の高いPBを共同で開発し，おのおのの販売チャネルからPB商品をマーケティングすれば，巨大なバーゲニング・パワーをフルに活かして利益の最大化を享受できるからである。

このような2強によるグループ共通PB戦略に対抗するため，中規模または地方の小売業では，企業間共通PB戦略を独自に展開している。たとえば，2009年，中部・東海地方が地盤であるスーパー大手の「ユニー株式会社」（現在，ユニーグループ・ホールディングスへ組織再編となり，傘下にあるアピタとピアゴが販売チャネルとして機能している），近畿地方を中心に展開する総合大型スーパーの「イズミヤ株式会社」，中国・四国エリアを中心に店舗を展開する地域密着型の総合大型スーパーである「株式会社フジ」は，3社で共同開発した「StyleONE」を展開

し，当初の計画は100品目からスタートしたが，現在では約2,000品目にも拡大している。3社は，地域に根付いたスーパーとして自主独立した経営を貫きながら，基本的に販売地域が重複しないため，共同開発したPB商品から得られる利益をうまく共有することが可能である。

また，2013年，食品スーパー大手の「ライフコーポレーション」と「ヤオコー」は，2012年に基本合意した業務提携に基づき，PBの共同開発と共同販売を展開している。業務提携の主な項目は，商品の共同開発・調達，資材等の共同調達，災害時の相互支援，プロセスセンターの相互活用，人材の交流などであり，それを踏まえながら，両社の本部長クラスによって構成された共同開発協議会において月1回のペースで議論が繰り返されている。その結果，PB商品のコンセプトは，「安全，安心，おいしさ，信頼の価格，お客様の笑顔」，ブランド名は「スターセレクト」に決定した。「スターセレクト」は，現在，ライフコーポレーション231店舗，ヤオコー126店舗の計357店舗から消費者市場へ提供されている。

「2強」対「その他の流通業・小売業」との攻防は，ますます激化する様相を強めている。換言すれば「グループ共通PB」対「企業間共通PB」との戦いを意味するものである。そして，2強には，グループ経営のさらなる強化，そして，その他の流通業・小売業には企業間連携という，いずれも高度な企業間調整とマネジメント能力が要求されている。

6-5-2　西松屋チェーンの技術者人材によるPB戦略

ベビー子供用品チェーンの西松屋チェーンは，0才から13才までの子供たちを対象に，衣料・服飾雑貨・玩具・乗り物などを製造販売する専門店チェーンである。同社は，2014年2月期現在で全国47都道府県に858店舗を持ち，売上高は約1,277億円，1996年2月期から19期連続で増収増益を続けている[58]。また，2016年2月期には，店舗数を1,000店に拡大し，高品質で低価格なPBの開発を通じて，売上高をさらに2,000億円まで引き上げる計画である。

このような同社が持つ最大の強みとは，ローコスト・オペレーションであり，実際に売上高に占める人件費率や販管費率は，業界平均を大きく下回っている。

第6章　サービス業の製造化

1つの店舗を2人のパート社員（1人はレジ担当，もう1人はバックヤード担当）で運営しており，店長になると2〜4つの店舗を掛け持ちして経営管理している。また，同社の1店舗あたりの平均年商は，1億6,000万円〜1億8,000万円とされ，仮に2億5,000万円を超えるような繁盛店が出現したら，その周辺に新たな対抗店を出店して繁盛店の来客数を減らす対応を採用している。同社では，繁盛する店舗を作るよりも，買い物客がゆっくりと快適にショッピングできるため，来客数の少ない店舗を作ることがもっとも大切だと考えているからである（日経トップリーダー，2010）。

もうひとつの同社の強みは，徹底した顧客志向による商品開発であり，これは，顧客にとって無駄で余計な機能をすべて削り落とし，本当に必要な部分だけを残して低価格化を実現するものであり，市場から高い支持を得ている。とりわけ，最近では，異業種である製造業からベテランの技術者を採用し，権限と責任を与え，自由な発想で商品開発を担当させることで，低価格で高品質なヒット商品を生み出すことに成功している。

ところで，同社の主力事業であるベビー・子供の生活関連用品（子供衣料，育児・服飾雑貨，ベビー・マタニティー衣料，その他）を取り巻くビジネス環境は，決して明るいとはいえない。矢野経済研究所の調査レポートによると，ベビー・子供服の市場規模は，2003年当時は1兆540億円もあった。ところが，2012年の市場規模は，7,245億円まで低下し，もはや当初の3分の2にまで縮小している。また，ベビー・子供用品の主要な販売チャネルであった百貨店や量販店における売上が急速に落ち込む一方で，インターネット通販や専門店の割合が上昇してきており，当該事業の変貌は，深刻さが募るばかりである。

コア事業の成熟化が進むなか，西松屋チェーンは，どんな成長戦略を展開しているのだろうか。最初に，同社の店舗戦略は，表面だけ取ると，常識外れのように見えるが，実はとても理にかなった運営がなされている。普通に考えると小売業で成功するには，各店舗に大勢の買い物客が群がり，それを絶やさないしくみやしかけを開発して利益を確実なものにすることだが，同社の場合，この常識的な考え方とは，正反対な店舗運営を展開している。つまり，買い物客は少ない方が好ましい，来店客の滞在時間はなるべく短くする，接客や販促などは極力最小

限にとどめるなど，数々の逆転の発想で店舗戦略を展開し，19期連続で増収増益を記録している。

　小売業にとって来客数を増やすことは，不可避な課題であるはずなのに，同社では，集客という考え方がきわめて乏しく重視されていない。日経トップリーダー（2010）によると，実際に，1日の来店者数は，1店舗当たり約200人，かりに10時間営業とした場合，1時間当たり20組しか来店しない。これは，同社が買い物客であふれる店よりも，ストレスなく買い物を楽しんでもらえる店作りを目指しているからである。また，他社とは異なる同社店舗の特徴として，シンプルなレイアウトでまとめられている点があげられる。店舗内における主通路の幅は，2m60cm〜2m80cmもあるため，来客が子連れやベビーカーで来店したとしても，楽にすれ違うことができ，店内で不便や障害を被ることはなく，買い物を快適に楽しむことができる。もし店内が混雑していたら買い物客は落ち着かず，ベビーカーでやってくる赤ちゃん連れにも静かな環境を提供できないが，広い通路のため，商品の補充作業がやり易く，万引き防止にも一定の効果がある。

　その一方で，同社では，マンパワーが発生する売り場の案内，商品の出し入れの手間がかかるワゴン展示，着せ替え作業が伴うマネキン，値ごろ感や品質をアピールするPOP，滞在時間を長くするBGM，勧誘やリピーター確保のため，情報投資が発生するポイントカード制のような一連の販促策は導入していない。これらの目的は，集客や購買意欲を煽るための方策であり，しかも，手間がかかりコストアップにつながるため，ガラガラ店舗やローコスト運営を追求する同社の方向性とは，逆行するからである。

　さらに，同社では，新規店を出店する立地条件についても強い一貫したこだわりを持っている。現在，全国に858店舗を展開しているが，出店する場所を選ぶ際にも，徹底的なローコストと顧客志向が念頭に置かれている。通常，駅前やロードサイドなど，なるべく人や車の往来が激しい立地条件が好まれるが，同社では，幹線道路から脇道に一本入った不便な場所を選んで出店される。これは，繁盛店を作らないための工夫である。繰り返すまでもなく，繁盛店を作ると，それを管理・運営する費用が発生して収益を圧迫する危険性がある。また，ベビー子供用品を買いにくるお客の多くは，ショートタイムショッピングを望んでおり，

その意味からも繁栄店は望ましくないのである。したがって，繁盛店ができてしまった場合，繁盛店の近所に破壊店を新たに出店して顧客の分散化を図り，繁栄店を普通店に変えてしまう取り組みを実施している。さらに，同社は，徹底したローコスト運営を実現するため，交通量が高い場所ではなく，あえて不便な場所へ出店する取り組みをしている。不便な場所に店を作れば，土地や建物の立地費用が安くすむからである。また，買い物客にとっても，たとえば，主要な顧客である子連れやベビーカーの場合，幹線道路に比べて一本脇道に入った場所に店舗がある方が精神的な負担が少なくクルマを楽に運転することができ，交通事故の危険性も低下して安心である。

　最後に，ローコスト運営の一環として，同社では，今後，商品点数の大幅な絞り込みを実施する予定である。商品アイテムを減らせば，それを管理する社員の人件費，陳列作業に伴う管理費そしてコンピュータの容量を大きくするための費用などを低減できるからである。現在，約2万品目ある商品を今後，6,000品目まで削減する予定である。

　さて，西松屋チェーンにおけるもうひとつの成長戦略の柱は，西松屋チェーンオリジナルのPB商品の開発である。これまでのPB商品は，主にメーカーや商社主導による共同開発品であった。つまり，開発機能をほとんど丸投げしていたのである。ところが，500店舗を超えたあたりから，粗利率が停滞し始めた。また，中国の協力工場へ大量発注し，直輸入していた商品に納期遅れや不良品が発生するなど数多くのトラブルにも見舞われた。さらに，深刻な経済デフレ，価格競争の激化，ライバル競争の激化が進み，その結果，売上減に伴う過剰在庫の発生，値下げによる利益率の低下など，死に筋商品が大幅に拡大してしまった。そこで，同社では，商品企画のみならず，品質管理，生産管理というモノづくりの豊富な知識や経験を有するメーカーのベテラン技術者人材をスカウトし，西松屋チェーン独自のPB商品を開発する方向へ発想を転換したが，この際，同社にとってラッキーだったのは，日本の有力な電機メーカーが固定費のさらなる削減を目的に長年，育ててきたベテラン技術者たちのリストラに踏み切ったことであった。特に，2008年に勃発したリーマン・ショック後，日本の電機メーカーの利益率は，大幅に低下した。加えて，サムスンやLGなど新興国メーカーの激しい追い上げから，競争力もまた衰退を余儀なくされた。そこで，有力な電機メーカーは，工場の閉

鎖や賃金カットを断行する一方，優秀なベテラン技術者やエンジニアのリストラ（雇用削減）にも着手した。この結果，労働市場にベテランの技術人材が流れ出し，西松屋チェーンやアイリスオーヤマなど，メーカー技術者の獲得に狙いを定めてきた製造小売業に雇用のチャンスが巡ってきたのである。たとえば，プラスチック成形品などを開発・製造・販売するアイリスオーヤマは，2013年2月，大手電機メーカーの技術開発拠点が集積する関西地域へ大阪R&Dセンターを新設した。その主な狙いは，シャープやパナソニックなど，大手電機メーカーをリストラされた人材や途中で退職した優秀な技術者の獲得であり，スタートの段階は20人を採用するが，将来的には100人規模の体制まで拡大する計画である。

　こうして採用された元メーカーのベテラン技術者たちは，商品企画部に配属され，独自のPB商品の開発に携わった。そして，数年後，彼らならではの発想に満ち溢れた高品質だが低価格なベビー子供用品が生み出された。なかでも有名なのは，2,999円という破格な低価格でありながら，高い安全性と快適性を兼ね備えたPBベビーカー「スマートエンジェル」である。このPB商品を開発した人物は，長年，大手メーカーで産業用ロボットの設計に携わってきたベテラン技術者であり，随所にそのこだわりが盛り込まれている。たとえば，タイヤのサイズを大きくしたのは，安全性に加え，走行時の振動を吸収して乗り心地を良くするためである。また，日よけを大きくしたのは，紫外線の防止やホコリ対策からである。その他，指挟み防止フレームや5点式シートベルトも採用されており，2011年に初めて発売してから，今日まで累計販売数10万台を超えるヒット商品となっている（日経トレンディネット，2014年1月）。

　日本の電機メーカーが長年研鑽を積んできたイノベーションは，機能を追加して多機能なNB商品を開発することであった。ところが，この考え方が過剰品質や高価格を生み，ガラパゴス現象と呼ばれる問題を引き起こす原因となってしまった。これに対し，PB商品の開発は，できるだけ不要な機能を取り除き，必要な機能だけを残して低価格化を実現するという，いわば刈り取るイノベーションであり，こうしたNBとPBの開発における抜本的な違いは，元メーカー人材の視点からすると，大胆な逆転の発想が求められ，当初は困惑したはずであるに違いない。ところが，卓越したベテラン技術者の開発姿勢や新しいやり方に対する順応力はすばらしく，僅かな期間で高品質だが低価格なPB商品の開発に成功

してしまった。現在，元メーカー人材の手で生み出されたPBヒット商品は，ベビーチェア，歩行器，掛け布団，オマルなど，約40品目にも及んでいる（販売革新，2013年11月）。

6-5-3　大手小売業による家電PB戦略

　西松屋チェーンの事例とは，異業種である製造業の技術者たちを採用し，彼らのモノづくりに関する知識や経験を生かして，本業であるベビー商品や子供商品のPB開発に挑むストーリーであった。次に，紹介するのは，大手小売業が従来までの食品や衣料等を対象とするPB化だけでなく，家電というマシンの分野までPB開発に乗り出し，注目を集めていることである。

　大手小売業による家電PBへの参入は，実は，まったく新しい取り組みというものではなく，1970年，ダイエーが13インチ型カラーテレビ「BUBU」を開発・販売したのが起源とされる。但し，当時の状況は，大手メーカー各社が一律，多機能で高性能なテレビを開発したことに加え，消費者のNBブランド志向は強く，結果としてダイエーが開発した低価格テレビは，支持を集められなかった。ところが，現在の状況は，主に高齢者や単身者が複雑で操作が難しい多機能商品より，シンプルで使い勝手が良い単機能商品を求めるようになった。また，NBブランドへのこだわりが強かった消費者が，最近は，PBブランドも評価・信頼するようになり，次第に人気を集めるようになってきた。さらに，「安かろう，悪かろう」という言葉があるとおり，昔は高価格な製品ほど良いものだと信じられてきたが，デジタル化したモノづくりの時代を迎え，複雑な駆動系の機械部品による機能をほんの小さな半導体だけで実現できるようになると，製品本体の内部構造がシンプル化され，すり合わせの妙という日本が伝統的に得意としてきた職人技が不要となった。その結果，アップルのような自前で自社工場をもたず，外国のEMS等へ開発や生産を委託して大幅にコストを抑えるオペレーションが効果を発揮する一方，基本性能において日本製と外国製との間に決定的な差が失われ，外国製の低価格品であっても，品質の面では高価な日本製とほとんど変わらなくなってしまった。こうした理由から，大手小売業のみならず，その他の異業種からも家電PBへの参入は，活発化している。

　まず，大手小売業のなかで家電PBに積極的なのは，イオンである。現在，小

型家電を中心に約40品目の家電PBを展開しているが，2015年度までに現在の5倍に相当する200品目まで引き上げる予定である。イオンの家電PBは，すべて2年間の保証付きが付与されており，消費者の安心感を高めている。具体的な家電PBとしては，LEDシーリングライト（6,980円〜），オーブントースター（1,980円），卓上IH調理器（5,980円），ホームベーカリー（5,980円），コードレスアイロン（2,980円），サイクロンクリーナー（7,980円）などがあげられ，なかでも，ロボットクリーナーと名付けられたお掃除ロボットは，ひときわ人気を博している。というのも，7,980円という常識破りの低価格であり，同社では，これを実現するため，床ブラシ機能，人工知能機能，自動充電機能など，消費者に不要と思われる機能を洗い出し，それを徹底的に省きスリム化を実現している。その一方で，これまで丸型が多かったお掃除ロボットの形状を三角形にすることで壁際の掃除能力を強化したり，内部のダストボックスを大きくしてごみ捨て回数を減らすことに加え，水洗いできるよう改善を施している。さらに，従来のお掃除ロボットが横置きだったのに対し，縦置きに変えることで設置スペースの効率化を可能にするなど，先発メーカーが開発したお掃除ロボットとは逆の発想で開発したユニークなものとなっている。

　また，イオン以外にも家電PBに熱心な小売業は，多数存在する。ホームセンターを営んでいるカインズやLIXILでは，調理家電や理美容，照明などの分野でPB化を推進しており，たとえば，カインズの家電分野におけるPB比率は約3割にも達している。家電量販店のヤマダ電機やノジマ，エディオンもまた，冷蔵庫や炊飯器，電子レンジなどの調理家電を中心にタブレットやテレビ，LED照明などでPB化を試みている。たとえば，ヤマダ電機は，このところのリフォームブームを狙い，リフォーム向けシステムキッチンPBや多機能携帯端末である「エブリパット」を開発するなど，PBの強化に努めている。ノジマでも低価格な家電PBの開発に取り組んでおり，現在，100品目以上になっている。また，時系列に見ると，2012年度は約50品目に過ぎなかったものが，2014年度は，200品目まで拡張することを目指している（日経MJ, 2013年12月4日）。その他，家具専門店のニトリHDもまた，調理家電の分野でPB開発の強化に乗り出しており，良品計画やアイリスオーヤマも，生活雑貨を中心にPB化に余念がない。

　さて，これら家電PB戦略を重視している企業には，いくつかの共通点を垣間

見ることができる。ひとつは，設計開発のしくみであり，基本的に社内で企画・設計を行い，中国などの工場に生産を委託するパターンである。コスト削減はもとより，モノづくりのデジタル化，現地メーカーの技術力の向上がその背後に潜んでいる。もうひとつは，多機能なマルチ家電ではなく単機能なシンプル家電なことである。具体的に言うと，単価が安くて儲けが少なく，あまりNBメーカーが手を出したがらない家電製品であるジェネリック家電がPB化の対象である。

　ここで若干脇道にそれて，ジェネリック家電の動向について，もう少し詳しく触れてみよう。シニアや単身者が増える一方で，特定保健用食品などが人気を集めるなど，消費者の健康志向や安全性を重視する意識は，ますます高まりつつある。また，インターネット上の口コミや書き込みを参考に購買する消費者の割合も拡大の一途をたどっている。さらに，消費者は，使い勝手の悪い複雑な家電よりも，用途が明快でわかりやすさを求めるようになってきた。こうした消費者の変化から，近年，ジェネリック家電が国内市場で注目され，高い人気を集めている。たとえば，ヘルシー志向の消費者向けとして，オランダのフィリップスが開発したノンフライヤーは，油を使わずに揚げ物ができる調理家電である。この商品は，消費者のヘルシー志向にも相まって当初の販売計画の4倍である20万台を記録した。主に唐揚げなど揚げ物は食べたいがカロリーオーバーを心配する日本の消費者に高い評価を得ている。また，アメリカのドールが開発したヨナナスメーカーは，デザート製造器として全世界で100万台以上の販売実績を誇っている。さらに，パナソニックが発売したホームベーカリーの「GOPAN（ゴパン）」は，米からパンを作れるため，低カロリー志向を好む消費者に人気を博している。一方，清潔志向の消費者向けでは，韓国のレイコップが開発した蒲団クリーナーは，15,000〜30,000円の価格帯にもかかわらず，ハウスダストを吸い込み，ごみを見える化してヒットし，2012年2月の発売から2013年10月までの販売実績は累計で75万台を売り上げ，日経MJが主催する2013年のヒット番付でも，先に述べたノンフライヤーと共にランキングされた。その他，美容家電として，アメリカのコンエアーが開発した髪を本体に挟んでハンドルを押さえてコテを閉じれば，わずか8秒で自然なカールが作れるミラカールやアメリカのダイソンが開発したコードレスクリーナーなど，単機能家電が市場を席巻する様子が拡大している。

　ところで，これらジェネリック家電は，残念ながら，外国企業の方が開発に先

行しているようだ。日本のNBメーカーは，伝統的に技術者やエンジニアなど作り手側の論理を優先するプロダクト・アウト志向が強く，このため，技術や機能を数多く盛り込む多機能化を得意としてきた。ところが，単機能家電は，買い手側の論理によるマーケット・イン志向が求められるため，長年，日本のNBメーカーが培ってきたやり方とは逆の発想であり，これまでの強みを活かすことができないからである。但し，日本企業の中でも，流通業や小売業は，消費者に近い川下に位置するため，PB商品というカタチで単機能家電の開発は可能であり，今後とも，その動向に注目が集まっている。

６－５－４　千趣会による製造小売通販戦略

　最後に，流通通販企業から製造小売通販企業への転身を試みる千趣会を取り上げてみよう。

　「新しい小売業態の台頭」でも触れたとおり，公益社団法人日本通信販売協会によると，2012年度の通信販売市場の売上高規模は，前年比6.3％増の5兆4,100億円となり，1998年度以来，14年連続して増加傾向が続いている。今日，市場規模の拡大を下支えているのは，インターネット通販の成長があげられ，具体的には，アマゾンの売上効果，スマートフォンやタブレット端末の普及拡大等があげられる。通販市場のインターネット化が進展するなか，カタログ通販大手の千趣会は，従来のカタログスタイル優位のやり方から，インターネット通販を中心としたやり方へ大きく舵を切った。ところが，インターネット通販市場は，すでにアマゾンや楽天などに加え，オムニチャネルを目指す巨大流通業もまた参入しており，市場競争の激化は避けられない。このため，同社では，「顧客」，「商品」，「販売チャネル」，「フルフィルメント（物流・ITなど）」という4つの点で独自性を打ち出し，競争優位性の確立を目指している。そこで，4つの独自性の取り組みを明らかにするため，同社が策定した「中長期計画　Innovate for Smiles 2018」の内容をひも解いてみよう。

　最初に，インターネット通販企業として同社がターゲットとする顧客層は，30代～50代の女性としている。というのも，この世代の女性は，結婚，引越，妊娠，出産，育児，就労など，ライフステージの変化が多いため，顧客獲得が期待できるからである。同社では，対象顧客を「30代のシングルやDINKS」，「30

代の育児ママ」，「40代のキャリア」,「40代の主婦・パート」,「50代のアクティブ」という5つのタイプに分類して増客を目指している。まず，「30代のシングルやDINKS」は，可処分所得が高いため，購買意欲が期待される。次に，「30代の育児ママ」は，マタニティグッズなどベビー用品の需要が見込まれる。「40代のキャリア」もまた，可処分所得が高く，趣味やレジャーなど余暇の充実に関連する消費が期待できる。「40代の主婦・パート」は，待機児童解消に伴う新たなニーズが見込まれる。最後に，「50代のアクティブ」は，子育てが終わり，時間的にも経済的にもゆとりが出るため，趣味やレジャーなど余暇の充実に関連する消費が期待できる。このような分析を通じて同社は，女性一人ひとりに寄り添い笑顔にする「ウーマン・スマイル・カンパニー」というスローガンの実現に取り組んでいる。

　次に，同社の商品戦略は，メーカーから仕入れたNB商品中心のMD（品揃え）から，OEMやSPAによってオリジナル商品を開発してMDの中心とする仕組みへの転換である。周知の通り，NB商品に比べると，オリジナル商品は粗利率が高く，収益性の改善やその向上を期待できるからである。そこで，同社では，オリジナル商品を開発するため，次のような2つのやり方を展開している。ひとつは，協力先へ製造を委託し商品開発するOEMであり，もうひとつは，自社で商品企画から製造そして販売まで手掛けるSPAである。しかしながら，同社では，付加価値の高いオリジナル商品を育成して差別化を試みるだけでは消費者ニーズをすべて満たすことができないと考えている。このため，NB商品も一部取り扱いながら品揃えを展開するやり方を採用している。

　同社の販売チャネル戦略は，リアル店舗，ネット店舗そしてカタログ販売というチャネル資源が持つ能力を最大限に活用して連結する独自のオムニチャネルの構築を目指している。たとえば，実店舗である「暮らす服」は，自社商品ブランドと顧客の接点としての役割を演じる。これに対し，ネット店舗は，オンタイムでの提案，52週ごとの提案，気温やニーズの変化に対応する提案が実施される。さらに，カタログ販売は，長年，蓄積してきたノウハウと顧客との関係性を有効に活用しながら，既存顧客に対して提案型チャネルとして利用されている。

　最後に，フルフィルメント戦略は，物流拠点ネットワークの再構築を図り，配

送の効率化とコストダウンを実現する。また，基幹システムを開発し業務システムのスリム化を図るものである。

このように，製造小売通販というユニークな企業モデルに大きく舵を切った同社が通販業界を巡るライバルとの厳しい競争に打ち勝つためには，これまでにないユニークなビジネスモデルの構築と創造が成功のカギを握っているのである。

6-5-5　セコムによる防犯ロボットの開発戦略

我々の社会を見ると，深刻な問題が取り巻いている。たとえば，気候変動の影響によって，温暖化や自然災害が拡大している。2011年には，東日本大震災が発生し甚大な被害を及ぼした。また，近い将来，南海トラフ巨大地震や首都直下地震の発生が予測されている。一方，日本の社会を見ると，まず，不審者の侵入などが増え，治安の悪化が懸念されてきている。また，2020年，東京オリンピックの開催が決定され，これまで以上にIT警備のニーズが高まりつつある。さらに，グローバル化によってサイバー犯罪の拡大やテロや内戦に巻き込まれる危険性も増えている。こうした，リスクや不安に対し，安全と安心を提供するのがセコムの使命である。

今日，セコムグループは，法人，家庭用，個人までを対象にセキュリティ・システムを提供する「セキュリティ事業」，インテリジェントビル，商業施設，住宅用火災警報器まで防災システムを扱う「防災事業」，健康，医療・介護に関するサービスを提供する「メディカル事業」，被害に遭遇した場合の損失の補償を扱う「保険事業」，航空測量とGIS（地理情報システム）により空間情報サービスを提供する「地理情報サービス」，セキュリティ・システムとサービスを兼ね備えたマンションを提供する「不動産事業」，情報セキュリティを提供する「情報系事業」，国内で培ったセキュリティ・システムを海外へ普及させる「国際事業」から構成されている。また，事業構成の割合は，セキュリティ（58％），防災（15％），メディカル（6％），保険（5％），地理情報サービス（7％），不動産（4％），情報通信他（6％）となっている。

セコムでは，「社会に有益な事業を行う」という基本理念に基づき，事業の選択と集中が決定され，グループ経営が展開されている。もともと，セコムでは，

巡回警備や常駐警備などをその主な業務としてきた。しかし，将来的に，契約先が拡大すれば，社員による警備には限界が発生する。また，人件費も増加して収益の悪化につながる。そこで，異常事態の監視や情報の伝達など，ヒトより機械が優れていることは機械化し，状況の判断や対応など，機械よりヒトが優れていることは人間が行う考え方へ発想を転換した。つまり，機械で監視し，ヒトが判断と対処する仕組みの構築である。その成果として，1966年，法人向けのオンライン・セキュリティ・システムが開発された。これは，契約先に各種セキュリティ機器を取り付け，通信回線を利用して契約先とセコムをつなぎ，コントロールセンターで24時間365日監視するシステムである。その後，同システムは，家庭用ホーム・セキュリティ・システムへ進化し，近年は，個人用位置情報提供サービスにまで発展してきている。

　法人から家庭用そして個人まで，セコムでは，幅広いセキュリティ・サービスを展開しているが，この際，セキュリティ・システムの信頼性を高めながら，高品質なサービスを提供するため，セキュリティ・システムの研究開発から機器の製造，販売，セキュリティ・プランニング，設置工事，24時間監視，緊急対処，メンテナンスまでトータルでセコムグループが対応している。また，セキュリティ・システムの研究開発体制では，「IS研究所」が5～10年先を見据えた基盤技術の研究に取り組み，「開発センター」がその基盤技術を生かして新たなセキュリティ・システムの開発を行い，「セコム工業」が生産工場として安全機器の製造を担当し，品質の向上や安定に努めている。

　次に，セコムグループによるトータル事業や研究開発体制から，新しいセキュリティ・システムが次々に生み出されている。とりわけ，業種としてサービス業に該当するにもかかわらず，セキュリティ・サービスの提供を通じて蓄積した知識・ノウハウを活用して，監視センサーやモニターなどの安全機器の開発に加え，サービス・ロボットの開発にまで着手し，一部のロボットはすでに実用化されている。セコムによれば，セキュリティ・ロボットを導入するメリットとして，次のような3点をあげている。第1は，ヒトに比べ正確，強く，早く，しかも効率的に作業できる。第2は，遠隔操作だから危険な場所でも安全に作業ができる。第3は，単純作業でも24時間休みなく作業してくれる。

代表的なロボット製品を取り上げると，たとえば，2002年5月，手の不自由な方があごでジョイスティックを動かすと，自分のペースで食事がとれる日本初の食事支援ロボットである「マイスプーン」が発売された。また，2005年10月，常駐する警備員に代わって屋外を巡回する警備ロボットである「セコムロボットX」が発売された。同ロボットが有するその主な機能としては，下記の7つがあげられる。まず，「スケジュール巡回」は，予め設定されたスケジュールに従い，磁気ガイドに沿って巡回警備を行う機能である。「立哨」は，進入禁止区域への人や車両の侵入検知や来訪者の検知を行う機能である。「カメラ記録」は，ロボットの全周360°を撮影する全方位カメラ，離れた車両のナンバープレートをも読み取ることのできるパン・チルト・ズームカメラにより，巡回中，立哨中の画像を全て記録する機能である。「画像センシング」は，正常時の画像と比較することにより侵入者を検知する機能である。「侵入検知」は，レーザレンジセンサーにより侵入者や不審車両，盗難などを検知する機能である。「安全センシング」は，安全に巡回するための，障害物や路面の形状をセンシングする機能である。「遠隔操作」は，侵入者を追尾する，あるいは一時的に置かれた荷物の陰を覗き込むための遠隔操作機能である（図表6－10）。

図表6－10　巡回警備ロボットの機能

出所）セコムのＨＰ

　さらに，2012年12月にまだ試作中の段階だが，契約敷地内への侵入に迅速に対応し，不審者や不審車両の特徴を確実に捉える「自立型の小型飛行監視ロボット」を開発している（図表6－11）。このロボットの運用の仕方として，たとえば，郊外にあるスーパーや工場の敷地内で不審車両が侵入した場合，店舗や事業所に

設置された防犯センサーがこれを感知し，飛行監視ロボットへ位置情報を通知すると，ロボットが現場へ急行する。そして，ロボットは，搭載されたセンサーで不審車両を確認しながら，人物やナンバープレートを撮影する。また，逃亡者への威嚇を通じて侵入者を断念させる場合もある。その後，これらの情報は，同社のコントロールセンターに送られ映像や記録が分析された後，警察への通報や警備員の派遣など迅速な対応が図られるのである。セコムによると，現段階で搭載されている機能は，「自律飛行」，「映像記録」，「夜間撮影」，「自動追跡」，「障害物回避」であるが，将来的には，画像認識による個人認証，車両特定，車両の熱検知なども搭載する予定である。

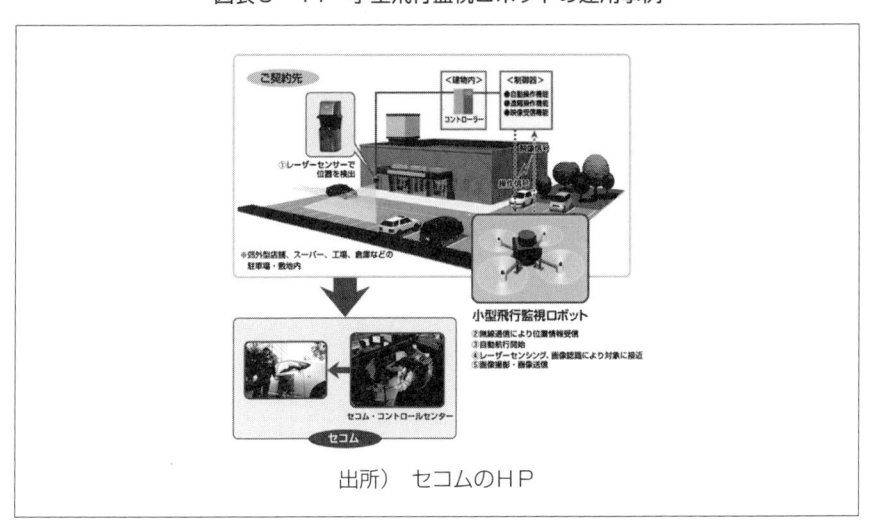

図表6-11　小型飛行監視ロボットの運用事例

出所）セコムのHP

最後に，不法者の追跡や監視のみならず，今後は町内をパトロールする用途に加え，2020年に開催される東京オリンピックで使用されるIT警備の中核的なマシンとして，新たな用途の開発とさらなる性能の向上が期待されている。

第7章 製造業とサービス業の統合化

7-1 サービス学研究の高まり

　今日の日本企業は，製造業がサービス業へ，サービス業がモノづくりへ，と対照的な取り組みが活発化している。その一方で，製造業とサービス業は，将来的に統合または一体化に向かう可能性が特に欧米の論者の間から指摘がなされるようになってきた。たとえば，あらゆる企業は，サービス企業であるとの主張や消費者はモノではなく機能，価値，ソリューション等，コトを求めているなど，「サービス学」あるいは「サービス企業論」の研究に注目が集まるようになってきている。そこで，本章では，マクロな視点であるサービス学研究の高まりについて触れ，次に，ミクロな視点であるサービス企業論の研究動向について検討する。最後に，サービス企業論をより発展させたハイブリッド事業戦略に関する近年の主な研究成果もまた併せて議論してみたい。

　ビジネス研究では，サービスに関する包括的研究を「サービス・マネジメント」と命名したり，あるいは「サービス・マーケティング」と呼ぶ場合がある。おそらく，これら2つの研究の内容には，ほとんど差異は存在しないと考えられるが，とはいえ，欧州（北欧）では，「サービス・マネジメント」という言葉が頻繁に用いられるのに対し，米国では，「サービス・マーケティング」と表現されるケースが多い。

　欧州の地では「サービス・マネジメント」という言葉が使用され，しかもサービス学研究が活発化する契機となったのは，1983年，スカンジナビア航空の社長であったヤン・カールソン（Jan Carlzon）による真実の瞬間（Moments of Truth）と命名されたサービス活動まで遡ることができる。スカンジナビア航空（SAS）[59]は，それまで17年間黒字経営を記録してきたが，ある時期になって2年連続で巨大な赤字を計上し，深刻な状況に苦しんでいた。新たにCEOへ就任したカールソンは，スウェーデン人のコンサルタントであるリチャード・ノーマン（Richard Normann）に提案・指導を依頼した。その結果，今日のスカンジナビ

ア航空にとって重要なのは，旅客機という有形資産ではなく，顧客と接する最前線の従業員が提供するサービスの質こそがもっとも大きな課題であることが浮き彫りとされた。ここで，ノーマンの指摘を引用してみよう。「ほとんどのサービスは，顧客とサービス企業の従業員との直接的な接触によって起こる社会的行為の結果である（Normann, 1984, 邦訳, pp. 28-29）」。このようなノーマンの指摘に対してカールソンは，次のように語っている。「私たちはこれまで，航空機やメンテナンス施設，営業所，業務システムなどの集積がスカンジナビア航空そのものだと考えてきた。しかし，スカンジナビア航空を形成しているのは，有形資産の集積だけではない。もっと重要なのは，顧客に直接，接する最前線の従業員が提供するサービスの質だ（Carlzon, 1985, 邦訳, p. 5）」。カールソンは，そう考えたうえで顧客に接した最初の接客態度である15秒間に集中する取り組みを強化した。具体的には「15秒という真実の瞬間にスカンジナビア航空を代表している航空券係，客室乗務員，荷物係など，最前線の従業員に，アイデア，決定，対策を実施する責任を委ねることであった（Carlzon, 1985, 邦訳, p. 6）」。

こうした取り組みと実行努力の結果，同社は，製品本位の企業からサービス本位，顧客本位の企業へシフトを果たすのみならず，僅か1年間で赤字企業から脱し，黒字企業へと大転換を成し遂げることができたのである。スカンジナビア航空によるサービス・イノベーションの奇跡の影響から，その後，欧州（特に北欧地域）では，サービス活動の重要性とサービス組織の改革などに一躍注目が集まり，これが「サービス・マネジメント」研究が本格的に始動するキッカケとなったとされている。

一方，米国では，「サービス・マネジメント」よりも「サービス・マーケティング」という表現がより広く一般に使用されている。米国は，世界で初めてマーケティングという概念と理論を生み出した国であり，このため，サービス・マーケティングなる潮流が生まれたと考えられる（蒲生, 2008）。米国において，「サービス・マーケティング」の重要性にいち早く影響を与えた人物とは，おそらく，マーケティングの分野で数々の業績を残したセオドア・レビット（T. Levitt）であるにちがいない。50年以上も前にハーバード・ビジネス・レビューへ発表した「マーケティング・マイオピア」のなかでLevitt（1960）は，経営者による製品中心の発想を否定し，顧客中心の発想に転換しなければならない意義を説いた。つまり，企業の活動とは，製品を生産するプロセスではなく，顧客を満足させる

プロセスであると理解すべきであり，顧客志向こそがマーケティングの本質であると主張したのである。また，Levitt（1969）は，「ドリルを買いに来た人が本当に欲しいのはドリルではなく穴である」という有名な「4分の1インチのドリル」の逸話を残しているとおり，本来，資本財や耐久消費財そしてサービスを問わず，あらゆる企業には，消費者が求める真の欲求を見つけ出し，本当の価値を提供する責任がある。そのため，企業が進むべき針路を「購買価値」から「使用価値」へ，プロダクト・アウト（企業志向）からマーケット・イン（顧客志向）へ，表面的な顧客満足から本質的な顧客満足へと舵を切ることがもっとも重要であると指摘した。さらに，Levitt（1972）は，サービスの要素が小さく見える産業ほど，大きなサービスの提供が求められること，そして，複雑な技術で身をまとったハイテク製品ほど，顧客サービスの有無を通じて利益が左右されると主張した。そのうえで，マーケティングとは，製品やサービスを販売する単なる行為ではなく，顧客価値の実現によって企業が成長する行為であると再定義した。

最後に，日本では，欧州発のサービス・マネジメント，米国発のサービス・マーケティングの両方に強い影響を受けたせいか，マネジメントを専攻する専門家は「サービス・マネジメント」，マーケティングを専門とする論者は，「サービス・マーケティング」という言葉を使用する傾向が強いようだ。また，これらの言葉以外にも，「サービス・イノベーション」という表現の仕方もなされているが，この背景には，日本が得意としているモノづくりへの強いこだわりや技術経営（MOT）の高まりなどの影響が大きいと考えられる[60]。

サービス学の研究は，「サービス・マネジメント」，「サービス・マーケティング」，「サービス・イノベーション」，さらに，「サービス・マーケティング・アンド・マネジメント（サービス・マネジメント・アンド・マーケティング）」，「サービス・サイエンス」，「サービス・ドミナント・ロジック」，「サービス・クォリティ」など，実に様々な論点と切り口から研究がなされている。それでは，次に，それぞれの流派の簡単な説明と代表的な文献研究について整理してみよう。

すでに論じたとおり，「サービス・マネジメント」は，欧州諸国の特に北欧を中心に発展してきた。これは，SASのCEOであったカールソンやコンサルタントとして指導したノーマンの研究が及ぼした影響が大きいとされている。また，

「サービス・マネジメント」とは，組織階層からすると全社レベルを対象とする研究アプローチであると考えてよい。先程のノーマンの著した「サービス・マネジメント」のまえがきを見ると，次のように書かれている。「本書が想定している読者は，高品質のサービスと知識を内容とする製品を生産している組織の上級経営者層である（Normann, 1984, 邦訳, p. 2）」。つまり，サービス・マネジメントは，サービスに関連する戦略や組織までも扱う学問なのである[61]。

また，「サービス・マーケティング」は，米国が起源とされる可能性が高く，これは，米国からマーケティングという概念が立ち上がった事実と深い関係があると考えられる。また，マーケティングは，組織階層からすると，機能レベルに該当するものである。よって，「サービス・マーケティング」もまた，機能レベルに該当する学問のように位置づけられるかもしれない。近藤（1999）は，サービス・マーケティングについて，サービスをどのようにお客様へ販売し，満足していただくか，サービスの販売に適した仕組みをどのように準備するかという課題を扱う学問であると，同書の「まえがき」で表しているとおり，サービス・マネジメントに比べ，より実践的かつ現場志向のアプローチであることが考えられる[62]。

一方，「サービス・イノベーション」は，サービスを革新の視点から捉え，理論的・実践的にアプローチするものであり，近年，モノづくりを重視してきた日本だけでなく，欧米でも活発に議論がなされているようだ。たとえば，日本では，産官学が連携して「サービス・イノベーション政策に関する国際共同研究」[63]を取りまとめ，その実態の解明に努めるなど，サービス・イノベーションに関する研究成果が数多く報告されている。また，欧米でも，サービス・イノベーションに関する研究成果は，近年続々と発信されており，その勢いは高まる一方である[64]。

ところで，サービス学の研究アプローチは，これまで論じた「サービス・マネジメント」，「サービス・マーケティング」，「サービス・イノベーション」だけでなく，これ以外にも4つの研究アプローチが存在する。

まず，「サービス・マーケティング・アンド・マネジメント（サービス・マネジ

メント・アンド・マーケティング)」は，サービスに関するマネジメントとマーケティングの両方を統合して扱うアプローチである。つまり，企業の組織や経営を対象とするマネジメントと主に顧客を対象とするマーケティングの両方を包括的に取り上げ網羅しており，よって，研究成果のボリュームは，必然的に膨大となる[65]。

「サービス・サイエンス」は，GDPに占めるサービス産業の割合の向上を背景として，サービスについて科学的に接近して工学的に評価しながら，体系化を図るものである[66]。つまり，コンピュータ・サイエンス，オペレーションズ・リサーチ，数学，経済学，経営学など，学際的なアプローチから，サービスの実態について分析するものである。サービス・サイエンスは，2004年，米国の競争力協議会の議長を務めたIBM会長であるパルミサーノによってまとめられた「イノベート・アメリカ」のなかで提唱された概念であり，その後，世界へ拡散されて今日に至っている。

「サービス・ドミナント・ロジック」は，伝統的なモノ中心の考え方である「グッズ・ドミナント・ロジック」からサービス中心の考え方である「サービス・ドミナント・ロジック」への移行を提唱するものである。これまでのモノ中心の世界観では，企業が価値を創造し顧客が価値を消費する一方向的なアプローチであったが，サービスが支配する世界観では，企業と顧客による相互作用によって価値が生み出される価値共創が重要なテーマとなる[67]。

最後に，「サービス・クォリティ」は，サービス化の発展に伴い，サービスそのものの品質を測定または評価する方法について関心を寄せるアプローチである。たとえば，「サービス・クォリティ」を測定するもっとも代表的な測定手法として，SERVQUALモデルがあげられる。SERVQUALとは，Service（サービス）とQuality（品質）を掛け合わせた造語であり，その内容とは，信頼性（Reliability），応答性（Responsiveness），確実性（Assurance），共感性（Empathy），有形性（Tangibles）という5つの品質次元とそれに含まれる22の設問項目について顧客へ解答してもらい，総合的なサービス品質の評価を求めるやり方である[68]。

7-2 サービス企業化研究の進展

次に、サービス企業化に関する研究の動向について触れてみよう。最近、あらゆる企業は、サービス企業であるとの論理を支持する指摘が国内外で議論されるようになってきた。たとえば、Vandermerwe and Rada (1988) は、世界中の企業を見ると、ますます「サービス」を企業の中核的活動における付加価値としている。そして、この傾向は、ほとんどすべての産業に浸透するものだが、特に、顧客需要主導型や競争力向上を実現したい企業に観察される。現代の企業は、すべての市場をひとつの束として、そして製品、サービス、サポート、セルフサービスそして知識など、顧客に焦点を置いた組み合わせの束として提供するあり方が拡大しており、こうしたムーブメントをビジネスのサービス化（Servitization）と命名している。

Slywotzky and Morrison (1997) は、これまでの伝統的なアプローチは、マーケットシェアが中心であったのに対し、これからは顧客と利益を中心とするアプローチが肝要であり、そのためには、ビジネス・デザインをリインベント（再構築）することが必要であると主張している（図表7-1）。また、顧客中心のロジックを拒む障壁として、次のような示唆に富んだ指摘を繰り広げている。第1は、経営者による長年にわたり染みついた製品中心の発想から顧客中心の発想へ転換する必要性である。第2は、企業が起業段階から成長段階そして成功段階ま

図表7-1　伝統的なバリューチェーンと顧客中心のバリューチェーン

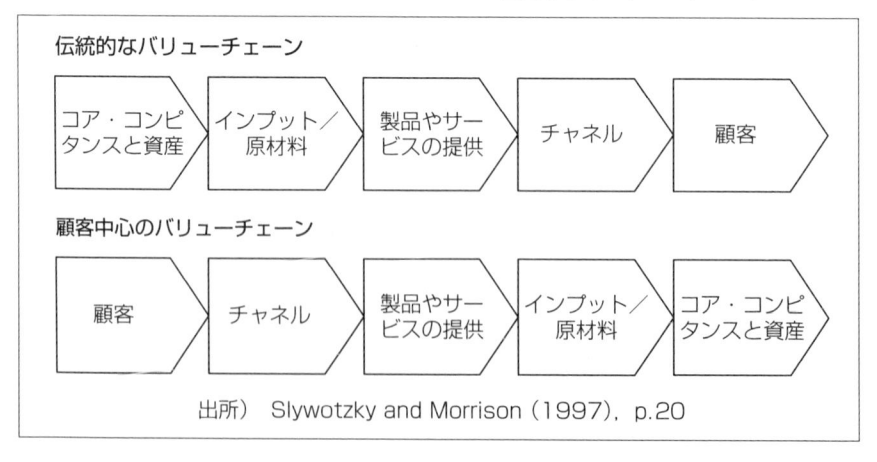

```
伝統的なバリューチェーン
[コア・コンピタンスと資産] → [インプット/原材料] → [製品やサービスの提供] → [チャネル] → [顧客]

顧客中心のバリューチェーン
[顧客] → [チャネル] → [製品やサービスの提供] → [インプット/原材料] → [コア・コンピタンスと資産]
```

出所）　Slywotzky and Morrison (1997), p.20

で成長するに連れ，顧客フォーカスから企業内部フォーカスへ重心が時間と共にシフトすることである。第3は，コア・コンピタンスや資産を起点とする伝統的な価値連鎖から顧客を起点とした価値連鎖への逆転である。第4は，これまで経営者が社内に費やしてきた時間配分をこれからは社外の顧客に向けて費やす必要性である。

Kotler（1999）は，すべての企業はサービス業でなければならないと主張している。つまり，実際に製品を購入する顧客は，製品そのものではなく，製品から期待されるサービスに対してお金を支払い購入しているのであり，その点からすると，伝統的な製造業とサービス業のような区別はほとんど意味をなさないとしている。

今世紀に入ると，すべての企業がサービス企業へ進化する意義がますます強調されるようになってきた。たとえば，Albrecht and Zemke（2002）は，顧客志向とは，「よく熟知されたサービス戦略」，「有能なサービス人材」，「顧客満足を可能にする優れたシステム」という3つの相互作用から生み出されるものであり，これを「サービス・トライアングル」と命名している。

Vargo and Lusch（2004）は，マーケティングの立場から，伝統的なグッズ・ドミナント・ロジック（G-Dロジック）中心から，サービス・ドミナント・ロジック（S-Dロジック）へシフトすべきであると主張している[69]。まず，G-Dロジックは，モノとモノ以外の何か（サービス）を別々に分ける考え方である。これに対し，S-Dロジックは，すべてはサービスであり，具体的には，モノを伴うサービスとモノを伴わないサービスとに区別できるとするものである（藤川，2012）。価値創造の担い手とは，G-Dロジックがモノづくりを担う企業であるのに対し，S-Dロジックの場合，企業と顧客による価値共創となる。価値尺度については，G-Dロジックが市場で対価と交換される交換価値が重視され，S-Dロジックは，企業と顧客が製品・サービスの購買前，購買時，購買後に発生する多様な文脈のなかで使用する使用価値が重視される。G-Dロジックは，価値源泉を製品に求めるため，「モノづくり」が重視される。つまり，顧客は良いものを求めているので，良いものを作れば必ず売れるという思想哲学であり，このため，サービスは問題にならないとする世界観である。これに対し，S-Dロジックとは，価値源泉をサービ

スに求めるため,「コトづくり」が殊更注目されるアプローチである。すなわち,顧客は良いサービスを求めているのであり,たとえ良い製品や技術を生み出すことができたとしても,必ず売れる保障はないという思想哲学である。つまり,いくら製品の品質が優れていても,顧客が使用してくれなければ価値はゼロ同然なのであり,たとえ良いものではなくても,顧客が利用してくれるのであれば,価値が高いことを意味する世界観である。

　藤川・ケイ（2006）によると,日本発のサービス・イノベーションは,生活起点が特徴であると主張している。生活起点のサービス・イノベーションとは,生産性が低く競争力の弱い旧態依然とした国内産業や日常生活に根差したなかで新たなサービス企業を生起することだと指摘している。

　Berry., Shankar, Parish, Cadwallader and Dotzel（2006）は,サービス・イノベーションの創造から新しい市場を創造するために必要な9つの成功要因に触れている。すなわち,「スケーラブルなビジネスモデル」,「包括的な顧客―経験マネジメント」,「従業員の成果のための投資」,「継続的なオペレーショナル・イノベーション」,「ブランド差別化」,「イノベーション・チャンピオン」,「最高の顧客便益」,「値ごろ感」,「継続的な戦略イノベーション」である[70]。

　Kotler., Kartajaya and Setiawan（2010）は,製品中心のマーケティング1.0から消費者中心のマーケティング2.0へ変化し,これからは人間中心のマーケティング3.0の時代へ突入すると述べながら,マーケティング3.0における10の信条のひとつとして,「ビジネスとは何であれ,それはサービスビジネスである（Whatever your business, it is a service business）」と指摘している。

　Chesbrough（2011）は,最近の著書の中で「製品中心のイノベーション」から「サービス中心のイノベーション」への転換を強調している。なぜなら,製品中心のイノベーションの世界は,コモディティ・トラップ（Commodity Trap）,危険なトレッドミル（treacherous treadmill）の状態に陥っており,成長には限界が指摘されるからである。そこで,企業はサービス中心のイノベーションに転換することでこれらの障害を克服できると考えた。そのうえでChesbroughは,下記のような4つのコンセプトを提唱している。第1はサービスビジネスとしてビジ

ネスを考える。第2は顧客との共創を重視する。第3としてオープン・イノベーションはサービス・イノベーションを加速化し進化させる。最後に，第4としてビジネスモデルはサービス・イノベーションによって変換できる。

7-3 ハイブリッド事業戦略の論理

サービス企業化に関する研究が徐々に高まりを見せるなか，最近になって，製品とサービスを統合するハイブリッド事業戦略に関する議論が活発に交わされるようになってきた。というのも，「川上と川下」，「モノづくりとコトづくり」，また最近では，「モノづくりと顧客価値づくり」をそれぞれ統合するハイブリッドな事業展開が数多くの企業の間で観察されるようになったからである。たとえば，アップルのヒット商品であるiPod端末とiTunesサービスは，相互に成長し得るハイブリッド事業戦略の代表的な事例である。また，セブン&アイHDグループでは，7,500種類ものPBを開発し企業グループ全体で取り扱うなど，自社で商品企画した製品と複合的なサービスを組み合わせるビジネスモデルによって，今日，高業績を収めている。

ハイブリッド・ソリューションは，ハイブリッド・オファリングとも言い換えられる。ハイブリッド・ソリューション（Hybrid Solution）は，もし，製品やサービスを個別に利用した場合に比べ，ひとつあるいはそれ以上の製品やサービスのコンビネーションとして提供し，顧客へより多くの便益を創造することであると定義される。ハイブリッド・ソリューションに関する研究成果やその重要性を指摘する論者は，残念ながら，まだ非常に少ないのが現状のようだ。

たとえば，Gulati（2007）は，コモディティ化した時代，模倣が困難でしかも高価格政策が可能な製品とサービスを組み合わせるカスタマー・フォーカス・ソリューション（CFS）が重要だが，しかし，そのためには，CFSを開発するための組織体制を整えるべきであると主張している。そして，CFSを実現する組織に必要な条件として，①部門間で情報や活動を共有できるような組織構造とプロセスを構築する調整（Coodination），②企業文化を変革し，インセンティブを与え，権限委譲を図る協力（Cooperation），③ソリューション人材の確保を図り，キャリアパスを設けるケイパビリティ（Capability），④外部のパートナーと協力する

ことで効率的にCFSの価値を高める協業（Conection）という４つのＣを取り上げている。

　また，Shankar., Berry and Dotzel（2009）は，製品とサービスを連結する革新的な提供とその一体化をハイブリッド・ソリューションと命名している。そして，BtoBやBtoCなど100社以上を対象にハイブリッド・ソリューションの成功事例について詳しく調査した結果，ハイブリッド・ソリューションの開発には，少なくとも４つのルールが存在することを明らかにしている。ひとつは，製品とサービスの市場で差別化できる所を探す。ふたつ目は，サービスの範囲を決め，製品の規模を拡大する。三つ目は，多様なハイブリッド・ソリューションについて売上と利益の可能性を見極める。四つ目は，ブランドに投資する。加えて，Shankarらは，製品とサービスの依存性が高く組み合わせることで生まれる価値が高まる補完性（Complementarity）と依存性が低く組み合わせても価値は高まらない独立性（Independence）というふたつの軸を設け，それぞれのクロスから４つのハイブリッド・ソリューションを求めている。第１のセルは，補完性と独立性が共に高いタイプである。これは，柔軟性のあるバンドリング（Flexible Bundle）と呼ばれ，新たな価値を提供できるタイプである。第２のセルは，独立性が高く補完性は低いタイプであり，これは，安心する安らぎバンドリング（Peace of Mind Bundle）と呼ばれている。このタイプは，最善の提供を手に入れることを保証するタイプである。第３のセルは，独立性は低く補完性が高いタイプであり，製品とサービスを分けられない多様な便益のバンドリング（Multibenefit Bundle）である。第４のセルは，最低限の補完性と独立性しか持ちえないタイプであり，製品とサービスを組み合わせても付加価値を生み出さないワンストップのバンドリング（One Stop Bundle）である。

　自動車など製造業の研究で有名なCusumano（2010）によると，あらゆる業種では，製品とサービスの結束や結合など相互補完性が強まり，製品とサービスを分けて考えるのが次第に難しくなってきていると主張している。たとえば，サービスとは，製品を売るためのプラットフォームとして重要である。確かに，工作機械やロボット，建設機械などでは，ユーザーはマシンを購入するというよりも，メーカーが提供するサービスを買っていると表現した方が適切である。というのも，生産財や資本財とは，基本的に仕事をするマシンなので，故障などトラブル

に見舞われる場合が数多くあり，このため，マシン・ビルダーが提供し得るサービス・メンテナンス力がマシンを購入するユーザーの重要な選択条件となっているからである。その一方で，今日の製品とは，もはや新しいサービスを売るために必要なプラットフォームになっている。たとえば，アップルのiPhoneやiPadという端末は，iTunes，iBookなどのサービスを提供するためのプラットフォームであり，同じく，GEの飛行機エンジンやCTスキャンのような製品とは，遠隔監視や遠隔診断というサービスを可能にするプラットフォームである。さらに，自動車メーカーが生産するクルマは，自動車ローン，リース，保険など金融サービスをユーザーへ販売するためのプラットフォームである。多くの異なる業界では，とりわけ，デジタル技術の進歩から「製品のサービス化」，「サービスの製品化」が同時に進んできている。このため，製品とサービスの両方でイノベーションを生起し，両方から収益を得るハイブリッド企業のマネジメント能力が新たな課題として浮上してきていると分析している。

Ulaga and Reinartz (2011) は，製品とサービスをハイブリッドに提供するやり方が製造業の成功につながるものと指摘している。彼らによると，ハイブリッド・オファリング（Hybrid Offering）を成功させるには，ユニークな資源（インストール・ベース製品方法とプロセス・データ，製品開発と製造資産，製品販売力と物流ネットワーク，フィールド・サービス組織）と独自な能力（サービス関連のデータ処理と解釈能力，実行危険度評価と緩和能力，デザインからサービスまでの能力，ハイブリッド・オファリング販売能力，ハイブリッド・オファリング開発能力）を統合することで，差別化優位性とコスト・リーダーシップ優位性を同時に獲得できると主張している。

第8章 サービス製造業の未来

8-1 サービス製造業とは何か

　本章では，2種類のサービス製造業，すなわち，「顕在化したサービス製造業」と「潜在的なサービス製造業」が今後どうなるのかその行方について考察する。最初に，改めてサービス製造業とは何か整理する。次に，「顕在化したサービス製造業」のさらなる拡大についてまとめる。最後に，「潜在的なサービス製造業」の可能性について議論する。

　本書では，製造業とサービス業の新しいやり方または現象を「サービス製造業」と命名した。「サービス製造業」とは，製造業とサービス業という従来の区分を超えた行為または現象であり，具体的には，2種類のタイプに分類が可能である。ひとつは，すでに業種間を超えた取り組みがなされている「顕在化したサービス製造業」であり，これは，「製造業によるサービス化」と「サービス業による製造化」という相反する動きとして分類できる。もうひとつは，現在，まだ混沌としているものの，将来的には活発化が予想される「潜在的なサービス製造業」であり，具体的には，製造業とサービス業の統合または一体化である（図表8-1）。

　「顕在化したサービス製造業」のうち，「製造業によるサービス化」におけるそ

図表8-1　サービス製造業のタイプ

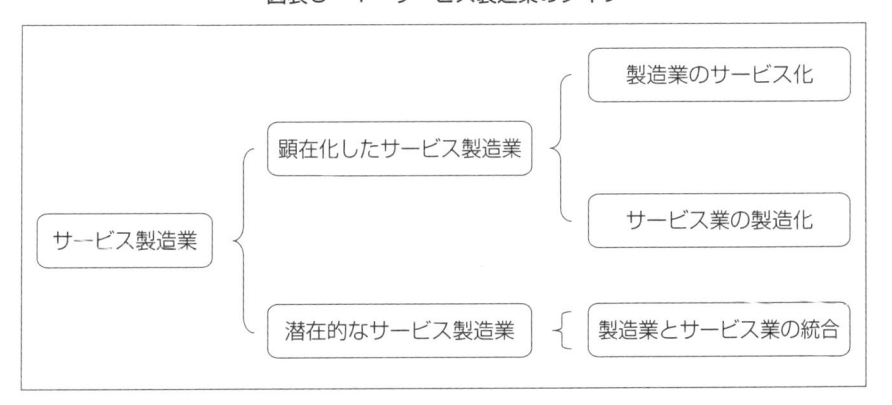

サービス製造業	顕在化したサービス製造業	製造業のサービス化
		サービス業の製造化
	潜在的なサービス製造業	製造業とサービス業の統合

の主な論点としては，3つあげられる。第1は，製造業によるサービス事業展開である。現在，川上企業（メーカー）にとって魅力的なプロフィット・ゾーンは，川下部分である。なぜなら，川上部分の利益は，ほぼ取り尽してしまったが，川下部分は，いまだ手つかずの利益が眠っているからである。また，川上部分を巡るライバル間競争はグローバルなスケールで激化しており，サバイバル・ゲームの様相を強めている。川上企業は，川下部分で新たな利益源泉を探し出すのではなく，既存の川上事業とうまく組み合わせた仕組みを作ることで，ライバルに対する強力な模倣困難性と消費者との深い信頼や関係性の構築が達成できるのである。

　第2は，製造業によるサービス事業の有償化である。これまでの製造業は，サービスを無償で提供する場合が少なくなかった。というのも，サービスとは，無償で提供するからサービスなのであり，これを有償に変えたら，もはやサービスとはいえないからである。サービスの語源とは，ラテン語のServitusに由来し，その意味は「奴隷」または「奉仕」等を指すものであり，よって，サービスは無償の行為とされてきたのである。ところが，1990年代初め，IBMやGEのような米国の製造業では，これまで無償扱いされ軽視してきたサービスの有償化を試み，その結果，飛躍的に業績が回復したことに加え，サービスの事業化が厳しい企業間競争における強力な武器となる事実を明らかにしている。また，日本でも輸出財に内包されたサービス業が生み出す付加価値は，大きいことがすでに示されている。平成25年度年次経済財政報告によると，輸出財の製造プロセスに占めるサービス業（研究開発，商品開発，マーケティング，保守・アフターサービスなど）の付加価値貢献度は高く，サービス業が製造業の川上活動プロセスに深く組み込まれているとの指摘がなされている。

　第3は，製造業からサービス（ソリューション）業への転換である。製造業の基本的なビジネスモデルは，製品を開発して市場へ提供し，利益を稼ぐ仕組みであった。ところが，特に新興国との企業間競争の激化，製品市場の成熟化，消費者の可処分所得の低下など，製造業を取り巻く環境の変化から，ハードウエアによる収益化モデルは，非常に厳しい現実に直面している。たとえば，過度にハードウエアに依存し過ぎると，経済や市場の変化に影響されてしまい，低収益に陥りやすい。そこで，今日の製造業のなかには，従来のハードウエア志向のさらな

第8章　サービス製造業の未来

る強化を図る企業がいる一方で，長年，モノづくりで培った知識・ノウハウを梃子にして知識や情報というソフトウエアをビジネスとして提供するサービス（ソリューション）業中心の企業へシフトを図る企業が徐々に増え始めている。たとえば，富士通では，2013年，モノづくりの国内回帰に加え，新興国と同等の「コストダウン」，高付加価値品の設計・開発から生産までの「時間短縮」，世界市場での需要変動に柔軟に対応できる「生産体制づくり」の構築が必要な日本の製造業に対し，これまで培ってきた「ものづくり」のノウハウや技術，サービスを体系化した「ものづくりソリューション」を提供している。

図表8-2は，富士通のモノづくりソリューションだが，その主な内容は，①先進的な3D表示技術（VR）を活用する「仮想検証ソリューション」，②工場の稼働率と生産性の向上を支援する「ものづくりビッグデータ分析」，③3Dプリンターによる試作サービス，④同社の工場のノウハウとリソースを活用する「製造支援サービス」である。同社では，2016年度まで売上1,500億円を見込んでいる。

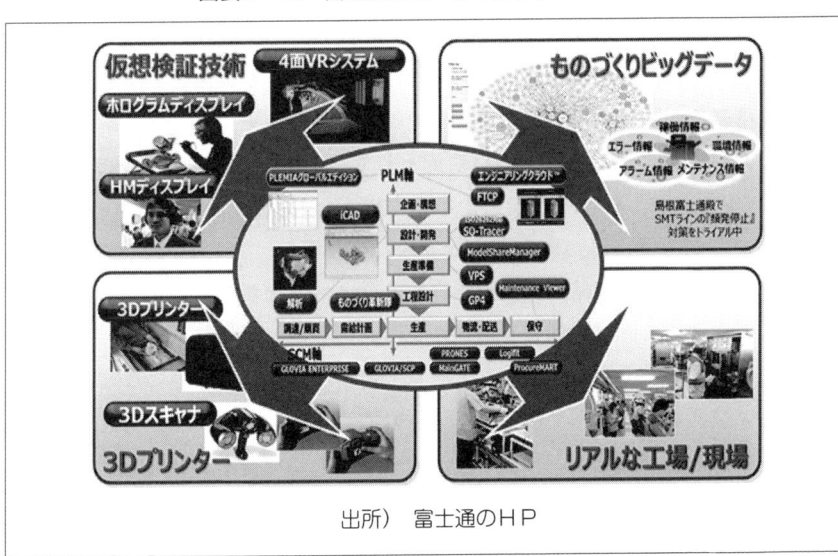

図表8-2　富士通のモノづくりソリューション

出所）富士通のＨＰ

次に，「顕在化したサービス製造業」のうち，「サービス業の製造化」について考察してみよう。サービス業の製造化を巡る論点もまた3つあげられる。第1は，サービス業によるPB商品の開発である。製造業に比べ，サービス業の利益率は，相対的に低いことがよく知られている。このままでは，いくら非正規人材の活用

151

など省力化に努めたとしても,一向に業績向上にはつながらない。また,多様なサービス業態に伴うライバル間競争が激化の様相を強めており,とびぬけた高業績を記録するのは,かなり困難となってきている。その突破口として,サービス業の新たな収益化モデルであるPB商品の開発が拡大している。サービス業による製造化(PB化)には,次のような絶好のメリットが潜んでいる。ひとつは,川下に位置するため,顧客の生の声や情報を集めやすい。もうひとつは,川上競争の激化により,採算の悪化に苦しむ製造業にとってPB商品の開発は,喉から手が出るほどのビジネスチャンスなことである。

　第2は,製造技術者たちの他業種(サービス業)への移動である。リーマン・ショック以降,日本経済は深刻な円高と株安に見舞われ,個人消費が大きく落ち込んだ結果,日本の製造業のうち,自動車や家電が大幅な業績赤字に苦しんだ。とりわけ,家電メーカーは,自動車が自前の販売代理店を経由して市場へ提供するため,値崩れを最小限にコントロールができるのに対し,家電は,主要な販路を家電量販店等の外部に依存するため,常に,国内外のライバル製品との比較競争に晒される。また,消費者がICTを駆使して買い時を探り,買い控え行動を展開することから,新製品の発売後,わずか半年間で価格が半値まで下がるという猛烈な価格競争に陥りやすい構造的体質を持つ。その結果,多くの家電メーカーが巨額な業績赤字に苦しみ,その打開策として,工場を対象にリストラ(主に早期退職)が実施され,社内で手塩にかけて育成した数多くのベテラン技術者やエンジニアたちが労働市場へ放たれた[71]。これに目を付けたのがPBへの進出やマニュファクチャリング戦略を目論む小売や流通といったサービス業であった。というのも,慢性的な低収益体質を何とか克服したいサービス業がその突破口と考えたのがサービス業の製造化であり,家電で培った知識・ノウハウと経験を有するベテラン技術者のリストラは,まさに絶好のチャンスであった。こうして,ベテランの技術人材が製造業からサービス業へシフトした結果,独創的な商品が生み出されるようになったことに加え,これまで不十分だった工場管理もまた彼らの手で実施されるようになり,効率的なローコスト・オペレーションによる改善もまた進み,業績の向上につながった。

　第3は,NB製造業(メーカー)からPB受託業者への転身である。現在,PB商品は高い人気と拡大を誇っている。そして,将来的にもPB商品が持続的に成長

した場合，これまでPB開発のパートナーに過ぎなかったNBメーカーが本格的にPB受託業者へ転身する可能性も考えられる。確かに，PB受託メーカーとなるリスクは少なくない。たとえば，PB商品が不人気となり消費者に売れなくなったときは，収益の激減は避けられない。また，ビジネスの主導権は流通業にあるため，イニシアチブを発揮できないリスクも考えられる。さらに，流通業との持続的な関係をキープするため，一定のコストを支払う必要も発生するかもしれない。その一方で，PB受託業者になれば，次のようなメリットを手にすることができる。たとえば，工場稼働率の向上である。高額な工場設備は，十分に稼働させないとペイできない。よって，PB商品の開発に踏み切れば，遊休資産の改善を図ることができる。また，PB商品の場合，広告宣伝費や販売促進費はすべて流通業の負担となるため，高額なマーケティング・コストを回避できる利点も大きい。特に，低価格なPB商品は，もともと粗利率が低いため，販管費を抑えることが採算を維持する決め手となる。さらに，PB商品は，流通業がすべて買い取るのが基本である点もメリットとして見逃せない。

その一方で，PB受託業者への転身のみならず，将来的にPB商品の需要がさらに拡大した場合，流通業がPB商品の開発を依存してきたNBメーカーをM&Aの手段を用いて買収し，本格的に川上への進出を図るシナリオもまた考えられる。もともと川上と川下は，川の如くつながっており，本来なら製造業とサービス業のように区別できないはずである。このような視点で考えると，流通業が製造業を買収し，内部化する行為は正しいと思われる。しかしながら，流通業が製造機能を所有すべきか，それともこれまで通り外注として利用すべきかどうかという経営判断は，非常に困難を伴う意思決定が求められるにちがいない。というのも，時代の流行や変化，経営の状態そして目指すべき経営目標などを踏まえながら，総合的に判断されるべき話だからである。このため，今の段階では，慎重な対応が求められるという指摘に留めておきたい。

8-2 顕在化したサービス製造業のさらなる拡大

次に，「顕在化したサービス製造業」は，今後とも拡大するだろう理由について述べてみたい。まず，結論を先取りすると，製造業のサービス化は，今後とも活発化することが予想される。というのも，日本の製造業によるサービス事業戦

略は，認識も含めて未だ十分とは言えないからである。したがって，これまで以上に川下活動へフォーカスし，競争優位性の源泉とする必要がある。2013年版モノづくり白書によると，バリューチェーン上における競争力の源泉について調査したところ，応用研究（82.4％），設計（82.1％），基礎研究（81.4％）のような研究開発が自社にとって付加価値や競争力の源泉として高く認識される一方で，販売（60.7％），アフターサービス（70.5％）に対する重要性の認識は，相対的に低いという結果が得られている。つまり，今日の製造業は，川上活動を競争力の源泉と認識しているのに比べ，川下活動はやや軽視しており，このため，取り組みが遅れているのが現状である。その最大の理由として川下活動は，顧客接点であるという認識不足に加え，川下活動が生み出す高い付加価値を疎かにしている可能性等があげられる。このため，将来的には，川下活動に対する従来の認識を改め，川上活動と同等レベルか，それ以上の価値ある活動としてより一層の強化を図ることが肝要である。さらに，製造業のサービス化の必要性は，それだけではない。製造業の脆弱性という面からも，サービス事業化は重要である。製造業が稼ぎ出す付加価値は確かに大きい。唐津（2001）によると，製造業は，無から価値を生み出す産業であり，たとえば，鉄鉱石を輸入した時の価格は1トン2,000円に過ぎないが，鉄板に加工すると1トン50,000円となり，その鉄板を工場で自動車にすると1トン100万円に化ける。これが付加価値率の高い製造業の正体であると言及している。ところが，製造業は大きな弱点を持っている。それは，川上活動のグローバル化や経済変動に強い影響を受けやすく，また，価格競争に巻き込まれやすい脆弱な体質を内包することである。

　まず，日本の製造業は，量産工場の多くをアジア各国へ移転している。たとえば，2012年の製造業の海外生産比率は32.9％であり，将来的には38.6％となる見通しである。また，業種別にみると，自動車39.4％，電機・電子は43.3％と，すでに半分近いオペレーションが現地生産によって占められている（国際協力銀行，2013）。ところが，生産拠点のグローバル化は，現地の様々なカントリーリスクに遭遇する危うさも伴う。国家の対立や天災などの自然災害に加え，酷い時には，革命や戦争まで巻き込まれる危険性もある。実際，中国やタイランドへ進出した日本企業は，数年前，暴動や洪水など現地が抱える数々のリスクに巻き込まれ，大きな被害を受けた経験も持っており，決してすべてがバラ色ではないのである。
　また，経済変動では，為替相場が円安から円高へ移行した時，自動車や家電な

どの輸出企業の業績は，瞬く間に赤字に転落してしまう。具体的に言うと，数年前，75円台を記録した超円高局面を思い出してもらいたい。わずか1円の円高・ドル安になるだけで，ホンダは150億円，トヨタ自動車については340億円もの減益となるほどのダメージを伴う（日本経済新聞，2011年8月20日）。このため，自動車などの輸出企業がいくら高品質で低価格なマシンを開発したとしても，性能や品質の善し悪しにかかわらず，為替変動により利益が勝手に目減りしてしまうのである。しかも，一民間企業が為替相場を自由にコントロールすることは不可能であり，もはや手も足もでないのが現状である。

　加えて，先述した通り，家電などの輸出企業では，国内外のライバルとの競争が熾烈を極めるため，新製品を開発し市場へ投入しても，半年から一年位するとあっと言う間に値崩れを起こし，いわゆる一般化（コモディティ化）する事態となり，営業利益率が著しく低下する事態に陥ることが少なくない。
　製造業によるサービス事業戦略は，ただ競争領域を拡大するだけではない。サービス事業を手掛けることで，製造業は改めて顧客とは何か，真の顧客ニーズとはいったい何かを知ることができる。これにより，サービス事業から得られた顧客情報が川上のモノづくりへ絶えずフィードバックされ，卓越した製品の開発が実現できるのである。しかし，ここで注意すべきは，川下活動を強化してそこから得られた知見や情報を川上のモノづくりへフィードバックできたとしても，過剰な顧客志向のモノづくりに陥ることだけは，何としても避けるべきである。顧客志向とは，聞こえはいいが，移ろいがちな消費者に翻弄され，企業の品格を失いかねないからである。よって，どんなに環境や流行が変化しても，強いこだわりや意志を押し通す愚直なモノづくりの姿勢もまた必要である。つまり，なんでも顧客志向とするのではなく，プロダクト・アウトとマーケット・インのバランスをとるようなモノづくりを展開することがもっとも肝心である。

　一方，サービス業の製造化は，製造業のサービス化と同様に，さらなる飛躍と拡大が予想される。というのも，サービス業における利益率の低さからである。一般的に，利益率が高い業種ほど給与水準は高く，利益率が低い業種ほど給与水準は低くなる。それを証明するため，**図表8－3**は，製造業と流通業における給与水準格差の推移を示したものだが，近年における業種間の賃金格差は，約10万円以上も製造業に比べてサービス業が低いことがわかる。これは，サービス業が

155

製造業に比べると収益性が低く，給与を引き下げざるを得ない事実を物語っている。サービス業の収益性が低い最大の理由とは，これまでNB商品を中心に取り扱ってきたからであり，これを続けている限り，将来的にも高い収益は期待できない。なぜなら，デフレ経済下では，NB商品の低価格化が止まらず，NBメーカーだけでなく，サービス業の受取利益もまた引き下がってしまい，経営的にはますます苦境に陥ってしまうからである。また，アマゾンや楽天などネット通販が急速に台頭しており，リアル店舗を中心とした伝統的なやり方は，すでに限界に差し掛かってきている。こうした難しい局面を克服するため，サービス業が出したひとつの結論がサービス業による製造化であり，具体的に言うと，PB商品の開発である。

おそらく，サービス業のPB戦略は，将来的にもこれまで以上に活発化するだろうことが予想される。その最大の理由とは，サービス業の立ち位置から生じる情報優位性（Information Advantage）である。周知のとおり，サービス業の立ち位置は消費者に近く，市場ニーズの内容や変化の状況を容易に獲得しやすい。しかも，性差別，年齢別，生活者別に顧客の生の声を集めやすく，希少な情報を入手できる川下特有の情報優位性は，国内市場の成熟化が進むほど，消費者のハー

図表8－3　製造業と流通業における給与水準格差の推移

年	製造業	流通業	給与水準格差
2000年	371,452	271,644	99,808
2001年	368,915	268,636	100,279
2002年	363,937	256,376	107,561
2003年	369,290	256,586	112,704
2004年	380,183	234,953	145,230
2005年	380,885	269,487	111,398
2006年	385,754	270,544	115,210
2007年	374,484	268,016	106,468
2008年	374,362	273,768	100,594
2009年	349,603	258,694	90,909
2010年	362,340	265,471	96,869
2011年	368,340	262,413	105,927
2012年	372,073	270,548	101,525

注記）　各年の事業所規模5人以上の現金給与総額。流通業とは、卸売業・小売業。
資料）　厚生労働省毎月勤労統計調査より作成。

トをつかむ価値提案には有利に働く。これに対し，製造業は，消費者から遠い川上に位置取りするため，消費者が求める真のニーズを把握するには，構造的にも不利なポジションにあり，たとえ多額の費用と時間を費やして開発した新製品でも，消費者のハートをつかみ損ねてしまい，転落する危険性もまた少なくない。こうした理由から，サービス業は，相対的な情報優位性という有利な立場を生かし，川上事業への参入を積極化させている。また，今日のかなりの製造業では，コア事業の成熟化で苦しんでおり，このため，参入障壁が低いこともサービス業にとってプラスに働いている。

　最後に，サービス業の製造化は，少なくとも2つのタイプに区別ができる。ひとつは，サービス業が独力でモノづくりに挑むやり方である。つまり，サービス業が原材料の調達だけでなく，モノづくりの開発主体としてPB商品の開発に取り組むことである。しかしながら，モノづくりに関する知識・ノウハウの蓄積や豊富な経験を有するサービス業は，おそらく存在しないため，現実的には，TOB（株式の公開買い付け）のようなM&Aの手段を用いて，有望なNBメーカーを買収してモノづくり機能を獲得する政策が有効である。

　もうひとつは，サービス業がモノづくりに関する深いスキルをゼロから立ち上げていくのではなく，すでに存在する有力なNBメーカーとタイアップしながら，その経営資源や組織能力を活用するやり方である。これは，換言すると「製販同盟」であり，今日のほとんどのPB開発は，このタイプに該当する可能性が高い。そして，今後ともPB商品の需要が拡大した場合，サービス業の高い要求水準に耐えうる製造業の収斂化が進み，最終的には，強力な競争力を有するメーカーだけが生き残るという事態に発展するかもしれない。おそらく，最初に，ブランド力のない中小メーカーや商品企画力の乏しいメーカーが淘汰されるか，あるいは巨大なメーカーによって買収され，PBの受託業者として最後まで生き残れるのは，一握りの有力なメーカーだけとなってしまうことが危惧されるが，実際に欧米諸国では，この流れが現実のものとなっている。欧州市場では，ネスレやユニリーバ，そして，米国市場では，ペプシコ，クラフト・フーズ，P&Gなど，日本でもおなじみの消費財メーカーにPB商品の開発が集中しており，寡占化している（日本経済新聞社編，2009）。たとえば，約40兆円という世界最大の売上規模を誇る米国におけるパワー・リテイラーであるウォルマートを取り上げる

と，同社と互角に交渉できる有力なメーカーは，同じく世界最大の日用品メーカーであるP&Gしかいなくなってしまったとも言われている。今日，ウォルマートに占めるP&Gの世界売上は15%，アメリカ市場に限っては30%にも及んでおり，高い蜜月関係を構築している。両社の戦略提携関係は，1987年，P&Gがウォルマートへ話を持ちかけ，ウォルマート本社に財務，物流，製造，その他の機能からなる専属チームを派遣したことに始まる。その後，両社では，協力して売れ行きや在庫データなどをコンピュータによって情報共有し，最適な生産システムと出荷計画ができる仕組みを構築した。そして，現在では，ウォルマート本社があるアーカンソー州にP&Gが専用オフィスを設置し，マーケティング，財務，サプライチェーン，物流，市場調査を専門とする数百人規模のスタッフを常駐させ，顧客ビジネス開発（Customer Business Development：CBD）組織を編成し，ウォルマートの各店舗の販売データ管理に加え，売り場の共同開発，需要予測や販売計画の策定をするなど，両社の関係は，運命共同体の域にまで達している。

　こうしたウォルマートとP&GによるWin-Winによる協力体制と同様なシステムを日本の製造業とセブン＆アイHDまたはイオングループがすでに構築しているのかどうか不明だが，とはいえ，業界を代表するウォルマートとP&Gによる製販同盟の仕組みについては，今後，見習うべき点が多いといえるだろう。

8-3　潜在的なサービス製造業の可能性

　今日，競争力の高い企業に共通するのは，企業の競争空間を意味する事業領域（Domain）を川上または川下のいずれかに固定化し，諸資源を割り当てるのではなく，川上志向の企業ならば，川下へ積極的に進出を果たし，逆に，川下志向の企業であれば，川上の事業へ乗り出すという事業領域の拡張を活発化させていることである。たとえば，本書で事例として取り上げたトヨタ自動車，コマツ，ファナック，セブン＆アイHD，イオングループなど，持続的な競争優位性を有する企業は，どれも既存の川上から川下へ，逆に既存の川下から川上へと相互に異なる展開を果たしていることがわかる。つまり，競争力の高い川上企業ほど，川下の事業へ熱心に取り組んでいる一方で，高業績な川下企業ほど，上流にある川上事業の開拓に余念がないのである。つまり，逆説的に表現すれば，競争力の低い川上企業ほど川下戦略を軽視し，逆に，低収益な川下企業なほど川上戦略の

第8章 サービス製造業の未来

実行を単純に無視している可能性が高いということになる。

　こうしてみると，持続的な競争優位性の構築や安定した高業績を記録している優良企業に共通するのは，川上企業であれば川下戦略，川下企業ならば川上戦略という，相互に異なる事業ドメインへのアクセスに注力していることである。そして，これら優良企業が生み出した成功パターンやビジネスモデルを業界内における追従企業が模倣し，採用を活発化させた場合，これまで以上に川上と川下を隔てる境界の壁が崩れ，最終的に川上と川下は統合されるというシナリオが見えてくる。

　図表8－4は，製造業とサービス業における関係性の変化の推移を示したものであるが，その前に，個々の概念規定を明確にしておこう。まず，「業」とは，対価を得るための反復的行為であると理解される。よって，製造業は，モノづくりという反復的行為，サービス業は，コトづくりという連続的行為のように規定することができる。次に，「社会的分業」とは，労働の専門化を通じて生み出される社会編成のように定義される。そして，社会的分業によって得られる波及効果の測定を「産業連関」と呼び，これまで一国の経済において得られる相乗効果を測定する分析手法として広く利用されてきた。

図表8－4　製造業とサービス業における関係性の変化

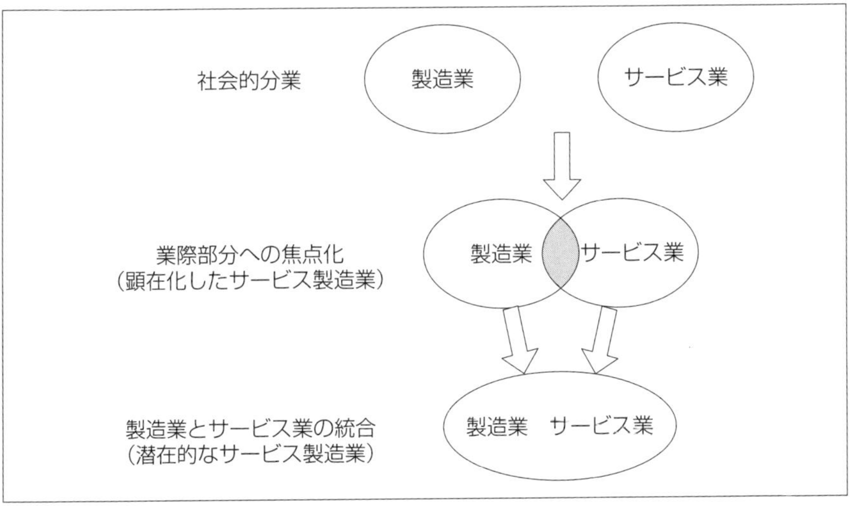

社会的分業	製造業　サービス業
業際部分への焦点化 （顕在化したサービス製造業）	製造業∩サービス業
製造業とサービス業の統合 （潜在的なサービス製造業）	製造業　サービス業

　製造業とサービス業における関係性のスタートは，製造業とサービス業を個別

的に成立させる過程から始まる。つまり,ふたつの性格が異なる業（反復的行為）を組み合わせ,生産性や専門性の向上を図るのが社会的分業の意味である。

　ところが,最近,業と業の間にまたがる「業際」部分に着目する企業の行動が活発化してきた。「製造業によるサービス事業化」,「サービス業による製造化」など,「顕在化したサービス製造業」の台頭である。というのも,製造業やサービス業が単体で新しいビジネスチャンスや画期的なイノベーションを個々に生み出すことが難しくなってきたからである。そのため,製造業はサービス事業まで手掛け,サービス業はモノづくり事業へ進出を果たすことで,新たな収益化の源泉を確保するだけでなく,競合他社に対するビジネスモデルの差別化を達成できるようになったのである。

　さて,このような業際部分への焦点化が今後ますますエスカレートするような場合,将来的には,業際を超えて製造業とサービス業を統合する（潜在的なサービス製造業）[72]時代が訪れるかもしれない。そこで,次に,「潜在的なサービス製造業」の可能性について言及してみよう。ひとつ目の「潜在的なサービス製造業」の可能性は,製造業とサービス業の距離がより一層近くなり,やがて統合まで行きつくというストーリーである。これまで何度も触れたとおり,川上活動が生み出す付加価値は,著しく低下してきている。それは,成熟化経済の進展,川上活動を巡るグローバルな企業間競争の激化,高価格化や消費者ニーズとのミスマッチなど,伝統的なプロダクト・アウト志向の弊害[73],アーキテクチャーのデジタル化に伴い擦り合わせ技術の無効果などがその主な理由である。このため,製造業は,川上と川下の活動を統合させ,複合的なハイブリッド収益化モデルの構築に強い関心を抱くようになってきた。一方,川下活動は,長年,慢性的な低い収益性に苦しんできた。サービスという業種の本質的な特徴に加え,NBの低価格化に伴う採算の悪化,国内市場におけるリアル店舗同士の競争激化,破壊的ビジネスモデルであるネット通販の台頭がその主な原因である。この深刻な問題を解決する有効な手段として,サービス業では,現在,川上活動へ進出する収益化モデルであるPB商品の開発を活性化させている。そして,PB商品を開発するため,既存のNBメーカーの活用や提携関係の構築を積極化している。サービス業は,消費者の生きた情報を収集しやすく,ヒット商品を出す確率が高いことに加え,モノづくり事業を取り入れない限り,安定した収益性の確保が難しいから

である。また，過去，存在した消費者のPBアレルギー（拒絶反応）が次第に消え去り，最近では，逆に高い評価を得るようになってきた影響は見逃せない。たとえば，セブン＆アイHDの「金のパン」は，高価格なPB商品にもかかわらず，高いヒットを記録している。さらに，サービス業は，PBの受託先の選定にも苦労することはない。たとえば，競争劣位な製造業（業界フォロワー）ほど，比較的容易にPBの受託戦法を採用するだろうし，競争優位な製造業（業界リーダー）だとしても，NBとの相乗効果を狙ってPBを受託するケースが拡大してきているからである。

　もうひとつの可能性は，世界中の企業の間で"時間を買う"M&A戦略が活発化しており，この潮流は，製造業とサービス業の統合にプラスに作用することである。たとえば，M&Aの活発化は，異業種企業同士の合併買収を推進する有効な戦略的手段となるだろう。2013年12月，セブン＆アイHDは，フランフランなどインテリア・雑貨小売販売事業を展開する株式会社バルスへ出資して傘下に収めた。その主な目的は，雑貨関連商品の共同開発であり，これは巨大流通グループによるモノづくりのノウハウを持つ企業の買収がいよいよ始まったことを示唆する動きとも読み取れる。また，純粋持株会社制への移行は，異業種の企業や事業をグループの傘下に収めやすくなるため，製造業とサービス業の統合を推進する重要な組織オプションといえる。加えて，異業種によって構成されたコングロマリットを最適経営するには，グループ連結経営の実践が統合に向けて積極的な効果を与えるものである。

　このように製造業とサービス業が統合する可能性としては，主に2つの推進力があげられる。ひとつは，製造業とサービス業の距離が次第に接近しているため，やがては統合されるというシナリオである。もうひとつは，今日，M&Aや戦略提携など企業間戦略が活発化しており，こうした戦略手段が製造業とサービス業の統合にきわめて効果的なことである。

8-4　全体の総括と結論

　最後に，全体の総括として，目次に沿って各章や節の要点等を整理する。本書では，製造業とサービス業を対照的に比較しながら議論を展開してきた。まず，

最初に，製造業とサービス業の一般的な違いを「学問」，「ビジネス特性」，「模倣困難性」，「価格競争」，「差別化」，「競争優位性」，「設備投資」，「品揃え」，「需要予測」，「仕事の性格」，「安定性」，「所有権」，「中核的な価値」，「マーケティング」の各項目から比較し，その特徴の違いを浮き彫りにした。

　次に，近年における製造業を巡る主要な変化として，5つの動向を取り上げそれぞれ指摘した。「ICTの発達」では，製造業のICT活用として，GE，コマツ，日立製作所の取り組みを紹介した。また，M2Mのような機器間統合の現状について触れた。さらに，ICTの新しい動向として3Dプリンターを取り上げ，工場製造から個人製造の時代の到来についても触れた。「アップルモデルの台頭」では，歴史的視点から，「垂直統合モデル」から「水平分業モデル」への移行の様子について触れながら，近年，世界から絶賛されているアップルのモノづくりの秘密を明らかにした。合わせて，EMSの台頭に加え，世界最大のEMSであるFoxconnのビジネスモデルについて詳しく説明した。「コモディティ化」では，価格競争の激化に伴い製品の差別化が失われ，次第に同質化が進む実態を具体的に説明した。また，モジュール化と統合化というふたつのアーキテクチャーの違いとモノづくりの付加価値モデル（スマイルカーブ）との関係について触れた。さらに，バリューチェーン別にみた付加価値のシフトについても言及した。「過剰性能・過剰品質」では，Christensenによるイノベーションのジレンマ，つまり，持続的イノベーションに突き進む結果，オーバーシュート（やり過ぎて失敗する）してしまう現象を説明した。最後に，「ガラパゴス化」では，国内市場の質の高さが製品イノベーションに大きな影響を及ぼしている結果，日本では，世界をリードするイノベーションが生起される一方で，逆にそれが世界標準とかけ離れている問題を生みだしている実態を検討した。

　そして，「製造業のサービス化」では，3つの論点を取り上げ議論しながら，製造業のサービス化に該当する企業のタイプを4つに分類して事例研究を行った。「川下重視の優位性」では，付加価値の源泉が川上から川下へシフトしてきている状況を明らかにするため，Dawarによる最新の研究に準拠しながら検討した。「製造業のサービス化に関する研究」では，国内外の文献サーベイについて，時代的背景を踏まえながら時系列に整理した。「製造業によるサービス事業戦略」では，製造業によるサービス事業を4つに分類しながら，該当する企業の事例を

第8章　サービス製造業の未来

取り上げた。具体的には，アシックスのクロスサービス，IBMやGEによるアフターサービス，トヨタレンタリースの付加価値サービス，京西テクノスのプロフェッショナル・サービスである。また，独自のビジネスモデルとして，アイリスオーヤマのメーカーベンダーについても合わせて取り上げた。

　他方，川下に位置するサービス業を巡る今日的変化として，下記のような4つの動向についてこれを明らかにした。「サービス化のうねり」では，産業構造のサービス化の進展を具体的に明らかにした。「電子商取引の発達」では，スマートフォンやタブレット端末の世界的普及によって，O2Oやショールーミングの台頭，リアル店舗とネット店舗をシンクロナイズさせるオムニチャネルについて議論した。「外部企業との共創」では，NBメーカーとの共創を通じたPB商品の開発，流通業と日本の総合商社とのコラボレーションの実態，製造小売りと呼ばれるSPAモデルなどが検討された。「新しい小売業態の台頭」では，伝統的な百貨店，GMS（総合スーパー），SM（スーパーマーケット）からCVS，DgS（ドラッグストア）への業態シフトに触れながら，近年，急速に拡大してきている通信販売への流れとその主な特徴について指摘した。また，合わせて，インターネット通販企業の事例として，アマゾンと楽天の経営戦略を明らかにした。

　次に，「サービス業の製造化」に関するその主な内容や特徴等について議論した。「サービス業の川上進出とPBの開発」では，川下に位置するサービス業による川上進出の仕組みとPB商品の開発モデルや開発プロセス等について包括的に検討した。「PB戦略の国際比較」では，欧米と日本の流通業におけるPB戦略や商品開発を比較して，その特徴の違い等を明らかにした。「PBのメリット・デメリット」では，PBに取り組む際，PBを受託する製造業側のメリットとデメリットを明らかにする一方で，PBを依頼するサービス業側のメリットとデメリットについて整理した。「サービス業の製造化に関する研究」では，「PBの変遷」，「PBの分類」，「PBと景気変動」，「PBの進化」という4つの視点から，国内外の文献を取り上げ言及した。

　そして，「サービス業によるマニュファクチャリング事業戦略」では，PB戦略に力を入れる日本企業を対象に事例研究を行った。「大手流通2強によるグループ共通PB戦略」では，セブン&アイHDとイオングループという巨大流通グルー

163

プによるPB戦略の展開を解明した。「西松屋チェーンの技術者人材によるPB戦略」では，大手家電メーカーがリストラした技術者人材がサービス業へシフトする一方，彼らが開発した画期的なイノベーションが評判を得ている実態を明らかにした。「大手小売業による家電PB戦略」では，小売業によるジェネリック家電製品の開発について考察した。また，今日，ジェネリック家電が高い人気を博している状況についても併せて言及した。「千趣会による製造小売通販戦略」では，カタログ通販企業であった千趣会がインターネット通販企業へ本格的に転換するため，SPA（製造小売）通販に力を入れる事例を取り上げた。最後に，「セコムによる防犯ロボット開発戦略」では，セキュリティ，防災，メディカル，保険，地理情報サービス，情報系事業を展開するセコムグループにおける安全機器の開発・製造に加え，防犯ロボットの開発を取り上げた。

「製造業とサービス業の統合化」では，製造業のサービス化，サービス業の製造化という相対的な動きが進展するなか，統合化という新しい論点について詳しく触れた。まず，「サービス学研究の高まり」では，あらゆる企業はサービス業であると主張するサービス学そしてサービス企業論に関する諸研究について説明した。「サービス企業化研究の進展」では，サービス企業化に関連する国内外の代表的な文献成果を取り上げた。「ハイブリッド事業戦略の論理」では，製品とサービスの相互作用に関する文献サーベイを議論した。

「サービス製造業の未来」では，これまでの議論を踏まえながら，「サービス製造業」の現状と将来について考察した。まず，「サービス製造業とは何か」では，「サービス製造業」のタイプを分類し，それぞれの特徴や内容を明らかにした。これを受けて「顕在化したサービス製造業のさらなる拡大」では，すでに起こっている「製造業のサービス化」，「サービス業の製造化」のさらなる拡大について議論した。最後に，「潜在的なサービス製造業の可能性」では，製造業とサービス業の統合を意味する業種間融合の実現について考察した。

本書のメッセージは，やみくもに「潜在的なサービス製造業」への転換を強要するものではない。製造業とサービス業の統合は，製品とサービスの相互作用の一般化によって引き起こされる現象または誘発される結果に過ぎないからである。つまり，「顕在化したサービス製造業」の活発化に加え，ハイブリッド・ソリュー

ションを推進する製造業やサービス業がより一層拡大すれば，自ずと「潜在的なサービス製造業」の実現に向けて進むはずであり，これを意図的に操作して生み出すことなどできないのである。それでは，将来，「潜在的なサービス製造業」を実現するそのカギとは何だろうか。おそらく，3つの条件が必要だと考えられる。

　第1は，マネジャーのマインド・チェンジである。「潜在的なサービス製造業」の時代の到来には，マネジャーのモノの見方・考え方が変わる必要がある。過去，ほとんどのマネジャーは，自業界の視点から経営判断や意思決定を行ってきた。つまり，メーカーならモノづくり，サービスならコトづくりのように型にはめて考えてきた。しかし，これからは，自業界のみならず，他業界も見据えてモノゴトに立脚した経営判断や意思決定を下す必要がある。そのためには，マネジャーがこれまで以上に柔軟性に富む発想力を身に付けることが求められるにちがいない。

　第2は，戦略レベルにおけるビジネス・チェンジである。マネジャーによるマインド・チェンジが達成されたら，次に，製造業のサービス化，サービス業の製造化，さらに製品とサービスの相互作用を意味するハイブリッド・ソリューションという事業戦略の策定を拡大する必要がある。つまり，製造業とサービス業を個別的に捉えず，むしろ一体として見做しながら，事業戦略の策定やビジネスモデルの創造に取り組む必要がある。

　そして，第3は，製品とサービスの相互作用を可能にする部門横断的な組織の開発である。つまり，従来は，企画，製造，販売，マーケティング，サービスなど各機能部門を連結するバリューチェーンが重視されてきた。しかし，このようなバリューチェーンとは，各機能部門を単に羅列的につなげたに過ぎず，真の顧客価値を実現するに値するものではない。必要なのは，各機能部門を統合的に扱うバリューインテグレーションの開発が何より求められるのである。

　一方，「潜在的なサービス製造業」の時代のもとで起こり得る出来事として，どんなことが想定されるだろうか。第1は，川上（製造業）と川下（サービス業）における提携や買収の活発化が想定されることである。つまり，お互いに異業種

165

を取り込むには，ゼロから自前で育成するより，既に存在する事業や技術を提携等の手段を用いて有効利用するか，それとも買収によって獲得する方が時間や費用の面からも得策だからである。

　第2は，一部の優れた大企業による寡占化がより一層進むにちがいない。つまり，卓越した組織能力や経営資源力を有する底力のある企業は発展し，表層的な上辺だけの企業等は，必然的に衰退を余儀なくされるのである。

　第3は，独自性のない中小企業の淘汰や再編が進むと考えられる。只でさえ有力な大企業による寡占化が進んでしまうなか，ハイブリッド・ソリューションを駆動させる資源や能力に劣るであろう中小企業は，淘汰されてしまうか，それとも再編に巻き込まれ苦境に陥ってしまう危険性が危惧されるだろう。

　最後に，製造業とサービス業を個別的に扱う社会的分業の有効性が崩れる一方で，これに代わり，業際部分に焦点を当てた社会的接近の圧力は，ますます強まっている。こうした動向の延長線上の先にあるのが製造業とサービス業の一体化であり，「潜在的なサービス製造業」の時代の実現である。近い将来，こうした時代が到来することを予見して本書の結びとしたい。

おわりに

　本書では，製造業とサービス業が分離から接近へ，そして統合というプロセスを経て進化するという前提に基づきながら，今日の製造業とサービス業がそれぞれ直面している内的な変化と外的な変化のそれぞれの実態を明らかにしてきた。その結果，直面する課題や最新の動向が浮き彫りとなったことに加え，数多くの事例研究を通じて，実際の企業による革新的なビジネスモデル・イノベーションについても，広く理解することができた。

　近年，日本の製造業は，技術力の学習とローコスト・オペレーションによる生産性の向上が目覚ましい新興国との競争に苦しんでいる。また，機能を絞り込み低価格を実現する顧客提案を巡る競争においても，日本は，海外に一歩も二歩も後れを取っている。これに対し，サービス業（なかでも，流通業）では，消費者ニーズの多様化に伴い，高価格政策と低価格政策の二極化が拡大している。また，日本で培った知識・ノウハウを武器に競争の舞台をアジア市場へ触手を伸ばすのか，それとも，今まで通り国内市場をターゲットとするのかという焦点戦略の二極化もまた進展している。こうした厳しい時代を生き抜くひとつの解決策として，ここでは，「サービス製造業」を取り上げた。「サービス製造業」は，すでに現実として展開されている部分と将来的に浮き彫りとなるだろう部分というふたつの性格を有する概念であり，その重要性はより一層高まりつつあるのが現状だ。このため，本書では，国内外で広く注目されている「サービス製造業」を取り上げ，概念の説明やその台頭の様子を詳しく説明するだけでなく，今後の可能性についても併せて検討を行った。本小書が読者の方々の期待に応えられる資料であることを心より願っている。

(注記)

1) 類似する言葉として,「アフターサービス製造業」,「ハイパー製造業」,「高度化された(Advanced)製造業」などがあげられる。
2) Porter and Rivkin (2012) を参照のこと。
3) 建設機械は高額のため,盗難に合うリスクが少なくない。
4) ヤンマーでもまた,GPSや無線装置を使って,農業機械や建設機械向けの遠隔管理システムを開発している。これにより,移動状況管理,保守管理,異常発生通知,作業改善サポート,盗難対策などのサービスを展開している。
5) シスコ・システムズでは,M2Mによって,すべてをインターネットにつなげる(Internet of Everything)と提唱しているまた,ドイツでは,産官学が協力してハイテク時代のモノづくりを意味する「Industry 4.0」プロジェクトを推進中である。
6) MIT(マサチューセッツ工科大学)のNeil Gershenfieldは,ほとんど何でも作る方法(How to Make Almost Anything)と題したクラスのなかで,3次元プリンター,カッティングマシン,ミリングマシンなどの工作機械を駆使すれば,使用する側である個人が実験工房(Fab Labs)にて自由なモノづくりを実践できる。また,Fab Labsには,Fabrication Labsに加え,Fabulous(素晴らしい)Labsという意味がある。さらに,このようなデジタル・ファブリケーション革命が世界の主流となっていくだろうと提唱している。詳しくは,Gershenfeld (2012) を参照のこと
7) シード・プランニングによるプレスリリース,2013年3月4日,「3Dプリンターの最新市場動向」
8) 垂直統合モデルを採用する企業として,国内ではパナソニックやシャープ,海外ではサムスン,LG,ZARAが有名である。
9) 水平分業モデルを採用する企業として,国内ではソニー,東芝,三菱電機,日立製作所,海外では,IBMなど米国企業があげられる。
10) D'Aveni (2009) によると,コモディティ化の罠(commodity trap)は3つのタイプに分けられる。「安物化の罠」は,低級で低価格の商品で攻勢をかけてくるローエンド企業が市場へ参入することで次々に顧客をさらってしまう。たとえば,高級アパレル市場におけるスペインのザラ(Zara)が典型的な事例である。「乱立の罠」は,複数の企業が既存市場へ攻撃をかけるものである。たとえば,日本のオートバイメーカーによる米国ハーレーダビッドソンの市場獲得があげられる。「加熱の罠」は,価格よりも消費者の便益を優先することで,業界全体では利益率が下がってしまうものである。たとえば,アップルのiPodがあげられる。
11) また,かつての半導体産業があげられる。
12) たとえば,今日のソニーやシャープが典型であり,コモディティ化の谷からなかなか脱出できないで苦労している様子は明らかである。
13) 2005年度版ものづくり白書によると,製造・組立の付加価値が高い業種では,自動車が67%,鉄鋼が57.1%を占められる。
14) というのも,隣国の中国や韓国では,先代たちの貴重な遺品の保存が繰り返し起こった内乱のせいでほとんど消え失せてしまったのに比べ,我が国は,大陸文化を受容する立場であったにもかかわらず,今日まで数多くの歴史的遺産が受け継がれてきた事実は,本当に驚きである。
15) 川口(2007)によると,多様なトイレ技術を生み出してきた日本の文化的要因として,

注　記

①日本人の便利であることに対する要求度の高さ，②衛生観念のハイレベルさ，③心地良さの追求，④女の子のような繊細な恥じらい感覚，⑤他の人への配慮，⑥地球環境への配慮，のように整理している。
16)　「裏サービス」とは，たとえば，電球の取り換え，留守中の新聞や宅配の預かり，ペットの散歩や食事，植木の水やり，相談や話し相手，病院への送り迎え，買い物など数知れないサービスを言う。
17)　ハイアールは広い中国市場を開拓するため，自前の物流機能を持つことで迅速な配送システムを構築し，顧客から高い支持を集めている。また，それに加えて，配送担当者は配送業務のついでに商品の売り込みや無料検査まで行い，収益化に結び付けている（日経ビジネス，2014年3月17日）。
18)　Cusumano (2010) は，製造業によるサービスを3つのタイプに分類している。それは，製品を強化する（Enhance）サービス，製品を拡張する（Extend）サービス，製品を代替する（Substitute）サービスである。
19)　スポーツシューズ類とは，ランニングシューズ，陸上競技・マラソン・サッカー・バレーボール・バスケットボール・ベースボール・テニス等の各種競技用シューズ，ウォーキング・シューズ，スクール・スポーツ・シューズ，スポーツ・スタイル・シューズ，ジュニア・シューズ，キッズ・シューズ等である。
20)　Kumar (2004) は，「製品／サービスの幅」を横軸，「カスタマゼーションと顧客知識のレベル」を縦軸に置きながら，IBMのソリューション－セリング・マトリクスを，「ソリューション・セリング」，「システム・セリング」，「ロイヤリティ・プログラム・セリング」，「単体製品セリング」という4つのタイプに分類している。
21)　GEのアフターサービス事業による収益化モデルを揺るがす動きとして，ICT企業による攻撃があげられる。これは，ビッグデータを駆使すれば，ICT企業はインフラメーカーが独占してきたサービス事業へ容易に参入できてしまうからである。
22)　航空機エンジンメーカーであるロールス・ロイスも同社製のエンジンを搭載した約4,000機の運航状況を常時チェックしている。エンジンにセンサーを組み込み，温度や油圧，振動音などを24時間監視するサービスの売上は，エンジン部門の7割にも達しているという（日本経済新聞　2014年4月9日）。
23)　6次産業の由来は，1次，2次，3次まで全部手掛けることから，これらの数字を足した合計に基づいている。
24)　農林水産省による6次産業化先進事例集【100事例】（平成23年4月）を参照。
25)　伊藤忠商事は，「道の駅」事業を支援するため，「未知倶楽部」という活動を行っている。その主な活動は，おもてなしの心を養う接客・接遇セミナー，経営改善コンサルティング，施設運営コンサルティング，地域資源発掘プランニングなどである。
26)　株式会社　日本政策金融公庫　農林水産事業（平成23年12月2日）による調査結果
27)　1ドル＝98円で換算
28)　http://www.thinkwithgoogle.com/mobileplanet/ja/downloads/
29)　フラッシュマーケティングとも呼ばれている。
30)　http://www.tokyu-agc.co.jp/news/ 2013/release 20130109.pdf
31)　2013年，セブン＆アイHDは，通販大手のニッセンHDをTOB（株式の公開買い付け）により買収した。ニッセンの傘下には，ギフト販売大手のシャティなどがある。
32)　また，新製品開発でも，たとえば，ヒット商品のヒートテックは，大手繊維メーカー

ある東レと戦略的パートナーシップ関係を結んでいる。
33) H&Mは約3週間，GAPは約6週間とも言われている。
34) セブンイレブン・ジャパンは，日本全国に16,664店舗（2014年6月末現在），全世界では，52,811店舗（2014年3月末現在）を誇っているが，これは同社の出店戦略が町や地域へ密着した店舗展開をしている証左である。
35) それ以外にも，食品ネット通販である「らでぃっしゅぼーや」，「オイシックス」の台頭やネットスーパー，サントリーなどメーカー系企業による参入があげられる。
36) アマゾンは，物流拠点としてヤマトホールディングスと提携している。ヤマトと提携することでアマゾンの国内配送期間は，当日配送77.3%，翌日配送95.7%まで拡大している（日経ビジネス，2013年9月16日）。
37) 恐竜の長い首（ヘッド）に対する長い尾（テール）を指している。
38) 欧米ではPBと表現せず，PL（プライベート・レーベル）やSB（ストア・ブランド）というのが一般的である。
39) 日本と外国のPBの歴史や起源，そして国際比較等については，矢作（2013）に詳しい。
40) イギリスは，階級社会であることから，PB商品も「Good」，「Better」，「Best」のように，たくさんの種類が存在する。
41) ダブル・チョップ（Double Chop）またはダブル・ブランド（Double Brand）とも呼ばれている。メーカーと小売・流通業者による共同開発ブランドのことである。
42) Dunne and Narasimhan. (1999) によると，製造業は，①高級なPB商品である，②参入障壁が低い，③自社ブランドがトップ・ブランドではない，④規模の経済性が大きいのなかで，どれか一つでも該当すれば，PBの開発と供給は有効であろうと論じている。
43) Quelch. and Harding. (1996) は，製造業がPBへの相対的貢献力を過大評価する一方，NBとの共食い現象による多大な損失を過小に評価していると述べ，PBの開発と供給は，脅威につながると論じている。また，製造業が余剰資源を埋め合わるため，PBに手を出すことは，麻薬に成りかねないとして批判している。また，Keller (1998) は，PBに対するNBの対抗策として，コスト削減，値引き，製品改良と新製品イノベーション促進のための研究開発費の増額，広告予算と販促予算の増額，低迷ブランドや拡張ブランドの廃棄と少数ブランドへの努力の集中，割安なファイターブランドの導入，プライベート・ブランドの製造代行，プライベート・ブランドの成長追跡と市場別競争を取り上げている。
44) なお，今後，進展が期待される論点としては，PBの生産委託研究，PBのサプライチェーン・マネジメント研究，PBの開発組織体制の研究などがあげられる。
45) PBの発展段階は，国別にそれぞれ異なる。たとえば，イギリスの発展モデルについては，Humphries and Samways (1993)；Laaksonen and Reynolds (1994) に詳しい。また，日本の発展モデルとしては，伊部（2006）；宮下（2011）；田中（2013）；矢作（2013）が詳しい。
46) また，アマゾンや楽天などのインターネットショッピング，ショップチャネルやジャパネットたかたのようなテレビ通販など，通信販売が大きな勢力として注目を集めるようにもなった。
47) 詳しくは松崎（2013）を参照のこと。
48) たとえば，イオンでは，オーストラリアにある自前の牧場で育てた牛を主に総合スーパー向けとして様々な部位の生肉として加工する一方で，レストランや総菜チェーンに

注　記

は，カレー用やローストビーフとして供給している（日本経済新聞，2013年2月6日）。
49) 海外（英国）におけるPBの発展段階については，4つに分類ができる。1970年代は，低品質，低価格のジェネリック商品である。1980年代前半は，NBの模倣による品質向上である。1980年代後半は，プレミアムPBの導入である。最後に，1990年代前半PBの階層化である（Humphries & Samways, 1993）。
50) 世界ベスト10は，以下，トルコ（70％），フランス（69％），クロアチア（69％）となっている。
51) 世界ベスト10は，以下，ハンガリー（96％），オーストリア（95％），フィンランド（95％），イギリス（95％），オランダ（95％），ポルトガル（95％），カナダ（95％）が続いている。
52) 中村（2009）は，PBの発展段階として，第1段階がストアブランドの導入，第2段階がアップグレイドしたストアブランド，第3段階がプレミアムPB，そして第4段階がPBポートフォリオ戦略（プレミアム価格PB＋価値創造型PB）のように進化の過程を表した。そして，現在の日本のPBとは，第3段階のプレミアムPBに進んでいると主張した。
53) 競争的ブランド（Competitive Brand）とも言い換えられる。
54) 低価格なエコノミーブランド（Economy Brand）とも呼ばれている。
55) 高価格なクオリティブランド（Quality Brand）とも呼ばれている。
56) イオンやセブン＆アイHDの他にも，グループ共通PB戦略を強化している企業として，ユニーグループHDがあげられる。同社は，高級と健康，女性と高齢者をターゲットとして，スタイルワンと呼ばれるPBを展開している。
57) イオンとデイモンによる協力体制の歴史は古い。たとえば，2006年4月，デモンストレーション事業の新しいソリューションを開発するため「イオンデモンストレーションサービス有限会社」（資本金：1億円，出資比率：デイモン社：60％，イオン㈱：40％）が設立されている。
58) 858店舗の内訳は，北海道地区39店舗，東北地区77店舗，関東地区236店舗，中部地区148店舗，近畿地区152店舗，中国地区58店舗，四国地区31店舗，九州・沖縄地区117店舗である。
59) SASは，デンマーク，ノルウェー，スウェーデン3カ国の民間と政府が共同経営するエアラインである。
60) 日本では，最近のサービス企業化への高まりから，新しい研究分野として，これまで不透明であったサービスの世界に光をあてるサービス科学（Service Science）なるアプローチが立ち上がる一方で，サービスについて包括的研究を扱うサービス学会（Society for Serviceology）が2012年に発足するなど，サービス学に熱い期待と関心が寄せられるようになった。
61) サービス・マネジメントの主な研究には，Normann（1984），Albrecht and Zemke（2002），近藤（2004），蒲生（2008）などがあげられる。
62) サービス・マーケティングに関する主な研究には，Heskett., Sasser and Schlesinger（1997），近藤（1999），浅井（2000），Fisk., Grove and John（2004），山本（2007）などがあげられる。
63) 『製造業のイノベーションマネジメントに関する研究報告書』財団法人未来工学研究所　平成22年3月。

64) サービス・イノベーションに関する代表的な研究には，高室（2009a；2009b），Chesbrough（2011），近藤（2012），産業能率大学総合研究所（2012），Berry., Shankar, Parish, Cadwallader and Dotzel（2006）などがあげられる。
65) サービス・マネジメント・アンド・マーケティングのような総合的な研究として，Lovelock and Wright（1999），Gronroos.（2007）などがあげられる。
66) サービス・サイエンスに関する主な研究としては，安部（2005），北陸先端科学技術大学院大学（2007），上林（2007），Stauss, B., K. Engelmann, A. Kremer, and A.Luhn（2007），北城・諏訪（2009）などがあげられる。
67) サービス・ドミナント・ロジックに関する代表的な研究として，Vargo and Lusch（2004），Prahalad and Ramaswamy（2004），井上・村松（2010），藤川（2012）などがあげられる。
68) サービス品質に関する代表的な研究としては，Parasuraman, Berry, and Zeithaml（1988），山本（2010）などがあげられる。
69) ドミナント・ロジック（Dominant Logic）とは，企業内で蓄積されてきた成功の論理と定義される（Prahalad and Bettis, 1986）。
70) また，新しい市場を創造するサービス・イノベーションのタイプとして，新しい中核利益を提供するか，それとも中核利益を生みだす新たな方法を提供するかという利益（Benefit）のタイプと，サービスの程度として分離可能なのか，分離不可能なのかを意味するサービス（Service）のタイプというふたつの尺度から，「柔軟なソリューション」，「制御可能な利便性」，「快適な利益」，「丁寧な接近」という4つに分類している。
71) 新聞報道によると，近年における日本の家電メーカーの人員削減は，次のとおりである。パナソニックはグループ全体で46,000人，ソニーもまたグループ全体で18,000人，NECは10,000人，富士通は9,500人，シャープは8,500人となっている。
72) 植草（2000）によると，産業融合とは，財・サービスの用途や種類において，一定の類似性を持つ個々の産業が技術融合や規制緩和を通じて相互に融合する現象としている。
73) しかし，製造業は，プロダクト・アウト志向を捨て去ってはならない。もしやめてしまったら，メジャーイノベーションが生起できなくなり，競争力の喪失が危惧されるからである。

参 考 文 献

外国語文献

Albrecht, K. and R. Zemke (1985), *Service America! Homewood*, Dow Jones-Irwin.（野田一夫監訳『サービス・マネジメント革命』HBJ出版局，1988年。）

Albrecht, K. and R. Zemke (2002), *Service America in New Economy*, McGraw-Hill.（和田正春訳『サービス・マネジメント』ダイヤモンド社，2003年。）

Allmendinger, G. and R. Lombreglia (2005), "Four Strategies for the Age of Smart Services," *Harvard Business Review*, 83 (10) pp. 131-145.（酒井譲治訳「製造業はスマート・サービスで進化する」『Diamond ハーバード・ビジネス・レビュー』Aug, pp. 86-99, 2006年。）

Anderson, C. (2012), *Makers : The New Industrial Revolution*, Random House.（関 美和訳『MAKERS：21世紀の産業革命が始まる』NHK出版，2012年。）

Berry, L. L., V. Shankar, J. T. Parish, S. Cadwallader. and T. Dotzel (2006), "Creating New Markets through Service Innovation," *MIT Sloan Management Review*, Vol. 47, No. 2, Winter, pp. 56-63.

Brynjolfsson, E., Y. J Hu and M. S. Rahman (2013), "Competing in the Age of Omnichannel Retailing," *MIT Sloan Management Review*, Summer, pp. 23-29.

Byrnes, J. L. S. (2010), *Islands of Profit in a Sea of Red Ink*, Penguin.（高橋由紀子訳『赤字の海と利益の小島』日本経済新聞出版社，2011年。）

Carlzon, J. (1985), *Riv pyramiderna : En bok om den nya manniskan, chefen och ledaren* [Swedish], Bonnier.（堤 猶二訳『真実の瞬間：SASのサービス戦略はなぜ成功したか』ダイヤモンド社，1990年。）

Chesbrough, H. (2011), *Open Services Innovation : Rethinking Your Business to Grow and Compete in a New Era*, Jossey-Bass.（博報堂大学ヒューマンセンタード・オープンイノベーションラボ訳『オープン・サービス・イノベーション：生活者視点から，成長と競争力のあるビジネスを創造する』阪急コミュニケーションズ，2012年。）

Christensen, C. M. (1997), *The Innovator's Dilenma : When New Technology Cause Great Firm to Fail*, Harvard Business School Press.（伊豆原弓訳『イノベーションのジレンマ：技術革新が巨大企業を滅ぼすとき』翔泳社，2001年。）

Cusumano, M. A. (2010), *Staying Power : Six Enduring Principles for Managing Strategy and Innovation in an Uncertain World*, Oxford University Press.（鬼澤 忍訳『君臨する企業の「6つの法則」―戦略のベストプラクティスを求めて』日本経済新聞出版社，2012年。）

Cohen, M., N. Agrawal and V. Agrawal. (2006), "Winning in the Aftermarket," *Harvard Business Review*, 84, pp. 129-138.（有賀裕子訳「アフターサービスの収益モデル」『Diamond ハーバード・ビジネス・レビュー』June, pp. 110-124, 2007年。）

D'Aveni, R. A. (2009), *Beating the Commodity Trap : How to Maximize Your Competitive Position and Increase Your Pricing Power*, Harvard Business School Press.

（東方雅美訳『脱「コモディティ化」の競争戦略』中央経済社，2011年。）
Dawar, N. (2013), *Tilt : Shifting Your Strategy from Products to Customers*, Harvard Business School Press.
Dawar, N. and J. Stornelli. (2013), "Rebuilding the Relationship Between Manufacturers and Retailers," *MIT Sloan Management Review*, Winter, Vol.54, (2), pp.83-95.
De Jong, J P. J and E, de Bruijn. (2013), "Innovation Lessons From 3-D Printing," *MIT Sloan Management Review*, Winter, pp.43-52.
Dunne, D. and C. Narasimhan. (1999), "The new appeal of private label," *Harvard Business Review*, May-June, pp.41-52.（千野　博訳「メーカーのプライベート・ブランド活用戦略」『Diamond　ハーバード・ビジネス・レビュー』Oct-Nov, pp.111-120, 1999年。）
Ferdows, K., Lewis, M. A. and J. Machuca. (2004), "Rapid-fire fulfillment," *Harvard Business Review*, 82(11), pp.104-110.（マクドナルド京子訳「ザラ：スペイン版「トヨタ生産方式」『Diamondハーバード・ビジネス・レビュー』June, pp.58-67, 2005年。）
Fisk, R. P., S. J. Grove.and J. John. (2004), *Interactive Services Marketing*, 2nd Edition, Houghton Mifflin.（小川孔輔・戸谷圭子監訳『サービス・マーケティング入門』法政大学出版局，2005年。）
Gershenfeld, N. (2012), "How to Make Almost Anything : The Digital Fabrication Revolution," *Foreign Affairs*, Vol.91, No.6, pp.43-57.
Gerstner, L. V. (2002), *Who Says Elephants Can't Dance? : Inside IBM's Historic Turnaround*. HarperCollins.（山岡洋一・高遠裕子訳『巨象も踊る』日本経済新聞社，2002年。）
Gronroos, C. (2007), *Service Management and Marketing : Customer Management in Service Competition*, 3ndEdition, Wiely.（近藤宏一・蒲生智哉訳『北欧型サービス志向のマネジメント：競争を生き抜くマーケティングの新潮流』ミネルヴァ書房 2013年。）
Gulati, R. (2007), "Silo Busting : How to Execute on the Promise of Customer Forcus," *Harvard business Review*, 85, No.5, pp.98-108.（松本直子訳「カスタマー・フォーカスの4 C」『Diamond　ハーバード・ビジネス・レビュー』Oct, pp.40-53.2007年。）
Hagiu, A. (2014), "Strategic Decisions for Multisided Platforms," *MIT Sloan Management Review*, Winter, pp.71-80.
Hagiu, A. and D. B. Yoffie. (2009), "What's Your Google Strategy?," *Harvard Business Review*, April, pp.74-81（二見聰子訳「マルチサイド・プラットフォームをいかに活用するか：あなたの会社の「グーグル戦略」を考える」34(8), pp.22-33, 2009年。）
Hamel, G. (2000), "Waking up IBM," *Harvard Business Review*, 78(4), 137-146.（村井章子訳「IBM：eビジネス企業への挑戦」『Diamond　ハーバード・ビジネス・レビュー』Nov, pp.30-41, 2000年。）
Heskett, J. L., W. E. Sasser. and L. A. Schlesinger. (1997), *The Service Profit Chain*, Free Press.（島田陽介訳『カスタマー・ロイヤルティの経営：企業利益を高めるCS

戦略』日本経済新聞社，1998年。）
Hoch, S. J. and S. Banerji. (1993), "When do private labels succeed?," *MIT Sloan Management Review*, Vol. 34, No. 2, pp. 57-67.
Hoch, S. J. (1996), "How Should National Brands Think about Private Labels?," *MIT Sloan Management Review*, Winter, pp. 89-102.
Humphries, G. and S. Samways. (1993), "The Outlook for UK Retailing in the 1990s," *FinancialTimesBusiness Information*.
Husson, M.and E. G. Long. (1994), "Industry Analysis : Private Label," *J.P.Morgan Securities Inc*.
Keller, K. L. (1998), *Strategic Brand Management : Building, Measuring, and Managing Brand Equity*, Prentice-Hall.（恩蔵直人・亀井昭宏訳『戦略的ブランド・マネジメント』東急エージェンシー，2000年。）
Kotler, P. (1999), *Kotler on Marketing : How to Create, Win, and Dominate Markets*, Free Press.（木村達也訳『コトラーの戦略的マーケティング』ダイヤモンド社，2000年。）
Kotler, P., H. Kartajaya. and I. Setiawan. (2010), *Marketing 3.0 : From Products to Customers to the Human Spirit*, Wiley.（藤井清美訳『コトラーのマーケティング 3.0：ソーシャル・メディア時代の新法則』朝日新聞出版，2010年。）
Kumar, N. (2004), *Marketing as Strategy*, Harvard Business School Press.（井上崇通・村松潤一監訳『戦略としてのマーケティング』同友館，2008年。）
Kumar, N. and J. B. Steenkamp. (2007), *Private Label Strategy : How to Meet the Store Brand Challenge*, Harvard Business School Press.
Laaksonen, H. and J. Reynolds. (1994), "Own Brands in food retailing across Europe," *Journal of Brand Management*, Vol. 2, No. 1, pp. 37-46.
Lamey, L., B. Deleersnyder, M. G. Dekimpe. and J. B. E. M. Steenkamp. (2007)," How Business Cycles Contribute to Private Label Success : Evidence from the United States and Europe," *Journal of Marketing*, 71, January, pp. 1-15.
Levitt, T. (1960), "Marketing Myopia," *Harvard Business Review*, Vol. 38, No. 4, 1960, pp. 45-56.（編集部訳「マーケティング近視眼」『Diamond ハーバード・ビジネス・レビュー』Nov, pp. 52-69, 2001年。）
Levitt, T. (1969), *The Marketing Mode*, McGraw-Hill.（土岐　坤訳『マーケティング発想法』ダイヤモンド社，1971年。）
Levitt, T. (1972), "Production line approach to service," *Harvard Business Review*, Sept-Oct, pp. 41-52.（編集部訳「サービス・マニュファクチャリング」『Diamond ハーバード・ビジネス・レビュー』Nov, pp. 70-85, 2001年。）
Lovelock, C. and L. Wright. (1999), *Principles of Service Marketing and Management*, Prentice-Hall.（高畑　泰・藤井大拙訳『サービス・マーケティング原理』白桃書房，2002年。）
Normann, R. (1984), *Service Management : Strategy and Leadership in Service Business*, Wiley & Sons.（近藤隆雄訳『サービス・マネジメント』NTT出版，1993年。）
Oliva, O. and R. Kallenberg. (2003), "Managing the Transition from Products to Services," *International Journal of Service Industry Management*, Vol. 14, No. 2,

pp. 160-172.

Palmisano, S. J. (2004), "Leading Change When Business is Good," *Harvard Business Review*. Dec 2004, Vol. 82, pp. 60-70.（山口光生訳「IBMバリュー：終わりなき変革を求めて」『Diamond　ハーバード・ビジネス・レビュー』Mar, pp. 20-40, 2005年。）

Parasuraman, A., L. L. Berry. and V. A. Zeithaml. (1988), "SERVQUAL：A Multiple-Item Scale for Measuring Consumer Perceptions of Service Quality," *Journal of Retailing*, Vol. 64, No. 1, pp. 12-40.

Prahalad, C. K. and R. A. Bettis. (1986), "The dominant logic：A new linkage between diversity and performance," *Strategic Management Journal*, Vol. 7, No. 6, pp. 485-501.

Prahalad, C. K. and V. Ramaswamy. (2004), *The Future of Competition*, Harvard Business School Press.（有賀裕子訳『価値共創の未来へ：顧客と企業のCo-Creation』ランダムハウス講談社, 2004年。）

Porter, M. E. (1990), *The Competitive Advantage of Nations*, Free Press.（土岐　坤訳『国の競争優位』ダイヤモンド社, 1992年。）

Porter, M E. and J. W. Rivkin. (2012), "Choosing the United States," *Harvard Business Review*, 90, No. 3 pp. 80-91.（編集部訳「選ばれる国の条件」『Diamond　ハーバード・ビジネス・レビュー』Jun, pp. 42-61, 2012年。）

Quelch, J. A. and D. Harding. (1996), "Brands Versus Private Labels：Fighting to Win," *Harvard Business Review*, 74, Jan-Feb, pp. 99-109.（千野　博訳「ナショナル・ブランドVS.プライベート・ブランド：プライベート・ブランドの攻勢をかわすメーカーの戦略は何か」『Diamond　ハーバード・ビジネス・レビュー』Feb-Mar, pp. 106-118, 1997年。）

Quinn, J. B., T. L. Doorley. and P. C. Paquette. (1990), "Beyond Products：Services-Based Strategy," *Harvard Business Review*, Vol. 68, No. 2, Mar-Apr, pp. 58-68.

Reinartz, W. and W. Ulaga. (2008), "How to Sell Services More Profitably," *Harvard Business Review*, 86(5), pp. 90-96.（有賀裕子訳「製造業がサービスで儲ける秘訣」『Diamond　ハーバード・ビジネス・レビュー』July, pp. 146-155, 2008年。）

Rigby, D. (2011), "The future of shopping," *Harvard Business Review*, 89 pp. 65-74.（編集部訳「デジタル化を取り込むリアル店舗の未来：無数の顧客接点が融合する」『Diamond　ハーバード・ビジネス・レビュー』July, pp. 54-71, 2012年。）

Schutte, T. F. (1969), "The Semantics of Branding," *Journal of Marketing*, Vol. 33, No. 2, pp. 23-34.

Shankar, V., L. L. Berry. and T. Dotzel. (2009), "A Practical Guide to Combining Products and Services," *Harvard business Review*, 87(11), pp. 94-99.（編集部訳「製品とサービスを正しく組み合わせる法」『Diamond　ハーバード・ビジネス・レビュー』Apr, pp. 102-109, 2010年。）

Slater, R. (1999), *The GE Way Fieldbook：Jack Welch's Battle Plan for Corporate Revolution*, McGraw-Hill.（宮本喜一訳『ウェルチの戦略ノート』日経BP社, 2000年。）

Slywotzky, A. J. and D. J. Morrison. (1997), *The Profit Zone：How Strategic Business*

Design Will Lead You to Tomorrow's Profits, Times Books.（恩蔵直人・石塚　浩訳『プロフィット・ゾーン経営戦略―真の利益中心型ビジネスへの革新』ダイヤモンド社，1999年。）

Stauss, B., K. Engelmann, A. Kremer. and A.Luhn. (2007), *Services Science : Fundamentals, Challenges and Future Developments*, Springer.（近藤隆雄・日高一義・水田秀行訳『サービス・サイエンスの展開―その基礎，課題から将来展望まで』生産性出版，2009年。）

Steenkamp, Jan-B E. M. and N. Kumar. (2009), "Don't Be Undersold," *Harvard Business Review*, 87, Dec, pp. 90-95.（関　美ль訳「ハード・ディスカウンターの脅威」『Diamond　ハーバード・ビジネス・レビュー』Oct, pp. 134-143, 2010年。）

Teboul, J. (2006), *Service is Front Stage*, Palgrave Macmillan.（小山順子訳『サービス・ストラテジー』ファーストプレス，2007年。）

Thomas, D. A. (2004), "Diversity as Strategy," *Harvard Business Review*, Sep 2004, pp. 98-108.（西　尚久訳「ガースナー改革：多様性の戦略」『Diamond　ハーバード・ビジネス・レビュー』Mar, PP. 42-57, 2005年。）

Ulaga, W. and W. Reinartz. (2011), "Hybrid offerings : How manufacturing firms combine goods and services successfully," *Journal of Marketing*, Vol. 75, Issue 6, pp. 5-23.

Vandermerwe, S. and J. Rada. (1988), "Servitization of Business : Adding Value by Adding Services," *European Management Journal*, Vol. 6, No. 4, pp. 314-324.

Vargo, S. L. and R. F. Lusch. (2004), "Evolving to a New Dominant Logic for Marketing," *Journal of Marketing*, January, Vol. 68, No. 1, pp. 1-17.

Wise, R. and P. Baumgartner. (1999), "Go Downstream : The New Profit Imperative in Manufacturing," *Harvard Business Review*, Vol. 77, No. 5, pp. 133-141.（有賀裕子訳「製造業のサービス事業戦略」『Diamond　ハーバード・ビジネス・レビュー』Dec, pp. 124-137, 2000年。）

日本語文献

IBMビジネスコンサルティングサービス（2006）『ものコトづくり：製造業のイノベーション』日経BP社

相澤賢二（2005）『サービスの底力：顧客満足度日本一」ホンダクリオ新神奈川が実践していること』PHP

浅井慶一郎（2000）『サービスとマーケティング』同文舘出版

安部忠彦（2005）「サービス・サイエンスとは何か」富士通総研　研究レポート，No. 246, pp. 1-27.

石原武政・石井淳蔵編（1996）『製販統合：変わる日本の商システム』日本経済新聞社

市橋和彦（2008）『成功は洗濯機の中に』プレジデント社

井上崇通・村松潤一（2010）『サービス・ドミナント・ロジック』同文舘出版

伊部和晃（2013）「O2O市場とO2Oソリューション」NRI Knowledge Insight, Jan, Vol. 28, pp. 1-2.

伊部泰弘（2006）『総合小売業のプライベート・ブランド論：プライベート・ブランド・マ

ネジメント方法論を中心に」』博士学位論文　龍谷大学
今枝昌宏（2006）「製造業のサービス化とサービスマネジメントへの2つのアプローチ」
　　『一橋ビジネスレビュー』Aut, pp. 36-50.
植草　益（2000）『産業融合』岩波書店
NHK取材班（2013）『メイド・イン・ジャパン　逆襲のシナリオ』宝島社
大石久和（2009）『国土学再考：公と新・日本人論』毎日新聞社
大野尚弘（2010）『PB戦略：その構造とダイナミクス』千倉書房
大山健太郎・小川孔輔（1996）『メーカーベンダーのマーケティング戦略：製造・卸売一体
　　化の効率経営』ダイヤモンド社
大山健太郎（2001）『ホームソリューション・マネジメント』ダイヤモンド社
蒲生智哉（2008）「サービス・マネジメントに関する先行研究の整理：その研究の発展と主
　　要な諸説の理解」『立命館経営学』第47巻，第2号，pp. 109-125.
川口盛之助（2007）『オタクで女の子な国のモノづくり』講談社
川島令三（2013）『日本vs.ヨーロッパ「新幹線」戦争』講談社
上林憲行（2007）『サービスサイエンス入門：ICT技術が牽引するビジネスイノベーショ
　　ン』オーム社
唐津　一（2001）「日本のものづくりの真髄とは　21世紀に」『JAMAGAZINE』日本自動
　　車工業会，http://www.jama.or.jp/lib/jamagazine/200112/01.html
北城恪太郎・大歳卓麻（2006）『IBM　お客様の成功に全力を尽くす経営』ダイヤモンド社
北城恪太郎・諏訪良武（2009）『顧客はサービスを買っている』ダイヤモンド社
金　奉春（2011）「中国における台湾EMS　企業の急成長の要因分析と将来予想：鴻海集
　　団（Foxconn）の発展経過を分析し，今後の事業展開の方向を予測する」『龍谷ビジ
　　ネスレビュー』No. 12, pp. 1-21.
楠木　建・阿久津　聡（2006）「カテゴリーイノベーション：脱コモディティ化の論理」
　　『組織科学』，Vol. 39, No. 3, pp. 4-18.
小森哲郎・名和高司（1998）「製品とサービスの良循環による製造業の高収益モデル」
　　『Diamondハーバード・ビジネス・レビュー』Aug-Sep, pp. 50-59.
小森哲郎・名和高司（2001）『高業績メーカーは「サービス」を売る』ダイヤモンド社
小山周三（2005）『サービス経営戦略』NTT出版
近藤隆雄（1999）『サービス・マーケティング：サービス商品の開発と顧客価値の創造』生
　　産性本部
近藤隆雄（2004）『サービス・マネジメント入門：商品としてのサービスと価値づくり』生
　　産性出版
近藤隆雄（2012）『サービス・イノベーションの理論と方法』生産性出版
佐々木達也・森屋一訓（2013）「多摩地域中小企業の事例研究：京西テクノス」『明星大学
　　経営学研究紀要』第8号，pp. 155-165.
佐藤潤一・角谷有司・馬場隆夫・古井丸敏行・永里明広・臼井丈士（2013）「製造業におけ
　　るM2M効果の創出」『日立評論』，pp. 32-35.
産業能率大学総合研究所（2012）『サービスイノベーション』産業能率大学出版部GEコー
　　ポレート・エグゼクティブ・オフィス（2001）『GEとともにウェルチ経営の21年』
　　ダイヤモンド社
庄司真人（2012）「プライベート・ブランドと個別企業の景気認識に関する考察：小売業の

有価証券報告書に基づいた分析」『高千穂論叢』47(1)，pp.17-37.
週刊ダイヤモンド「楽天vsアマゾン」2012年12月15日，pp.26-55.
週刊ダイヤモンド「産業用ビッグデータがモノづくりを破壊する」2014年2月8日
週刊東洋経済「PB商品の裏側：生産・流通・消費が激変」2012年12月22日
妹尾堅一郎（2006）「サービスマネジメントに関する5つのイシュー：サービスとモノづくりの関係から脱ニーズまで」『一橋ビジネスレビュー』Aut，pp.104-119.
高室裕史（2009a）「サービス・イノベーションの論点に関する一考察：マーケティング・マネジメントの視点から」『流通科学大学論集―流通・経営編』第21巻第2号，pp.149-166.
高室裕史（2009b）「サービス・イノベーションのインパクトを捉える理論枠組み」『流通科学大学論集―流通・経営編』第22巻第1号，pp.117-134.
田中真吾（2013）「8　重苦時代を勝ちぬく，食品メーカーの経営モデル：ローコストバリュー経営のすすめ」『Mizuho Industry Focus』，Vol.127，pp.1-37.
通商産業省産業政策局（1985）『ハイブリッド・イノベーション―サービス産業新時代』通商産業調査会
電通コンサルティング（2012）『しくみづくりイノベーション：顧客を起点にビジネスをデザインする』ダイヤモンド社
朝永久見雄（2013）『セブン＆アイHLDGS. 9兆円企業の秘密：世界最強オムニチャネルへの挑戦』日本経済新聞出版社
中川威雄（2012）「特集　製造の最適解を探せ　世界最大のEMS企業Foxconnのものづくりがベールをぬぐ」日経ものづくり　（698），pp.29-43.
中西輝政（2011）『日本人の本質』日本文芸社
中村　晋・福里健之（2003）「モジュール化が家電業界に与えるインパクト」『ProVISION』，No.39，pp.52-61.
中村　博（2009）「PBシェア増加に対するNBの対応戦略」『流通情報』，No.480，pp.27-35.
日本経済新聞社編（2009）『PB「格安・高品質」競争の最前線』日本経済新聞出版社
日経トップリーダー「日本一の子供服店　西松屋チェーンの異常に素直な経営」，2010年6月，pp.12-29.
日経トップリーダー「サービスならなぜ儲かるのか？」2012年7月，pp.12-35.
日経トレンディネット「元パナ技術者がベビー布団を開発：西松屋PBのヒットが流通業界に波紋を呼ぶ」2014年1月，trendy.nikkeibp.co.jp/article/pickup/20131216/1054098/.
日経ビジネス「ファスト・ファッション：潜入高速サプライチェーンの舞台裏」2012年11月5日
日経ビジネス「物流大激変：ヤマト　アマゾン「超速配送」の舞台裏」2013年9月16日
日経ビジネス（2014）「世界に挑む紅い旋風　ハイアール」，2014年3月17日
日経ものづくり　「10年の動きから見通すものづくりの将来」，2014年4月，pp.71-78.
Newsweek日本版『復活の鍵はアマゾン型，今は製品より体験を売る時代』2012年8月，pp.32-33.
根本重之（1995）『プライベート・ブランド：NBとPBの競争戦略』中央経済社
野口智雄（1995）『価値破壊時代のPB戦略』日本経済新聞社

延岡健太郎（2011）『価値づくり経営の論理』日本経済新聞出版社
博報堂ブランドコンサルティング（2008）『サービスブランディング』ダイヤモンド社
販売革新「西松屋のPB開発力：大手メーカーの技術者を活用し，本格的PB開発に乗り出す」2013年11月，pp.52－55.
平野敦士カール・アンドレイ・ハギウ（2010）『プラットフォーム戦略』東洋経済新報社
藤川佳則・カール・ケイ（2006）「生活起点のサービス・イノベーション：サービス経済の起業家精神」『一橋ビジネスレビュー』Aut, pp.6－19.
藤川佳則（2012）「製造業のサービス化：サービス・ドミナント・ロジックによる考察」Panasonic Technical Journal, Vol.58, No.3, Oct, pp.4－8.
二神康郎（2000）『欧州小売業の世界戦略』商業界
北陸先端科学技術大学院大学（2007）『サービスサイエンス：新時代を拓くイノベーション経営を目指して』エヌ・ティー・エス
槇原　稔（2000）「ソリューション・プロバイダーが競争優位を生み出す」『Diamondハーバード・ビジネス・レビュー』, Dec-Jan, pp.92－94.
松岡真宏・中林恵一（2012）『流通業の常識を疑え：再生へのシナリオ』日本経済新聞出版社
松崎和久（2007）「ハイブリッド建機の製品開発力：事例　コマツ」『化学経済』第54巻, 第14号, pp.62－67.
松崎和久（2013）『グループ経営論：その有効性とシナジーに向けて』同文舘出版
増田貴司（2011）「進む製造業のサービス化：今，何が起こっているのか」『TBR産業の論点』東レ経営研究所，pp.1－13.
みずほコーポレート銀行・みずほ銀行　産業調査部（2013）「サービス化の視点での企業の競争力強化に関する考察～「ウェイト・シフト」で創造する新たなビジネスモデル構築の可能性～」『みずほ産業調査』, Vol.42, No.2, pp.249－261.
宮下雄治（2011）「日本におけるPB商品の開発動向と発展可能性：国際比較の観点から」『城西国際大学紀要』19(1), pp.117－135.
矢作敏行（1996）「PB戦略の枠組みと展開」『グノーシス：法政大学産業情報センター紀要』5, pp.3－13.
矢作敏行（2013）「NBとPB：2つのブランドの歴史素描」『経済志林』第50巻第1号, pp.15－33.
山本昭二（2007）『サービス・マーケティング入門』日本経済新聞出版社
山本昭二（2010）『新装版　サービス・クオリティ：サービス品質の評価過程』千倉書房

調査資料
IBM Annual Report
「Our Mobile Planet」2013年版　http://www.thinkwithgoogle.com/mobileplanet/ja/downloads/
「Ｏ２Ｏ　買い物行動レポート」東急エージェンシー
　　http://www.tokyu-agc.co.jp/news/ 2013/release 20130109.pdf
「科学技術白書」平成21年版　文部科学省
「コトづくりからのものづくりへ」最終報告　2013年3月　産業競争力懇談会
「The MMI Top 50 for 2012」Manufacturing Market Insider　http://mfgmkt.com/mmi-

参考文献

top-50.Html
GE　Annual Report
「情報通信白書」平成24年版　総務省
「情報通信白書」平成25年版　総務省
「スポーツライフに関する調査報告書」(1998～2012)笹川スポーツ財団
「3Dプリンターの最新市場動向」シード・プランニング　2013年
　　　http://www.seedplanning.co.jp/press/2013/2013030401.html
「スーパーマーケット白書」2013年版　一般社団法人新日本スーパーマーケット協会
「製造業　販売活動実態調査」2004年11月　(財)中小企業研究所
　　　http://www.chusho.meti.go.jp/pamflet/hakusyo/h17/hakusho/html/17211230.Html
「製造業のイノベーションマネジメントに関する研究報告書」2010年　製造業研究会(財)未来工学研究所
　　　http://www.f01-026.242.145.203.fs-user.net/wordpress/wp-content/uploads/2011/09/RP-2010-03.pdf
「世界の電子機器受託製造(EMS)市場」New Venture Research　2012年07月19日
　　　http://www.gii.co.jp/report/nvr205844-worldwide-electronics-manufacturing-services.html
「千趣会グループ中長期計画2014～2018」http://www.senshukai.co.jp/main/top/pdf/140206_mid-plan.pdf
「男女共同参画白書」平成22年版　内閣府男女共同参画局
「ニールセン　グローバルプライベートブランドレポート」2011年　ニールセン　http://www.jp.nielsen.com
「日本スーパー名鑑」2013年版　商業界
「日本の21世紀ビジョン競争力ワーキンググループ」2005年　経済財政諮問会議
「年次経済財政報告：経済の好循環の確立に向けて」平成25年度　内閣府
　　　http://www5.cao.go.jp/j-j/wp/wp-je13/13.html
「農林水産事業」(平成23年12月2日)株式会社日本政策金融公庫
「PB食品市場の最新動向と将来展望2013」株式会社富士経済
　　　https://www.fuji-keizai.co.jp/market/13006.html
「毎月勤労統計調査」厚生労働省
「ものづくり白書」2005年版　経済産業省
「ものづくり白書」2013年版　経済産業省
「レンタカー＆カーシェアリングに関する調査結果2011」2012年1月27日　矢野経済研究所
「レンタカー車種別車両数等の推移」平成26年3月　一般社団法人全国レンタカー協会
「6次産業化先進事例集【100事例】」(平成23年4月)農林水産省
「我が国情報経済社会における基盤整備(電子商取引に関する市場調査)」平成24年度　経済産業省
「わが国製造業企業の海外事業展開に関する調査報告」2013年　国際協力銀行
　　　http://www.jbic.go.jp/wp-content/uploads/press_ja/2013/11/15775/2013_survey.pdf

181

新聞記事
　日経産業新聞　2011年8月20日　　日本経済新聞　2012年10月25日
　日本経済新聞　2012年12月2日　　日本経済新聞　2012年12月16日
　日本経済新聞　2013年2月4日　　 日本経済新聞　2013年2月5日
　日本経済新聞　2013年2月6日　　 日本経済新聞　2013年2月7日
　日本経済新聞　2013年2月8日　　 日本経済新聞　2013年3月11日
　日本経済新聞　2013年5月29日　 日本経済新聞　2013年5月31日
　日本経済新聞　2013年10月10日　日本経済新聞　2014年4月9日
　日経産業新聞　2013年8月6日　　 日経産業新聞　2013年8月23日
　日経産業新聞　2013年10月16日
　日経MJ（流通新聞）　2012年8月24日
　日経MJ（流通新聞）　2012年11月21日
　日経MJ（流通新聞）　2013年12月4日

ホームページ（企業）
　IBM
　アイリスオーヤマ
　アシックス
　アマゾン
　イオン
　ABCマート
　オリックス自動車
　京西テクノス
　コマツ
　GE
　セコム
　セブン＆アイHD
　千趣会グループ
　ダイエー
　でんかのヤマグチ
　トヨタ自動車
　トヨタレンタリース
　西松屋チェーン
　富士通
　Hon Hai/Foxconn Technology Group
　三井物産
　楽天

ホームページ（その他）
　一般社団法人日本フランチャイズチェーン協会
　公益社団法人日本通信販売協会
　日本百貨店協会

索　引

欧文

ABB ……………………………………… 50
ABCマート ……………………………… 98
Add Value Service ……………………… 53
Albrecht and Zemke(2002) ……… 47, 143
Aldi ……………………………………… 102
Allmendinger and Lombreglia(2005) ‥ 48
B(企業) 2B(楽天) 2C(消費者)型 … 94
Backward Integration ………………… 43
Berry., Shankar, Parish, Cadwallader and Dotzel(2006) ……………………… 144
Big Blue ………………………………… 57
Business to Business to Consumer …… 94
Byrnes(2010) …………………………… 48
CFS ……………………………………… 145
Chesbrough(2011) ……………………… 144
Chris Anderson ………………………… 21
Christensen(1997) ……………………… 36
CNC装置 ………………………………… 38
Cohen., Agrawal and Agrawal(2006) ‥ 48
Commoditization ……………………… 29
Commodity Trap ……………………… 144
Cross-Sell Service ……………………… 53
CSS-NET（Customer Support System-Net） ………………………… 20
Cusumano(2010) …………………… 49, 146
CVS …………………………………… 88, 90
Dawar(2013) …………………………… 44
Daymon Worldwide …………………… 121
Deep Discounter ……………………… 102
Dennie Welsh …………………………… 60
DgS ……………………………………… 90

Disruptive Innovation ………………… 37
Domain ………………………………… 158
Downstream …………………………… 44
Dual Strategy ………………………… 98
Electronic Commerce : EC …………… 78
e Marketer ……………………………… 79
EMS（Electronics Manufacturing Service） …………………………… 24, 25
Forward Integration …………………… 97
Foxconn ………………………………… 26
GAP ……………………………………… 87
GDP ……………………………………… 75
G-Dロジック …………………………… 143
GE ……………………………………… 19
Global e-Service ……………………… 20
Global e-Service on TWX-21 ………… 20
Global Service Company ……………… 64
GMS ……………………………………… 89
Going Downstream …………………… 43
Google …………………………………… 79
GPS ……………………………………… 20
Groupon ………………………………… 81
Gulati(2007) …………………………… 144
Hard Discounter ……………………… 102
High-end Markets ……………………… 36
Hoch(1996) …………………………… 103
Hoch and Banerji(1993) ……………… 112
Hon Hai Precision Industry …………… 27
Husson and Long(1994) ……………… 113
Hybrid Offering ……………………… 147
Hybrid Solution ……………………… 145
IBM ……………………………………… 46

183

IBMグローバル・サービス (IGS) ……… 60	Oliva and Kallenberg (2003) ………… 47
Industrial Internet ……………………… 19	Omnichannel Retailing ………………… 83
Information Advantage ……………… 156	Online to Offline ……………………… 81
Initial Cost …………………………… 32	Operation Bear Hug …………………… 59
Innovator's Dilemma ………………… 36	Our Mobile Planet …………………… 79
Integrated System Service Corporation : ISSC ………………… 60	Overpronation ………………………… 57
	Porter (1990) ………………………… 38
Islas Galapagos ……………………… 39	Premium Lite Brands ……………… 117
Jan Carlzon ………………………… 137	Premium Price Store Brands ……… 117
Komtrax ……………………………… 20	Premium Store Brands ……………… 116
Kotler (1999) ………………………… 143	Private Brand : PB ……………… 85, 98
Kotler., Kartajaya and Setiawan (2010) ……………………………… 144	Professional Service ………………… 54
	Quality of Life ……………………… 92
Kumar and Steenkamp (2007) ……… 115	Quinn., Doorley.and Paquette (1990) … 47
Lamey., Deleersnyder, Dekimpe,and Steenkamp (2007) …… 112	Reinartz and Ulaga (2008) …………… 48
	Reshoring ……………………………… 19
Levitt (1960) ………………………… 138	Richard Normann …………………… 137
LG …………………………………… 125	Samuel Palmisano …………………… 61
LIXIL ………………………………… 128	SB …………………………………… 120
Long Tail ……………………………… 93	Schutte (1969) ………………………… 98
Low-end Markets …………………… 37	S-Dロジック ………………………… 143
M2M (Machine to Machine) …… 20, 63	Service after sales …………………… 53
Management of Service : MOS ……… 15	Service Industry ……………………… 15
Management of technology : MOT …… 15	Service Manufacturing ………………… 9
Manufacturing by Service Provider …… 12	Service Marketing …………………… 15
Manufacturing Industry ……………… 15	Servicing by Manufacturer …………… 12
Manufacturing Market Insider ……… 26	SERVQUAL ………………………… 141
Moments of Truth ………………… 137	Shankar., Berry and Dotzel (2009) …… 146
Multi-Sided Platforms : MSP ………… 95	Showrooming ………………………… 81
National Brand : NB ……………… 84, 97	Slywotzky and Morrison (1997) ……… 142
Nearshoring …………………………… 19	SM …………………………………… 90
New Venture Research ……………… 25	SPA (Speciality Store Retailer of Private Label Apparel) ……………… 87
O2O ………………………………… 81	
ODM ………………………………… 26	Stock Keeping Unit : SKU ………… 102
Offshoring …………………………… 19	StyleONE …………………………… 121

索　引

Sustaining Innovation ……………… 37
TGV ……………………………… 40
Tilt ……………………………… 44
T, Levitt ………………………… 138
TMVS …………………………… 70
TOB ……………………………… 157
TOTO …………………………… 40
TPS（Toyota Production System）…… 35
treacherous treadmill ……………… 144
TROJAN ………………………… 108
Ulaga and Reinartz(2011) ………… 147
UNIQLO ………………………… 88
Upstream ………………………… 44
Value Based Management：VBM …… 61
Vandermerwe and Rada(1988) ……… 142
Vargo and Lusch(2004) …………… 143
VR ……………………………… 151
Wise and Baumgartner(1999) ……… 47
ZARA …………………………… 87

あ行

アイリスオーヤマ ………………… 71
アップル ………………………… 25
アップルモデル …………………… 24
アナログ技術 ……………………… 32
アフターサービス ………………… 53
アマゾン ……………………… 92, 119
アルディ ………………………… 102
アンダー・パフォーマー …………… 12
安定性 …………………………… 18
イーマーケッター ………………… 79
イオン ……………………… 100, 108
イケア …………………………… 117
イズミヤ株式会社 ………………… 121
伊藤忠商事 ………………………… 86

一般社団法人全国レンタカー協会 …… 67
一般社団法人日本フランチャイズ
　チェーン協会 …………………… 90
イノベーションのジレンマ ………… 36
イノベート・アメリカ …………… 141
伊部和晃 ………………………… 82
今枝昌宏 ………………………… 51
インダストリアル・インターネット … 19
ウーマン・スマイル・カンパニー … 131
ウォシュレット …………………… 41
ウォルマート …………………… 157
裏サービス ……………………… 44
エイサー ………………………… 24
エージェント …………………… 85
エコノミーPB …………………… 112
エディオン ……………………… 128
NBの開発モデル ………………… 98
オーバーシュート
　（やり過ぎて失敗する）………… 162
オーバープロネーション …………… 57
オープン・イノベーション ………… 25
大磯漁業協同組合(神奈川県大磯町)… 78
大山健太郎 ……………………… 73
お掃除ロボット ………………… 128
オフショアリング ………………… 19
オムニチャネル・リテイリング …… 83
温水洗浄便座 ……………………… 41

か行

カーシェアリング ………………… 66
カインズ ………………………… 128
価格競争 ………………………… 16
核PB …………………………… 111
拡大PB ………………………… 111
格安PB ………………………… 112

185

過剰性	36	顕在化したサービス製造業	149
カスタマー・フォーカス・ソリューション	145	嫌消費世代	110
		コイワイ	23
仮説と検証の実践	84	公益社団法人日本通信販売協会	91,130
価値共創	143	工作機械	38
価値次元の可視性	29	コードレスクリーナー	129
価値に基づく経営	61	コピーキャット・ブランド	115
株式会社フジ	121	コマツ	20
株式公開買い付け	157	コムトラックス	20
ガラパゴス化	39	コモディティ・トラップ	29,144
ガラパゴス諸島	39	コモディティ化	29
川上	44	小森・名和	50
川上工程	35	コンエアー	129
川下	44	近藤隆雄	51
川下工程	35	コンビニエンスストア	90
川下事業	43		
機器間通信	63	**さ行**	
危険なトレッドミル	144	サービス・イノベーション	139,140
技術経営	15	サービス・クオリティ	141
逆スマイルカーブ	34	サービス・サイエンス	141
キャッシュフロー	106	サービス・セントリック・カンパニー（サービス主導型企業）	58
京西テクノス	54		
業際	160	サービス・ドミナント・ロジック	141,143
競争優位性	17		
グッズ・ドミナント・ロジック	143	サービス・トライアングル	143
クリス・アンダーソン	21	サービス・マーケティング	15,140
グループ共通PB戦略	120	サービス・マーケティング・アンド・マネジメント	140
グルーポン	81		
クローズド・イノベーション	25	サービス・マネジメント	139
グローバル・サービス	58	サービス業	15
グローバル・サービス・カンパニー	64	サービス業の製造化	13
クロスセル・サービス	53,54	サービス経営	15
経済財政諮問会議	76	サービス製造業	9
傾斜	44	サービス中心のイノベーション	144
警備ロボット	134	サービス産業研究会	49

索　引

最小在庫単位	102	真実の瞬間	137
差別化	17	垂直統合型サプライチェーン	88
サミュエル・パルミサーノ	58, 61	垂直統合モデル	23
サムスン	125	スイッチングコスト（転換費用）	46
産業競争力懇談会	52	水平分業型サプライチェーン	88
産業連関	159	スーパーマーケット	90
3次元CAD	23	スーパーマーケット白書(2013年版)	88
ジェイビル	26	スカンジナビア航空	137
ジェネリックPB	115	スターセレクト	122
ジェフ・ベゾス	93	施振栄（スタン・シー）	24, 34
事業領域	158	ストアブランド	120
システム＆テクノロジー	58	スマート・ファクトリー構想	23
次世代3Dプリンター共同開発		スマートエンジェル	125
プロジェクト	22	スマートフォン	80
持続的イノベーション	37	スマイルカーブ	24, 34
持続的な競争優位性の構築	159	3D表示技術	151
品揃え	17	3Dプリンター	21
シャープ	24	生活の質	92
社会的分業	159	製造業	15
ジャスコ	108	製造業のサービス化	12
ジャパン・テクノロジー・		製造業ブランド	97
イニシアチブ	66	製品アーキテクチャー（設計思想）	32
じゃらん	81	製品中心のイノベーション	144
周期的変動論（根本, 1995）	113	セービング	108
周辺PB	111	セオドア・レビット	138
需要予測	18	積層砂型工法	23
純粋持株会社制	120	セキュリティ・ロボット	133
庄司真人	113	セコム	132
情報通信白書	79	設備投資	17
情報優位性	156	妹尾堅一郎	51
ショートタイムショッピング	124	セブン＆アイHD	82, 100
ショールーミング	81	セブン＆アイHDグループ	83
初期費用	32	セブンゴールド	100
所有権	18	セブンプレミアム	100
新幹線	40	潜在的なサービス製造業	149

千趣会 …………………………… 130
全地球測位システム（GPS）……… 20,62
前方統合 ………………………… 97
戦略的水平分業モデル …………… 25
総合スーパー …………………… 89
総合商社 ………………………… 85
ソリューション・プロバイダー ……… 60

た行

第1次産業 ……………………… 46,77
第2次産業 ……………………… 46,78
第3次産業 ……………………… 46,77
第6次産業化 …………………… 78
第6次産業化法 ………………… 78
ダイエー ………………………… 108
ダイソン ………………………… 129
ダブル・チョップ（DC）または
　　ダブルブランド ………………… 112
ダブル・チョップ商品 …………… 108
ダブルネーム方式 ……………… 103
タブレット端末 …………………… 80
単品管理 ………………………… 84
中核な価値 ……………………… 18
中間コストの削減 ……………… 106
調理家電 ………………………… 128
通信販売 ………………………… 88
ディープ・ディスカウンター ……… 102
デイモン・ワールドワイド ………… 121
テクノロジスト …………………… 102
テクノロジスト集団 ……………… 100
デジタル技術 …………………… 32
デニー・ウェルシュ ……………… 60
でんかのヤマグチ ……………… 44
電子商取引 ……………………… 78
東急エージェンシー ……………… 82

東京メトロ ……………………… 82
統合化 …………………………… 32,34
統合型アーキテクチャー ………… 34
統合システムサービス会社 ……… 60
トータル・ソリューション・
　　プロバイダー ………………… 85
トータルマルチベンダーサービス …… 70
ドール …………………………… 129
トップバリュ …………………… 100
共食い現象（カニバリゼーション）…… 105
トヨタレンタリース ……………… 68
トヨタ自動車 …………………… 68
ドラッグストア ………………… 88,90
トレッドミル（ランニング・マシン）…… 57

な行

ナショナル・ブランド …………… 84,97
ニアショアリング ………………… 19
ニールセン（2011） ……………… 114
ニールセン グローバルプライベート
　　ブランドレポート ……………… 114
西松屋チェーン ………………… 122
二重戦略 ………………………… 98
日経トップリーダー ……………… 124
日本スーパー名鑑 ……………… 89
日本政策金融公庫（日本公庫）…… 78
ネスレ …………………………… 54
ネット下調べ派 ………………… 81
野口智雄 ………………………… 111
ノジマ …………………………… 128
ノンフライヤー …………………… 129

は行

パーソナル・ファブリケーション
　　（個人製造）…………………… 21

索引

ハーツレンタカー ………………… 68
ハード・ディスカウンター ………… 102
ハーレーダビッドソン ……………… 43
ハイ・パフォーマー ………………… 11
ハイアール …………………………… 44
ハイエンドDC ……………………… 112
ハイエンドNB ……………………… 111
ハイエンドOEM …………………… 112
ハイエンドPB ……………………… 111
ハイエンド顧客 ……………………… 37
ハイブリッド・イノベーション …… 49
ハイブリッド・オファリング ……… 147
ハイブリッド・カー ………………… 42
ハイブリッド・ソリューション …… 145
バイラル・マーケティング ………… 95
破壊的イノベーション ……………… 37
パナソニック ………………………… 24
バリューイノベーター ……………… 115
バリューインテグレーション ……… 165
バリューズ・ジャム ………………… 61
バリューチェーン …………………… 165
パワー・リテイラー ………………… 157
PBアレルギー（拒絶反応） ……… 161
PBインスタントコーヒー ………… 108
PBと景気変動 ……………………… 107
PBの開発モデル …………………… 98
PBの進化 …………………………… 107
PBの分類 …………………………… 107
PBの変遷 …………………………… 107
飛行監視ロボット …………………… 135
ビジネス・コーディネーター ……… 85
ビジネス・チェンジ ………………… 165
ビジネス特性 ………………………… 16
日立建機 ……………………………… 20

日立製作所 …………………………… 20
ビッグブルー ………………………… 58
百貨店 ………………………………… 89
フィリップス ………………………… 129
付加価値サービス …………………… 53
藤川佳則・カールケイ ……………… 144
富士通 ………………………………… 151
フッティング・サービス …………… 56
ブブ …………………………………… 108
フューチャーフォン
　（従来型携帯電話） ……………… 80
プライベート・ブランド ……… 85,98
プラットフォーマー ………………… 95
フルフィルメント戦略 ……………… 131
フレクトロニクス …………………… 26
プレシジョン(精密)・マーケット …… 48
プレミアム・ストア・
　ブランド ……………………… 115,116
プレミアム・プライス・ストア・
　ブランド ………………………… 117
プレミアム・ライト・ブランド …… 117
プレミアムPB ……………………… 111
プロクター・アンド・ギャンブル
　(P&G) …………………………… 38
プロダクト・アウト
　(作り手側の発想) ………………… 16
プロフェッショナル・サービス …… 54
ベア・ハッグ ………………………… 59
ペティ＝クラークの法則 …………… 46
ホームベーカリー …………………… 129
ホールバイイング方式 ……………… 109
ホットペッパー ……………………… 81
ホンダカーズ新神奈川 ……………… 44
鴻海精密工業 ………………………… 27

189

ま行

- マーケット・イン(消費者側の発想) … 16
- マーケティング・マイオピア ……… 138
- マイナスイオン家電 ……………… 42
- マインド・チェンジ ……………… 165
- 増田貴司 ……………………………… 52
- マニシングセンター ……………… 38
- マルチサイド・プラットフォーム …… 95
- 丸紅 …………………………………… 86
- みずほコーポレート銀行・
  みずほ銀行産業調査部（2013）……… 76
- 三井物産 ……………………………… 86
- 三菱商事 ……………………………… 85
- ミドルレンジDC …………………… 112
- ミドルレンジNB …………………… 111
- ミドルレンジOEM ………………… 112
- ミドルレンジPB …………………… 112
- 無形財 ………………………………… 18
- 無印良品 ……………………………… 98
- メインフレームメーカー …………… 60
- メーカー&ユーザーイノベーション … 99
- メーカー・ムーブメント …………… 21
- メーカーベンダー …………………… 71
- メリハリ消費 ……………………… 110
- モジュール化 ………………………… 32
- モジュール型アーキテクチャー ……… 34
- ものづくりソリューション ……… 151
- 模倣困難性 …………………………… 16

や行

- ヤオコー …………………………… 122
- 矢作敏行 …………………………… 112
- 矢野経済研究所 ……………………… 67
- ヤマダ電機 …………………………… 83
- ヤン・カールソン ………………… 137
- 有形財 ………………………………… 18
- ユニー株式会社 …………………… 121
- ヨナナスメーカー ………………… 129

ら行

- ライフコーポレーション ………… 122
- ライフサイクルコスト（生涯費用）… 21
- ライフスタイルPB ………………… 118
- 楽天 …………………………………… 92
- 楽天市場 ……………………………… 94
- 楽天経済圏 …………………………… 94
- リアル下調べ派 ……………………… 81
- リアル重視派 ………………………… 81
- リショアリング ……………………… 19
- リチャード・ノーマン …………… 137
- リバース・エンジニアリング
  （分解性工学） ……………………… 16
- リベート …………………………… 104
- 流通業ブランド ……………………… 98
- ルイス・ガースナー ………………… 58
- レイコップ ………………………… 129
- レクサス ……………………………… 43
- レンタカー …………………………… 66
- ローエンドDC ……………………… 112
- ローエンドNB ……………………… 111
- ローエンドOEM …………………… 112
- ローエンドPB ……………………… 112
- ローエンド顧客 ……………………… 37
- ロングテール ………………………… 93

著者紹介

松崎　和久（まつざき　かずひさ）
1963年　神奈川県生まれ

＜学歴・職歴＞
中央大学商学部会計学科卒業。住友建機株式会社，明治大学大学院経営学研究科修士課程修了，財団法人機械振興協会経済研究所を経て，高千穂商科大学商学部助教授。現在，高千穂大学経営学部教授

＜専攻＞
経営戦略論
国際経営論
クロスボーダー・イノベーション論

＜主な著書＞
『日本企業のグループ経営と学習』（編著，同文舘出版，2004年）
『グローカル経営：国際経営の進化と深化』（共著，同文舘出版，2004年）
『トライアド経営の論理』（同文舘出版，2005年）
『戦略提携：グループ経営と連携戦略』（編著，学文社，2006年）
『グループ経営論：その有効性とシナジーに向けて』（同文舘出版，2013年）

著者との契約により検印省略

平成26年10月1日　初版第1刷発行　　サービス製造業の時代

著　者　松　崎　和　久
発行者　大　坪　嘉　春
印刷所　税経印刷株式会社
製本所　株式会社　三森製本所

発行所　〒161-0033 東京都新宿区下落合2丁目5番13号　株式会社 税務経理協会

振　替 00190-2-187408　　電話 (03)3953-3301（編集部）
ＦＡＸ (03)3565-3391　　　　　 (03)3953-3325（営業部）
URL http://www.zeikei.co.jp/
乱丁・落丁の場合は，お取替えいたします。

© 松崎　和久 2014　　　　　　　　　　　　　Printed in Japan

本書の無断複写は著作権法上での例外を除き禁じられています。複写される場合は，そのつど事前に，（社）出版者著作権管理機構（電話 03-3513-6969，FAX 03-3513-6979，e-mail：info@jcopy.or.jp）の許諾を得てください。

JCOPY ＜（社）出版者著作権管理機構 委託出版物＞

ISBN978-4-419-06142-5　C3034